panorama do direito militar brasileiro e do direito humanitário internacional

panorama do direito militar brasileiro e do direito humanitário internacional

Rogério Carlos Born

Rua Clara Vendramin, 58
Mossunguê . CEP 81200-170
Curitiba . PR . Brasil
Fone: (41) 2106-4170
www.intersaberes.com
editora@intersaberes.com

■ Conselho editorial
Dr. Alexandre Coutinho Pagliarini
Dr.ª Elena Godoy
Dr. Neri dos Santos
Dr. Ulf Gregor Baranow

■ Editora-chefe
Lindsay Azambuja

■ Gerente editorial
Ariadne Nunes Wenger

■ Analista editorial
Daniela Viroli Pereira Pinto

■ Preparação de originais
Rodapé Revisões

■ Edição de texto
Gutavo Piratello de Castro
Palavra do Editor

■ Projeto gráfico
Raphael Bernadelli

■ Capa
Iná Trigo (*design*)
Daimond Sh, Roman Samb e Bumble Dee/Shutterstock(imagem)

■ Diagramação
Rafael Ramos Zanellato

■ Designer responsável
Iná Trigo

■ Iconografia
Regina Claudia Cruz Prestes

Dados Internacionais de Catalogação na Publicação (CIP)
(Câmara Brasileira do Livro, SP, Brasil)

Born, Rogério Carlos
 Panorama do Direito Militar Brasileiro e do Direito Humanitário Internacional/Rogério Carlos Born. Curitiba: InterSaberes, 2022.

 Bibliografia.
 ISBN 978-65-5517-223-2

 1. Comitê Internacional da Cruz Vermelha 2. Direito Humanitário 3. Direitos humanos 4. Direito internacional 5. Direito militar – Brasil I. Título.

22-99358   CDU-34:355(81)

Índices para catálogo sistemático:
1. Brasil: Direito militar   34:355(81)
 Eliete Marques da Silva – Bibliotecária – CRB-8/9350

1ª edição, 2022.

Foi feito o depósito legal.

Informamos que é de inteira responsabilidade do autor a emissão de conceitos.

Nenhuma parte desta publicação poderá ser reproduzida por qualquer meio ou forma sem a prévia autorização da Editora InterSaberes.

A violação dos direitos autorais é crime estabelecido na Lei n. 9.610/1998 e punido pelo art. 184 do Código Penal.

prefácio 15

apresentação 17

como aproveitar ao máximo este livro 21

introdução 25

Capítulo 1 **Direito Constitucional e Administrativo Militar - 29**

1.1 Contextualização - 30

1.2 Atribuições constitucionais e emprego das Forças Armadas - 32

1.3 Atribuições infraconstitucionais das Forças Armadas - 37

1.4 Forças auxiliares e de reserva das Forças Armadas - 41

1.5 Serviço militar obrigatório - 45

1.6 Carreira militar - 52

sumário

Capítulo 2   **O Poder Judiciário e as funções essenciais da Justiça Militar - 69**

2.1   Contextualização - 70
2.2   Tribunais militares - 71
2.3   Conselhos de justiça e juízes militares - 79
2.4   Justiça Militar em tempo de guerra - 90
2.5   Auditorias e corregedorias militares - 97
2.6   Funções essenciais da Justiça Militar - 102

Capítulo 3   **Direito Penal Militar - 113**

3.1   Contextualização - 114
3.2   Tipicidade - 115
3.3   Antijuridicidade - 123
3.4   Culpabilidade - 131
3.5   Punibilidade - 150
3.6   Aplicação e dosimetria da pena - 174

Capítulo 4   **Processo penal militar - 183**

4.1   Contextualização - 184
4.2   Ação penal militar - 185
4.3   Foro militar - 190
4.4   Prisões provisórias - 211
4.5   Julgamento e sentença - 221
4.6   Recursos e execução penal militar - 226

Capítulo 5　**Direito Disciplinar Militar - 249**

- 5.1　Contextualização - 250
- 5.2　Disciplina do Exército - 254
- 5.3　Disciplina da Marinha - 260
- 5.4　Disciplina da Aeronáutica - 264
- 5.5　Regulamentos disciplinares dos estados e do Distrito Federal - 267
- 5.6　Acesso ao Poder Judiciário - 273

Capítulo 6　**Direito Humanitário Internacional - 283**

- 6.1　Contextualização - 284
- 6.2　Proteção das vítimas da guerra em terra e no mar - 289
- 6.3　Proteção de civis em território próprio ou ocupado - 305
- 6.4　Tratamento de prisioneiros de guerra - 317
- 6.5　Proteção de vítimas em conflitos não internacionais ou sem caráter internacional - 331
- 6.6　Direito Penal Internacional - 338

considerações finais 351

referências 353

respostas 379

sobre o autor 391

À minha esposa, Silvana Herzer Born, à minha família, às minhas amigas e aos meus amigos, pelas privações do meu convívio em decorrência das infindáveis horas de estudo e magistério em busca da minha realização.

A Deus, o nosso Grande Arquiteto do Universo, fonte imortal de luz que ilumina a minha consciência e me engrandece com a oportunidade de desvendar os mistérios do conhecimento, possibilitando o meu aperfeiçoamento como ser humano em busca da construção de um mundo mais justo e perfeito.

Ao Uninter, à professora Débora Cristina Veneral e ao professor Gerson Luiz Buczenko, pela oportunidade de elaboração deste trabalho.

Por fim, a todos aqueles que sempre apoiam e incentivam os meus projetos – com os quais também colaboram –, vibram com o meu crescimento e me amparam nos momentos de angústia.

Qual é a causa que leva o homem à guerra?

A predominância da natureza animal sobre a espiritual e a satisfação das paixões. No estado de barbárie, os povos um só direito conhecem: o direito do mais forte e é por isso que a guerra, para eles, é um estado normal. À medida que o homem progride ela se torna menos frequente porque ele evita as suas causas e quando ela se faz necessária ele sabe adicionar-lhe humanidade.

Allan Kardec, Livro dos espíritos, *Parte Terceira – "Das leis morais", Capítulo VI, 5 – "Lei de destruição", "Guerras",* pergunta 742.

É com grata satisfação e alegria que tenho a oportunidade de apresentar à comunidade esta imponente e inédita obra jurídica adstrita ao Direito Militar Brasileiro e ao Direito Humanitário Internacional, produzida com maestria pelo amigo de infância em Irati, o Dr. Rogério Carlos Born.

Como verdadeiro presente à comunidade científica, apto a ocupar lugar de destaque nas bibliotecas de todo o país, esta obra retrata os aspectos inerentes à matéria constitucional afeta aos militares federais e estaduais, tarefa para a qual destaca os fundamentos da virtuosa carreira militar, da respeitada Justiça Militar e das diversas facetas do Direito Penal Militar, do Direito Processual Penal Militar e do Direito Disciplinar Militar.

A especificidade dos temas inseridos em cada capítulo revela a coragem do autor em fazer doutrina em uma área jurídica restrita, ocupada por poucos doutrinadores, de modo que a qualidade da obra demonstra seu alto comprometimento, além do profundo estudo e da precisa concatenação de ideias, que, em direção convergente, constroem uma obra de importância incomensurável a um ramo especialíssimo do Direito, de limitada doutrina, ocupado pelo Direito Militar.

prefácio

Além da riqueza de detalhes cara ao Direito Militar, o autor nos brinda com os aspectos do auspicioso Direito Humanitário Internacional e, com acentuada acuidade, nos revela os parâmetros do direito de guerra (*jus ad bellum*) e do direito na guerra (*jus in bello*), da proteção das vítimas da guerra em terra e no mar, da proteção de civis em território próprio ou ocupado, do tratamento de prisioneiros de guerra, finalizando com os relevantes aspectos do Direito Penal Internacional.

Assim, esta valorosa obra está recheada de temas por demais interessantes, afetos à histórica e consagrada atuação militar, sempre presente e marcante em nosso país!

A envergadura dos temas e a brilhante exposição prendem a atenção do leitor do início ao fim, conduzindo-o numa gratificante jornada de descobertas e aprendizados, cujo término garante satisfação diante da oportunidade de alcançar tão relevante conhecimento e cultura.

Parabéns, Rogério Carlos Born!

Sua obra é um diamante lapidado, de altíssimo valor!

Coronel PMPR Péricles de Matos

Secretário Municipal de Defesa Social e Trânsito do Município de Curitiba

Comandante-Geral da Polícia Militar do Paraná entre 2019 e 2021

Panorama do Direito Militar Brasileiro e do Direito Humanitário Internacional é um material didático que chega para preencher uma lacuna nos cursos superiores e nos cursos de aperfeiçoamento que não dispõem de uma didática direcionada à graduação, à pós-graduação e ao primeiro contato com a disciplina nos cursos de formação, aperfeiçoamento, treinamento e adestramento das academias e colégios militares.

O termo *panorama* foi utilizado justamente para demonstrar que se trata de um material por meio do qual os acadêmicos poderão aproximar-se dos temas e mapear na memória os caminhos para uma atuação nas carreiras que exigem o conhecimento do ordenamento castrense.

Apesar da vocação universitária, este livro também é útil para aqueles que pretendem iniciar os estudos para os concursos das carreiras militares na Justiça Militar e no Ministério Público Militar da União ou de Minas Gerais, de São Paulo ou do Rio Grande do Sul, bem como das carreiras de oficiais e praças das Forças Armadas, das polícias e bombeiros militares e da Brigada Militar do Rio Grande do Sul.

Por isso, com base em minha experiência como professor da disciplina na universidade, procurei distribuir os capítulos da forma mais abrangente possível, para que você, leitor, se situe no mundo militar.

Embora o Direito Penal, o Direito Processual Penal e o Direito Disciplinar Militar sejam as áreas que mais atraem os acadêmicos de Direito, nos primeiros capítulos foram priorizadas as atribuições das Forças Armadas e de segurança pública, as carreiras e a organização do Poder Judiciário. Isso foi feito porque, para a apuração e a interpretação de inúmeras condutas tipificadas como crime ou transgressões militares, são pré-requisitos o conhecimento e a compreensão dos princípios, da organização, da dinâmica e da cultura militar. Ao final, foram abordadas as convenções internacionais de Direito Humanitário ou de guerra, visto que a atividade-fim das Forças Armadas é realizar uma guerra defensiva (em legítima defesa e em estado de necessidade), e não agressiva. Assim, pelo fato de que o Brasil não é um Estado bélico, os estudantes contam com um número reduzido de obras sobre esse assunto nas bibliotecas de Direito.

Quando lecionei a disciplina de Direito Militar numa instituição de ensino superior de Curitiba, primeiramente observei que todas as vagas ofertadas para a disciplina sempre eram preenchidas e que se mantinha uma lista de espera para novas ofertas. Dos acadêmicos que cursaram a matéria, mais de 90% não eram da carreira militar; haviam escolhido a matéria porque viam nela um nicho de mercado e também porque dificilmente teriam outra oportunidade de conhecer o Direito Militar e o Direito Humanitário.

Isso foi um incentivo para produzir esta obra, que visa estimular e subsidiar as instituições de ensino superior a fim de que ofereçam o Direito Militar e o Direito Humanitário, inicialmente, como disciplinas eletivas e, depois, possam evoluir para sua implementação como cadeiras obrigatórias.

Espero que esta obra seja produtiva e auxilie em sua carreira.

Professor Rogério Carlos Born

Empregamos nesta obra recursos que visam enriquecer seu aprendizado, facilitar a compreensão dos conteúdos e tornar a leitura mais dinâmica. Conheça a seguir cada uma dessas ferramentas e saiba como estão distribuídas no decorrer deste livro para bem aproveitá-las.

Conteúdos do capítulo

Logo na abertura do capítulo, relacionamos os conteúdos que nele serão abordados.

Após o estudo deste capítulo, você será capaz de:

Antes de iniciarmos nossa abordagem, listamos as habilidades trabalhadas no capítulo e os conhecimentos que você assimilará no decorrer do texto.

Síntese

Ao final de cada capítulo, relacionamos as principais informações nele abordadas a fim de que você avalie as conclusões a que chegou, confirmando-as ou redefinindo-as.

como aproveitar ao máximo este livro

Questões para revisão

1) "O militar detido é um sargento 'taifeiro', função equivalente à de um comissário de bordo. Ou seja, presta serviços de bordo em aeronaves. 'Quando tem essas viagens, vai uma tripulação que fica no meio do caminho. Então, quando o presidente voltasse agora, do Japão, essa tripulação iria embarcar no avião dele. Então, seria (destino) Sevilha (para) Brasil', explicou [Haroldo] Mourão, [Vice-Presidente da República]" (Costa, 2019).
Nessa reportagem, o entrevistado cita que o acusado era um militar e qual era sua hierarquia. Com inspiração nesse texto, leia e avalie as afirmativas a seguir:
I. Na hierarquização prevista na escala de postos e graduações não consta a graduação de sargento "taifeiro". No quadro de hierarquização do Estatuto dos Militares constam somente cabo e taifeiro-mor para o Exército e a Aeronáutica.
II. General é o posto máximo que um oficial das Forças Armadas ou das polícias militares pode ocupar na hierarquização castrense.
III. Os postos de almirante, marechal e marechal do ar são providos somente em tempo de guerra.
IV. As praças de carreira das Forças Armadas, como servidores da União, adquirem a estabilidade conforme prevê a Constituição, no art. 41: "são estáveis após três anos de efetivo exercício os servidores nomeados para cargo de provimento efetivo em virtude de concurso público" (Brasil, 1988).

Questões para revisão

Ao realizar estas atividades, você poderá rever os principais conceitos analisados. Ao final do livro, disponibilizamos as respostas às questões para a verificação de sua aprendizagem.

Questões para reflexão

Ao proporrmos estas questões, pretendemos estimular sua reflexão crítica sobre temas que ampliam a discussão dos conteúdos tratados no capítulo, contemplando ideias e experiências que podem ser compartilhadas com seus pares.

Questões para reflexão

1) "Quando subir a rampa do Palácio do Planalto, Jair Bolsonaro se tornará o terceiro militar a ganhar a Presidência nas urnas. Antes de Bolsonaro, que é capitão reformado do Exército, os militares que governaram o país escolhidos pelo voto popular foram Hermes da Fonseca (1910-1914) e Eurico Dutra (1946-1950). Os presidentes do passado, apesar de separados por três décadas, tinham muito em comum. Hermes e Dutra estavam no topo da hierarquia militar, eram idolatrados na caserna, ocupavam postos de alto escalão do governo e se lançaram na disputa pelo Palácio do Catete como candidatos do *establishment*" (Westin, 2018).
O texto citado demonstra que a eleição de militares como presidente e vice-presidente da República não é novidade no Brasil. A eleição de 2018 também serviu como um incentivo para que diversos militares das Forças Armadas e das polícias militares deixassem as casernas e buscassem a conquista de um cargo público eletivo. Diante dessa constatação, os ou militares são proibidos de se filiarem a partidos, como eles poderão ou puderam se candidatar?

2) "A intervenção no Rio de Janeiro foi instituída em fevereiro deste ano. Passados seis meses, se avalia que o Exército é o único engajado na missão, em clara crítica à atuação do Estado. 'Apesar do trabalho intenso de seus responsáveis, da aprovação do povo e de estatísticas que demonstram a diminuição dos níveis de criminalidade, o componente militar é, aparentemente, o único a engajar-se na missão', destacou [o General Villas Boas]" (Costa, 2018).

Consultando a legislação

Listamos e comentamos nesta seção os documentos legais que fundamentam a área de conhecimento, o campo profissional ou os temas tratados no capítulo para você consultar a legislação e se atualizar.

Tomando-se como base esse texto, é possível haver intervenção das Forças Armadas nas atribuições das polícias militares e das forças de segurança públicas?

Consultando a legislação

Neste capítulo, você pôde analisar as organizações militares, as carreiras e o serviço militar obrigatório. No entanto, como se trata de matéria complexa e extensa, recomenda-se uma leitura aprofundada da Lei Complementar n. 97/1999 (emprego das Forças Armadas), bem como da Lei n. 6.880/1980 (Estatuto dos Militares) e da Lei n. 4.375/1964 (Lei do Serviço Militar).

Para saber mais

ROSA, P. T. R. **Direito Militar Administrativo**: teoria e prática. 5. ed. Belo Horizonte: Líder, 2016.
OLYMPIO, C. **Vade mecum sínteses objetivas**: área militar. São Paulo: Rideel, 2014.
    É importante que o leitor aprofunde seus conhecimentos em Direito Administrativo Militar com a leitura das obras aqui indicadas e de outras disponíveis no mercado editorial. A primeira destaca os conteúdos abordados com um aprofundamento teórico e prático, ao passo que a segunda apresenta uma excelente coletânea de todas as normas administrativas com vertentes no Direito Militar.

2) A Constituição prevê que "não caberá *habeas corpus* em relação a punições disciplinares militares" (Brasil, 1988, art. 142, § 2º). A restrição à utilização do *habeas corpus* pelos militares é absoluta ou existem hipóteses em que é possível a utilização desse remédio constitucional?

Para saber mais

ASSIS, J. C. **Curso de Direito Disciplinar Militar**: da simples transgressão ao processo administrativo. 5. ed. Curitiba: Juruá, 2018.
    Essa obra é destinada aos integrantes das Forças Armadas e das polícias militares e bombeiros militares ou operadores e acadêmicos de Direito que pretendam aprofundar-se na matéria militar. São apresentadas, de forma pormenorizada, informações importantes acerca da prática do processo administrativo disciplinar aplicado aos militares.

Para saber mais

Sugerimos a leitura de diferentes conteúdos digitais e impressos para que você aprofunde sua aprendizagem e siga buscando conhecimento.

Esta obra é vocacionada para que os acadêmicos tenham um primeiro contato com as disciplinas de Direito Militar e de Direito Humanitário e possam traçar um plano de aprofundamento dos temas abordados e de interesse em sua carreira.

O livro foi especialmente desenvolvido para o ensino da área em cursos de graduação e pós-graduação *lato sensu*, embora possa ser utilizado como material de apoio nos cursos preparatórios para concursos de carreiras militares ou que utilizem os conhecimentos desse campo, bem como nas academias militares.

Em um plano visionário, também existe a intenção de fomentar a inserção das referidas disciplinas no currículo das faculdades de Direito e de áreas correlatas como obrigatórias nas instituições de ensino localizadas em regiões de grande concentração de militares e como eletivas nas demais localidades.

Quando lecionava a disciplina eletiva de Direito Militar em curso superior, notei que maioria dos matriculados não eram militares, mas civis interessados em seguir a carreira castrense que aproveitaram a oportunidade para adquirir conhecimentos em que teriam dificuldades após a colação de grau. Por isso, da segunda turma em diante, tomei a iniciativa de alterar a ordem de abordagem das áreas do Direito Militar, apresentando o Direito Administrativo Militar antes do Direito Penal, do Direito Disciplinar e do Direito Processual Militar. Notava que, ao abordar primeiramente o Direito Penal Militar, os acadêmicos careciam de conhecimentos do Estatuto dos Militares, que integra o Direito Administrativo Militar. Isso porque, nessas últimas áreas, surgiam conceitos desconhecidos dos civis, como as definições de *comandante, oficial, praça, conscrito, da reserva* e *reformado* e termos técnicos como *soldo, engajado* e *reengajado*. Dessa forma, iniciamos a obra com os conhecimentos fundamentais do Direito Constitucional Militar e do Direito Administrativo Militar.

Outra necessidade foi antecipar o estudo da organização e competência do Poder Judiciário Militar e das funções essenciais da Justiça Militar, principalmente as atribuições do Ministério Público. Isso proporciona uma ampla visão do papel dos atores que atuam nas lides castrenses.

Com base nessas noções, introduziremos efetivamente o Direito Penal Militar, examinando as bases das partes geral e especial do Código Penal Militar em tempo de paz e em tempo de guerra, bem como as garantias dos acusados pelo estudo do Código de Processo Penal Militar.

Embora a maior demanda da carreira militar sejam os procedimentos disciplinares, esse tema foi deixado para o último dos capítulos de Direito Militar, a fim de que se possa comparar e entender o tratamento dos delitos previstos nos regulamentos disciplinares que também são tipificados pelo Código Penal Militar.

Por fim, vislumbramos que o Direito Humanitário é um ramo do Direito Internacional que não tem recebido a devida atenção. A segurança nacional é o escopo principal das Forças Armadas, e o conhecimento do *jus in bellum* e do *jus ad bellum* é essencial. O Brasil é signatário do Estatuto de Roma, que criou e organizou o Tribunal Penal Internacional, o qual tipifica os crimes de guerra, sendo também imprescindível o conhecimento das Convenções de Genebra e seus Protocolos Adicionais.

Nesse contexto, os conteúdos foram cuidadosamente sistematizados, de forma que você possa ter o melhor aprendizado.

I

Conteúdos do capítulo:

» Atribuições constitucionais e emprego das Forças Armadas.
» Atribuições infraconstitucionais e emprego das Forças Armadas.
» Forças auxiliares e forças de reserva das Forças Armadas.
» Serviço militar obrigatório.
» Carreira militar.

Após o estudo deste capítulo, você será capaz de:

1. interpretar a legislação administrativa militar considerando sua hierarquia;
2. reconhecer as atribuições constitucionais e infraconstitucionais das Forças Armadas e das polícias e bombeiros militares;

Direito Constitucional e Administrativo Militar

3. identificar as peculiaridades do serviço militar obrigatório e as situações de incorporação obrigatória, adiável, substituível, facultativa ou imune ou isenta;
4. entender a estrutura da carreira militar e seus cargos, funções, postos, graduações, bem como as situações especiais e de exclusão que envolvem as Forças Armadas.

1.1 Contextualização

A Constituição prevê que as Forças Armadas são instituições nacionais permanentes e regulares, organizadas com base na hierarquia e na disciplina, sob a autoridade suprema do Presidente da República (Brasil, 1988, art. 142, segunda parte).

José Afonso da Silva (1998, p. 737) ensina que a Constituição, quando reconhece as Forças Armadas como permanentes e regulares, "vincula-as à própria vida do Estado, atribuindo-lhes a perduração deste".

Como resultado, conforme o autor,

> Essa posição constitucional das Forças Armadas impede afirmar que não poderão ser dissolvidas, salvo por decisão de Assembleia Nacional constituinte. E sendo regulares, significa que deverão contar com efetivos suficientes ao seu funcionamento normal, por via do recrutamento constante, nos termos da lei. (Silva, 1998, p. 738)

Cleber Olympio (2014, p. 125) esclarece que, "enquanto instituição nacional, as Forças Armadas (FFAA) sempre vão existir dentro do Estado Democrático de Direito, com regularidade assegurada – e efetivo renovável – para garantir a existência do Estado e das Instituições, da Constituição e da manutenção da lei e da ordem".

A exigência de regularidade significa que as Forças Armadas prestam serviços exclusivos do Estado e de forma contínua, não podendo delegar ou terceirizar suas atribuições.

Jorge Luiz Nogueira de Abreu (2015, p. 129) observa: "em sendo instituições regulares, é defesa a assimilação às Forças Armadas de tropas irregulares, ou seja, que não componham regularmente os efetivos da Marinha, do Exército e da Aeronáutica, fixados por lei".

A organização das Forças Armadas dispõe dos poderes de obediência, hierarquia e disciplina para atingir a eficiência das estratégias militares numa eventual guerra ou para conter a desordem interna. As instruções são executadas numa escala hierárquica rigorosa de postos e graduações estruturada para afastar conflitos de comando entre dois oficiais ou duas praças. É comum afirmar-se que nas Forças Armadas não existem dois militares com a mesma patente e número. O comandante supremo das Forças Armadas é o Presidente da República, que exerce concomitantemente o poder político juntamente com o Ministro da Defesa, deixando o comando tático e estratégico para os comandantes-gerais.

Toda essa cadeia de comando tem por finalidade cumprir as atribuições constitucionais das Forças Armadas, sendo estas destinadas "à defesa da Pátria, à garantia dos poderes constitucionais e, por iniciativa de qualquer destes, da lei e da ordem" (Brasil, 1988, art. 142, *caput*, parte final), bem como à participação nas operações de paz (Brasil, 1988, art. 4º, VI).

As atribuições constitucionais essenciais das Forças Armadas são a defesa da Pátria e a garantia dos poderes constitucionais; as atribuições subsidiárias são a garantia da execução da lei e a manutenção da ordem pública.

A Constituição também autorizou que o legislador infraconstitucional criasse atribuições de prestação de serviços públicos, principalmente quando são imprescindíveis a logística militar e os conhecimentos técnicos para atender à população (Brasil, 1988, art. 21, VI).

1.2 Atribuições constitucionais e emprego das Forças Armadas

A Constituição da República divide suas atribuições essenciais na defesa da Pátria e na garantia dos poderes constitucionais entre: o Exército, responsável pela defesa do território; a Marinha, responsável pela defesa de mares, lagos e rios; e a Aeronáutica, responsável pelo guarnecimento do espaço aéreo brasileiro (Brasil, 1988, art. 142, *caput*, primeira parte).

Com relação à defesa da pátria, a Constituição classifica o Brasil como um Estado não bélico pois contempla os princípios expressos de respeito à autodeterminação dos povos, não intervenção na soberania alheia, defesa da paz e solução pacífica dos conflitos (Brasil, 1988, art. 4º, III, IV, VI e VII). Dessa forma, as Forças Armadas são destinadas prioritariamente ao resguardo da soberania brasileira (Brasil, 1988, art. 4º, I).

A declaração de guerra, o exercício e a movimentação somente poderão ser justificados para afastar a antijuridicidade internacional em caso de legítima defesa própria ou em estado de necessidade.

A União tem a competência privativa para promover a declaração de guerra e a celebração de paz em decorrência de agressão externa ou mesmo para decretar a mobilização no país (Brasil, 1988, art. 21, II).

Na primeira etapa, a formalização da declaração de guerra é exercida pelo Presidente da República como chefe de Estado e de governo (Brasil, 1988, art. 84, XIX e XX), após a consulta obrigatória e não vinculada ao Conselho de Defesa Nacional (Brasil, 1988, art. 91, § 1º, I). Esse colegiado é formado pelo Vice-Presidente da República; pelos presidentes da Câmara dos Deputados e do Senado; pelos ministros da Justiça, da Defesa, das Relações Exteriores e do Planejamento; e pelos comandantes da Marinha, do Exército e da Aeronáutica (Brasil, 1988, art. 91, I a VIII).

Na segunda etapa, o chefe do Poder Executivo necessita da autorização do Congresso Nacional para mobilizar as tropas em caso de ameaça ou iminência de agressão estrangeira. Entretanto, a autorização prévia do Poder Legislativo pode ser dispensada no caso de o território nacional já estar sofrendo uma invasão estrangeira, haja vista que a burocracia do trâmite inviabilizaria a defesa armada (Brasil, 1988, art. 49, II). Nesse caso, cabe ao Congresso Nacional apenas referendar (confirmar) ou suspender a declaração de guerra (Brasil, 1988, art. 84, XIX).

O estado de guerra autoriza que a União tome legitimamente algumas medidas de exceção consistentes na promoção de requisições administrativas, civis e militares:

» a declaração do estado de sítio;
» a criação de tributos especiais, como impostos e empréstimos compulsórios, para custear as despesas de guerra ou de sua iminência e a abertura de crédito extraordinário no orçamento (Brasil, 1988, art. 21, III; art. 137, II; art. 148, I; art. 154, II; art. 167, § 2º).

A segunda atribuição essencial das Forças Armadas é a garantia dos poderes constitucionais, devendo-se assegurar a preservação da independência, da harmonia e da liberdade de exercício dos poderes Executivo, Legislativo e Judiciário, de todos os entes federativos (Brasil, 1988, art. 2º). A Constituição estabelece em cláusula pétrea que a abolição da separação dos Poderes "não será objeto de deliberação [como] proposta de emenda" (Brasil, 1988, art. 60, § 4º, III). Em contrapartida, a União pode requisitar as Forças Armadas para efetivar a intervenção nos estados ou no Distrito Federal se ordenadas para "garantir o livre exercício de qualquer dos Poderes nas unidades da Federação" (Brasil, 1988, art. 34, IV).

O Tribunal de Justiça do Paraná afastou a responsabilidade por abuso de autoridade e pela prática de atos de improbidade administrativa de agentes políticos e comandantes da Polícia Militar do Paraná que, integrantes de órgão ostensivo de segurança pública e força auxiliar do Exército, agiram com violência para repelir tentativa de invasão da Assembleia Legislativa de centenas de grevistas, manifestantes classistas e simpatizantes que tentavam invadir o parlamento estadual para impedir a votação dos projetos de lei. A Corte reconheceu que os integrantes da greve colocavam em risco o livre exercício do Poder Legislativo paranaense, justificando o estrito cumprimento do dever legal pelas autoridades policiais (Paraná, 2019).

As atribuições constitucionais subsidiárias são a garantia da execução da lei, a manutenção da ordem pública e as operações de paz.

A mobilização das Forças Armadas para a garantia da lei e da ordem depende da ordem do Presidente da República no exercício de sua competência ou no atendimento a requerimento dos presidentes do Supremo Tribunal Federal, do Senado

Federal ou da Câmara dos Deputados (Brasil, 1988, art. 142, *caput*, parte final; Brasil, 1999a, art. 15, § 1º).

José Afonso da Silva (1998, p. 14, grifo do original) esclarece que somente de forma subsidiária (residual) e eventual as Forças Armadas assumem as atribuições de defesa da lei e da ordem, "porque essa defesa é de competência primária das forças de segurança pública, que compreendem a política federal e as polícias civis e militar dos Estados e do Distrito Federal".

A legitimação de intervenção constitucional para a garantia da lei e da ordem por iniciativa de quaisquer dos poderes (Brasil, 1988, art. 142, *caput*, parte final) é justificada somente após o esgotamento de todos os instrumentos da segurança pública para a preservação da ordem e da incolumidade pessoal. O chefe do Poder Executivo dos estados ou do Distrito Federal, em respeito à autonomia federativa, deve formalmente reconhecer a indisponibilidade, a inexistência ou a insuficiência dos recursos destinados ao desempenho da segurança pública. Após esse ato, o governador requerente terá de transferir formalmente o controle operacional dos órgãos de segurança pública para a autoridade encarregada das operações (Brasil, 1999a, art. 15, §§ 2º a 6º). As diretrizes constitucionais para a atuação militar federal serão fixadas em decreto presidencial, que prescreverá apenas a atuação de forma circunstancial e em áreas delimitadas (Brasil, 1988, art. 14).

O Supremo Tribunal Federal efetuou controle de constitucionalidade de decreto presidencial que autorizava o emprego das Forças Armadas para a garantia da lei e da ordem no Distrito Federal entre 24 e 31 de maio de 2017 (Brasil, 2017a, art. 1º). Os argumentos apresentados para afastar a aplicação desse ato normativo, entre outros*, é que o decreto não teria observado os parâmetros elencados na Lei Complementar n. 97/1999, que indica que, para o emprego das Forças Armadas, na garantia da lei e da ordem, é imprescindível o esgotamento dos "instrumentos destinados à preservação da ordem pública e da incolumidade das pessoas e do patrimônio" (Brasil, 1999a, art. 2º).

A Corte (Brasil, 2017f) julgou prejudicada a ação diante da perda superveniente de objeto em decorrência da revogação posterior por outro decreto (Brasil, 2017b, art. 1º).

Por fim, as atribuições constitucionais subsidiárias de atuação nas operações de paz são as remessas para o exterior de força nacional em tempo de paz no cumprimento de deveres assumidos pelo Brasil em virtude de tratados, convenções, acordos, resoluções de consulta, planos de defesa e outros entendimentos diplomáticos ou militares (Brasil, 1988, art. 4º). A remessa depende de autorização do Congresso Nacional (Brasil, 1956c, art. 1º). O Estado-Maior Conjunto das Forças Armadas tem a atribuição de planejamento e assessoramento do Ministro de Estado da Defesa na condução dos trabalhos de forças brasileiras em operações de paz (Brasil, 1999a, art. 11).

Jorge Luiz Nogueira de Abreu (2015, p. 138) traz à luz o seguinte:

> *Tem-se questionado a constitucionalidade deste artigo sob o argumento de inovação não especificada na Carta Política. A nosso ver, a participação da Marinha, do Exército e da Aeronáutica em operações de paz é decorrência lógica dos princípios constitucionais da defesa da*

---

* A entidade requerente alegou ainda que o decreto violaria o princípio democrático, os princípios regentes das relações internacionais brasileiras (não intervenção, defesa da paz e resolução pacífica dos conflitos) e o direito de livre circulação e manifestação (Brasil, 2017f).

paz, da solução pacífica dos conflitos e da cooperação entre os povos para o progresso da humanidade, princípios que regem a República Federativa do Brasil nas suas relações internacionais. Destarte, não vislumbramos inconstitucionalidade na lei em comento. Não se pode olvidar, no entanto, que, em decorrência do princípio da não intervenção, as Forças Armadas brasileiras somente poderão participar de missões de paz e de segurança internacional quando regularmente solicitadas pelo Conselho de Segurança da Organização das Nações Unidas, o que, inclusive, constitui uma obrigação assumida pelo Brasil perante aquela organização.

O Congresso Nacional, em cumprimento à resolução da Organização das Nações Unidas (UN, 2004), editou um decreto legislativo que autorizou o envio de contingente de mil e duzentos militares brasileiros para a Missão de Estabilização das Nações Unidas no Haiti (Minustah) (Brasil, 2004b, art. 1º). Quatro anos depois, o Congresso editou um novo decreto legislativo autorizando o aumento no contingente em mais cem militares em atendimento a pedido do secretariado das Nações Unidas em reconhecimento do papel decisivo desempenhado pelos engenheiros militares brasileiros (Brasil, 2008a, art. 1º). A missão foi encerrada em 31 de agosto de 2017, após treze anos de serviços prestados pelas Forças Armadas brasileiras no Haiti (UN, 2017).

1.3 Atribuições infraconstitucionais das Forças Armadas

As Forças Armadas dispõem de inúmeras atribuições de prestação de serviços públicos à população que não têm natureza propriamente militar. Isso ocorre porque as organizações militares são dotadas de eficiente logística e de excelente qualidade técnica; além disso, a prática adquirida capacita os militares em ações paralelas em caso de conflito bélico.

O Exército recebeu a atribuição de classificar e definir, técnica e legalmente, as armas de fogo e os demais produtos controlados de uso proibido, restrito ou permitido (Brasil, 2003b, art. 23). Também ficou responsável pelo Sistema Nacional de Armas (Sinarm) e pelo Sistema de Gerenciamento Militar de Armas (Sigma), principalmente pela manutenção do cadastro permanente e integrado de armas de fogo (Brasil, 2019a). Tanto a lei quanto o ato normativo delegante regulamentam e regulam a competência constitucional da União de "autorizar e fiscalizar a produção e o comércio de material bélico" (Brasil, 1988, art. 21, VI).

As forças terrestres também podem assumir o projeto e a execução de obras em cooperação com órgãos públicos de todas as esferas e, excepcionalmente, com empresas privadas de interesse nacional contratadas para a execução de obras e serviços de engenharia (Brasil, 1999a, art. 17-A, II). Uma obra conhecida foi a parceria que o governo do Paraná firmou com o Exército para construção de trecho ferroviário de 248,6 quilômetros entre Guarapuava a Cascavel entre 1991 e 1994 (Ferroeste, 2017).

A Lei Complementar n. 97/1999 fixa também ao Exército a atribuição subsidiária de cooperação na forma de apoio logístico, inteligência, comunicações e instrução na repressão de delitos de repercussão nacional e internacional, no território nacional. Isso engloba o exercício do poder de polícia na faixa de fronteira em ações preventivas e repressivas de combate a delitos transfronteiriços e ambientais. Para o cumprimento dessa missão, poderá atuar de forma isolada ou em coordenação com outros órgãos, podendo, inclusive, promover patrulhamento, revista de pessoas, veículos, embarcações e aeronaves, bem como efetuar prisões em flagrante (Brasil, 1999a, art. 17-A, III e IV).

A lei confere à Marinha as atribuições subsidiárias de orientar e controlar a Marinha Mercante para a promoção da segurança da navegação marítima, fluvial ou lacustre. Para isso, essa força contribui para a formulação e a condução das políticas a respeito do mar, bem como para a implementação e a fiscalização do cumprimento das normas relativas à navegação marítima e de águas interiores (Brasil, 1999a, art. 17, I a IV; Brasil, 1967a, art. 54, § 2º, I). Para o cumprimento dessa atribuição, é constituído o Tribunal Marítimo, um órgão autônomo auxiliar do Poder Judiciário e vinculado ao Comando da Marinha. Essa corte administrativa tem a atribuição de processar e julgar os acidentes e fatos da navegação, assim como propor medidas de prevenção e de segurança da navegação. É responsável igualmente pelo registro de propriedade naval, de hipoteca naval e demais ônus sobre embarcações brasileiras e dos armadores de navios brasileiros (Brasil, 1954, art. 1º). Também exerce atividade cartorária o Registro Especial Brasileiro (REB), como medida de apoio e estímulo à Marinha Mercante nacional e à indústria naval brasileira (Brasil, 1997a).

Por fim, cabe às forças aquáticas a cooperação com órgãos federais, na forma de apoio logístico, inteligência, comunicação e instrução, para a repressão de delitos relacionados ao uso do mar, de águas interiores e de áreas portuárias (Brasil, 1999a, art. 17, V). O poder da polícia naval exercido pela Marinha (Brasil, 1988, art. 21, XXII; Brasil, 1967a, art. 54, § 2º, II) difere do poder de polícia marítima exercido pela Polícia

Federal (Brasil, 1988, art. 144, § 1º, III), haja vista que esta combate a criminalidade nas embarcações, ao passo que aquela protege a soberania e a segurança nacional, controlando o fluxo de embarcações no mar territorial e nos rios e lagos limítrofes.

A Aeronáutica tem como principais atribuições subsidiárias a orientação, a coordenação e o controle da aviação civil, além da promoção da segurança da navegação aérea (Brasil, 1999a, art. 18, I e II; Brasil, 1986; Brasil, 1967a, art. 63, parágrafo único, III, e art. 66, II). Essas operações são realizadas pelo Departamento de Controle do Espaço Aéreo (Decea), vinculado ao Comando da Aeronáutica (Comaer), e têm por finalidade planejar, gerenciar e controlar as atividades relacionadas com o controle do espaço aéreo, com a proteção ao voo, com o serviço de busca e salvamento e com as telecomunicações do Comando da Aeronáutica (Brasil, 2009b).

A União criou a Agência Nacional de Aviação Civil (Anac), vinculada ao Ministério da Defesa, com natureza jurídica de autarquia especial dotada de independência administrativa, autonomia financeira, ausência de subordinação hierárquica e mandato fixo de seus dirigentes. Tem as atribuições de implementar as orientações, diretrizes e políticas estabelecidas pela União (Brasil, 2005b, arts. 1º e 3º).

A Força Aérea também contribui para a formulação e a condução da política aeroespacial e opera o Correio Aéreo Nacional (Brasil, 1988, art. 21, X; Brasil, 1967a, art. 63, VI; Brasil, 1999a, art. 18, III e V). As atividades aeroespaciais brasileiras, principalmente o lançamento comercial de satélites, são executadas no Centro de Lançamento de Alcântara (Maranhão) e no Centro de Lançamento da Barreira do Inferno (Rio Grande do Norte), subordinados ao Departamento de

Ciência e Tecnologia Aeroespacial (DCTA), órgão do Comando da Aeronáutica vinculado ao Ministério da Defesa.

A Aeronáutica também tem o dever de cooperação com os órgãos federais, na forma de apoio logístico, inteligência, comunicações e instrução, na repressão aos delitos de repercussão quanto ao uso do espaço aéreo e de áreas aeroportuárias (Brasil, 1999a, art. 18, VI).

Por fim, exerce o poder de polícia agindo em operação combinada com organismos de fiscalização, aos quais cabe a tarefa de agir após a aterragem das aeronaves, promovendo ações contínuas e permanentes de controle do espaço aéreo contra o tráfego aéreo ilícito, com ênfase no tráfico de drogas, armas, munições e passageiros ilegais (Brasil, 1999a, art. 18, VII).

1.4 Forças auxiliares e de reserva das Forças Armadas

Algumas pessoas jurídicas de direito público e privado são reconhecidas pela Constituição como forças reservas e auxiliares do Exército, porque, em caso de guerra ou sua iminência, esses órgãos ou entidades estão preparados para suprir a carência de recursos materiais e humanos.

As pessoas jurídicas de direito público que se encontram na reserva das Forças Armadas são os estados, que funcionarão como força auxiliar por meio de um órgão, a Brigada Militar no Rio Grande do Sul e as polícias militares nos demais estados e no Distrito Federal. Suas atividades são de interesse, utilidade e necessidade das Forças Armadas em caso de agressão ou guerra externa, o que permite que a União requisite bens e serviços de outros entes federativos e até mesmo de empresas públicas e privadas.

As polícias e os corpos de bombeiros militares e a Brigada Militar do Rio Grande do Sul são órgãos de segurança pública que atuam sob a obediência e a hierarquia dos governadores dos estados, do Distrito Federal e dos territórios, como comandante máximo em tempo de paz.

A convocação pode ser efetivada para a mobilização em situação de guerra externa ou para prevenir ou reprimir ameaça ou grave perturbação da ordem. A qualquer tempo, também, pode haver convocação para o adestramento e a disciplina para o exercício das funções típicas e bélicas do Exército. A atuação ocorrerá sem o prejuízo de sua atribuição normal de segurança pública (Brasil, 1969c, art. 3º, "d" e § 1º).

Sua atuação será como força de dissuasão onde houver indício de perturbação da ordem e, de forma repressiva, onde estiver ocorrendo violência que requeira o emprego eventual das Forças Armadas (Brasil, 1969c, art. 3º, "b" e "c").

As forças de segurança pública, no exercício das atribuições auxiliares do Exército, ficam sujeitas ao controle e à fiscalização da Inspetoria Geral das polícias militares, vinculada ao Estado-Maior do Exército. A direção desse órgão é privativa de general de Brigada da ativa que centraliza todos "os assuntos relativos às Polícias Militares, com vistas ao estabelecimento da política conveniente e à adoção das providências adequadas" (Brasil, 1969c, art. 21, "a").

A Inspetoria tem as atribuições de inspecionar e baixar normas de fiscalização das polícias e da Brigada militares. Deve também proceder ao controle da organização, da instrução, dos efetivos, do armamento e do material bélico, apreciar os quadros de mobilização com vistas ao emprego em suas missões específicas e como participantes da defesa territorial e cooperar no estabelecimento dos regulamentos policiais militares (Brasil, 1969c, art. 21, "b" a "f"). Cabe ainda a esse órgão integrante do Estado-Maior do Exército a realização "dos estudos, da coleta e registro de dados bem como do assessoramento referente ao controle e coordenação, no nível federal, dos dispositivos do presente Decreto-lei" (Brasil, 1969c, art. 3º).

As polícias e a Brigada militares, quando convocadas para atuar nas atribuições do Exército, poderão "executar com exclusividade, ressalvas as missões peculiares das Forças Armadas, o policiamento ostensivo, fardado, planejado pela autoridade competente, a fim de assegurar o cumprimento da lei, a manutenção da ordem pública e o exercício dos poderes constituídos" (Brasil, 1969c, art. 3º, "a").

Quanto ao emprego das forças de segurança pública como força de guerra ou das Forças Armadas ao atuar para guarnecer a segurança pública, existem inúmeras críticas.

Francisco Jose Aguilar Urbina explica que o Exército da Costa Rica foi extinto em 1948 pelo ex-presidente José Figueres Ferrer por considerar que um bom corpo policial, sem armas de alto calibre e sem adestramento militar, era o suficiente para garantir a soberania e a segurança pública de um país com aproximadamente quatro milhões de habitantes. Argumenta que o adestramento militar de guerra afasta polícias da comunidade e idealiza a figura de uma população inimiga (Gomes, 2014).

Ferrer fundamenta:

> *O treinamento militar e o treinamento policial são essencialmente distintos. O treinamento militar consiste em eliminar um inimigo muito bem definido. Já o treinamento policial serve para prevenir a delinquência e proteger*

a população de atos criminosos comuns. O soldado não está treinado para isso. Um policial deveria estar treinado para ajudar a prevenir delitos, e basear suas ações na cidadania. (Gomes, 2014)

As empresas privadas relacionadas à segurança nacional, à Marinha Mercante e à aviação civil também se encontram como auxiliares das Forças Armadas. A partir do momento em que são requisitadas pelo Exército, pela Marinha ou pela Aeronáutica, seu pessoal poderá ser equiparado ao militar se convocado ou mobilizado para o serviço militar (Brasil, 1980a, art. 4º, §§ 1º e 2º).

As empresas privadas de interesse militar são aquelas que fabricam e distribuem materiais bélicos ou que prestam serviços de logística castrense, como as companhias aéreas e as empresas de navegação. São equiparadas às empresas públicas ou às sociedades de economia mista quando se trata do princípio da continuidade. Em caso de necessidade de emprego das Forças Armadas, sempre será necessário que os materiais e os serviços estejam permanentemente à disposição. Por consequência, os empregados dessas empresas, quando solicitados pelos empregadores, serão dispensados de incorporação da classe do serviço militar obrigatório. Classificam-se nessa categoria "os operários, funcionários ou empregados de estabelecimentos ou empresas industriais de interesse militar; de transporte e de comunicações, que forem, anualmente, declarados diretamente relacionados com a Segurança Nacional pelo Estado Maior das Forças Armadas" (Brasil, 1964, art. 30, "e" e § 1º).

Em caso de guerra, se essas forças auxiliares específicas forem insuficientes, a União poderá fundamentar o suprimento de material e de pessoal por requisição genérica administrativa. A Constituição autoriza que "no caso de iminente perigo público, a autoridade competente poderá usar de propriedade particular, assegurada ao proprietário indenização ulterior, se houver dano" (Brasil, 1988, art. 5º, XXV). A maior requisição militar de que se tem notícia na história ocorreu em 6 de junho de 1944, o conhecido Dia D, a operação em que os soldados dos Aliados desembarcaram no litoral da Normandia para o ataque final contra as forças nazistas e que deu fim à Segunda Guerra Mundial. Não havia meios suficientes para o transporte de mais de três milhões de militares americanos, britânicos e canadenses (Schmitz, 2019). Para isso, os comandantes dos Aliados foram autorizados a tomar por requisição os automóveis particulares para trasladar os soldados até o teatro de operações.

No Brasil, em diversos conflitos foram requisitados capatazes e jagunços de coronéis para reforçarem o efetivo do Exército brasileiro. Também há suspeitas de que, na Guerra do Paraguai (1864-1870), escravos foram requisitados e alistados compulsoriamente às Forças Armadas (Toral, 1995).

1.5 Serviço militar obrigatório

A Constituição e a legislação regulamentadora indicam situações em que a prestação do serviço militar é obrigatória, adiável, substituível, facultativa ou imune ou isenta.

O alistamento é da responsabilidade das juntas do serviço militares, que são presididas pelos prefeitos, se no município não houver tiro de guerra (Brasil, 1964, art. 11). Os secretários das juntas são gratificados *pro labore* por certificado entregue (Brasil, 1964, art. 79).

A Carta Magna aponta a exigência de que "o serviço militar é obrigatório nos termos da lei" (Brasil, 1988, art. 143). A regulamentação dessa norma de eficácia limitada é determinada pela Lei do Serviço Militar (Brasil, 1964). São tecnicamente denominados de *conscritos* os brasileiros que integram a classe chamada para a seleção para a prestação obrigatória do serviço militar inicial (Brasil, 1966, art. 3º, 5). O alistamento dos conscritos é compulsório no ano em que atingirem 18 anos de idade, entre 1º de janeiro do ano e 30 de junho, e estende-se extemporaneamente com sanções até 31 de dezembro do ano em que o cidadão completar 45 anos, podendo ser ampliado em período de guerra (Brasil, 1964, art. 5º, *caput* e § 1º). No ato da inscrição, o conscrito recebe o certificado de alistamento militar (CAM), que lhe dá a quitação até a data marcada no verso para apresentação no exame de seleção.

Os inadimplentes das classes anteriores em débito com o serviço militar continuam sujeitos às obrigações da classe convocada sem prejuízo das sanções cabíveis (Brasil, 1964, art. 17, § 1º). Em consequência, os conscritos que deixarem de se alistar estão sujeitos ao pagamento de multa, ao alistamento e à incorporação compulsórios e à perda dos direitos políticos (Brasil, 1988, art. 15). Serão considerados refratários os alistados que, sem justa causa, não se apresentarem ou se ausentarem antes de terminarem o exame de seleção, caso no qual, em igualdade de condições, terão prioridade de incorporação ao se apresentarem* (Brasil, 1964, arts. 24 e 26, § 2º). Por fim, serão considerados insubmissos aqueles que foram

---

* "Não será considerado refratário o que faltar, apenas, ao alistamento, ato prévio à seleção, bem como o residente em município não tributário há mais de um ano, referido à data de início da época da seleção da sua classe" (Brasil, 1966, art. 2º).

selecionados, convocados e designados e não se apresentaram ou se ausentaram antes da finalização do ato oficial de incorporação. Nesse caso, serão compulsoriamente incorporados se considerados aptos na seleção (Brasil, 1964, arts. 25 e 26, § 1º). Conforme a jurisprudência sumular do Superior Tribunal Militar, a insubmissão é tipificada como crime militar, cuja pena é o impedimento, de três meses a um ano, podendo ser diminuída de um terço quando, escusadamente, "o réu ignorar ou compreender erradamente os atos de convocação ou houver a apresentação voluntária no prazo de um ano do último dia marcado para convocação"* (Brasil, 1969a, art. 183).

No entanto, o serviço inicial efetivo ocorre somente no ano em que o cidadão completa 19 anos (Brasil, 1964, art. 17). Em tempo de paz, a duração da incorporação compulsória é de um ano, mas poderá ser reduzida em dois meses por ordem do Ministro da Defesa (Brasil, 1964, art. 6º, § 1º, primeira parte) ou ampliada pelo mesmo tempo por ordem do Presidente da República (Brasil, 1964, art. 6º, § 1º, primeira parte, e § 2º, "b"). Em tempo de guerra, a prestação efetiva do serviço militar poderá exceder em seis meses a idade de 45 anos (Brasil, 1964, art. 5º, § 1º) por autorização do Ministro da Defesa (Brasil, 1964, art. 6º, § 1º, segunda parte,) ou por mais de seis meses por ordem do Presidente da República (Brasil, 1964, art. 6º, § 2º, "a").

---

* "Não constituem excludentes da culpabilidade, nos crimes de deserção e insubmissão, alegações de ordem particular ou familiar" (Brasil, 1980b).
"O crime de insubmissão caracteriza-se quando provado de maneira inconteste o conhecimento pelo conscrito da data e do local de sua apresentação para incorporação, através de documento hábil constante dos autos. A confissão do indigitado insubmisso deverá ser considerada no quadro do conjunto probatório" (Brasil, 1995d).

O serviço militar tem início com a incorporação como ato de inclusão do convocado ou voluntário em uma organização militar da ativa (Brasil, 1964, art. 20) e encerra-se pelo seu licenciamento, quando se torna reservista ("baixa"). Nesse ponto, aquele que completou o adestramento obrigatório fica na reserva não remunerada, o que significa que, em razão de seu preparo, havendo iminência de conflito e insuficiência de militares ativos, poderá ser convocado pelo Ministro da Defesa para exercícios, manobras e aperfeiçoamento de conhecimentos militares (Brasil, 1964, art. 19, parágrafo único)*/**. Após o cumprimento do tempo de serviço, dependendo das conveniências das Forças Armadas, os reservistas poderão permanecer voluntariamente como engajados ou reengajados*** (Brasil, 1964, art. 33). Os licenciados são classificados de acordo com o nível de treinamento recebido. Os certificados de reservista de primeira categoria são colados aos conscritos que "tenham atingido um grau de instrução que os habilite ao desempenho de função de uma das qualificações ou especializações militares de cada Força Armada" (Brasil, 1966, art. 156). O certificado de reservista de segunda categoria é entregue para

---

* "Quando o motivo da incorporação for a convocação para manobras, exercícios, manutenção da ordem interna ou guerra, terão assegurado durante este tempo a percepção de dois terços da remuneração, sem prejuízo do direito de retorno" (Brasil, 1964, art. 61).

** "Tenham ou não prestado o Serviço Militar, poderão os brasileiros ser objeto de convocação de emergência, em condições determinadas pelo Presidente da República, para evitar a perturbação da ordem ou para sua manutenção, ou, ainda, em caso de calamidade pública" (Brasil, 1988, art. 22, III; Brasil, 1964, art. 19, *caput*).

*** Os servidores e empregados da iniciativa privada, quando incorporados ou matriculados nas Forças Armadas, têm assegurado o retorno ao cargo ou emprego, dentro de trinta dias do licenciamento ou término do curso, perdendo o direito o convocado que voluntariamente se engajar (Brasil, 1964, art. 60, *caput* e § 2º).

"aquele que tenha recebido, no mínimo, a instrução militar suficiente para o exercício de função geral básica de caráter militar" (Brasil, 1964, art. 35; Brasil, 1966, arts. 3º, 41 e 42). O adiamento da incorporação por até dois anos é concedida: para os candidatos às escolas de formação de oficiais com escolaridade suficiente para matrícula; para os que se encontrarem no exterior e comprovarem ao regressar sua estada na repartição consular ou quando retornarem ao Brasil; os matriculados nos cursos de formação de oficiais das polícias militares ou do corpo de bombeiros e os desincorporados por moléstia superior a noventa dias (Brasil, 1964, art. 29). Também se enquadram no adiamento de incorporação até a colação de grau, por interesse das Forças Armadas, os matriculados ou candidatos à matrícula em institutos de ensino destinados à formação de médicos, dentistas, farmacêuticos e veterinários até a colação de grau (Brasil, 1967b, art. 20).

Em tempo de paz, a Constituição prevê duas imunidades ao serviço militar com a facultatividade de prestação pelas mulheres e pelos eclesiásticos (Brasil, 1988, art. 143, § 2º).

Embora não seja obrigatório, é grande o número de mulheres que ingressam no serviço militar de carreira. A oportunidade para que integrassem as Forças Armadas começou nas polícias e nos bombeiros militares, depois avançou para a Marinha e logo alcançou o Exército e a Aeronáutica. No governo do Presidente da República Michel Temer, a Capitã da Aeronáutica Carla Borges (34 anos) foi a primeira militar a pilotar o avião oficial da Presidência da República (Marques, 2018).

Quanto à segunda imunidade, apesar de na Constituição constar uma denominação eminentemente católica, a Lei do Serviço Militar estende o conceito de "eclesiásticos" para todos os "matriculados em institutos de ensino destinados à formação de sacerdotes e ministros de qualquer religião ou de membros de ordens religiosas regulares" (Brasil, 1964, art. 29). Nesse caso, a objeção de consciência é constitucionalmente presumida.

Uma terceira imunidade em norma de eficácia contida ocorre na exigência de licença da casa legislativa para a incorporação de deputados e senadores às Forças Armadas, mesmo que os parlamentares sejam militares e seja tempo de guerra (Brasil, 1988, art. 53, § 7º).

O recrutamento é facultativo e substitutivo em relação aos cidadãos que invocam a exceção de consciência decorrente de crença religiosa e convicção filosófica ou política. Isso ocorre porque a incorporação não é obrigatória; porém, a Comissão de Exame de seleção poderá impor o cumprimento de um dever público substitutivo das atividades essencialmente militares, como a prestação de serviço de caráter administrativo, assistencial, filantrópico ou produtivo em organização militar ou órgãos civis conveniados (Brasil, 1988, arts. 5º, VIII, e 143, § 1º; Brasil, 1991a, art. 3º) (Born, 2014, p. 39-62). Os documentos que dão a quitação aos objetores são os certificados de cumprimento ou de dispensa da prestação alternativa ao serviço militar obrigatório (Brasil, 1991a, art. 4º). Quando houver a recusa ao cumprimento de ambos os deveres (principal e alternativo), o alegante receberá o certificado de eximido, que não serve como documento de quitação, ficando sujeito o objetor à perda ou suspensão dos direitos políticos, conforme previsto na Constituição (Brasil, 1988, art. 15, IV)*.

A Constituição proíbe o alistamento eleitoral e o voto para os conscritos durante o período do serviço militar obrigatório, o que alcança também aqueles que cumprem a incorporação extemporânea (Brasil, 1988, art. 14, § 2º).

No exame de seleção são desobrigados e recebem o certificado de isenção do serviço militar os portadores de incapacidade física ou mental permanente ou de longa duração (Brasil, 1964, art. 28). Nessa classificação também são enquadrados os acometidos de incapacidade moral em razão de cumprimento de decisão condenatória pela prática de crime doloso e os expulsos das fileiras das organizações militares (Brasil, 1964, art. 28, "b").

Por fim, a dispensa da incorporação ocorre, primeiramente, em benefício dos conscritos aprovados no exame de seleção, mas que foram incluídos no excesso de contingente quando o número de conscritos é superior à quantidade de vagas para a incorporação; contudo, ficam sujeitos à convocação extemporânea em caso de necessidade das Forças Armadas. Igualmente são beneficiados os arrimos de família, isto é, os conscritos que sustentam os familiares. Ainda, estão dispensados os alistados

---

* A aplicação da perda dos direitos políticos e não da suspensão aos eximidos é divergente na doutrina, por seis meses. Para o autor desta obra alhures, "quando o constituinte de 1988 deixou de arrolar expressamente os casos de perda e suspensão dos direitos políticos, na verdade, remeteu ao legislador ordinário a definição da natureza jurídica da privação dos direitos políticos a ser aplicada aos eximidos. Isso se deu com a Lei nº 8.239, de 4 de outubro de 1991, que, ao regulamentar a prestação alternativa ao serviço militar, dispõe no artigo 4º que: '§ 2º Findo o prazo previsto no parágrafo anterior, o certificado só será emitido após a decretação, pela autoridade competente, da suspensão dos direitos políticos do inadimplente, que poderá, a qualquer tempo, regularizar sua situação mediante cumprimento das obrigações devidas'" (Born, 2014, p. 117).

residentes há, no mínimo, um ano em município não tributário*, que são pequenas cidades com base agropecuária. Por fim, não integrarão a base inicial os cidadãos matriculados em órgãos de formação da reserva, uma vez que já cumprem um serviço militar mais qualificado (Brasil, 1964, art. 30).

1.6 Carreira militar

O ingresso nas Forças Armadas ocorre por: incorporação; matrícula; nomeação ou inclusão de brasileiro possuidor de reconhecida competência técnico-profissional ou notória cultura científica (Brasil, 1980a, art. 30).

A carreira militar é formada pelo cargo como um "conjunto de atribuições, deveres e responsabilidades cometidos a um militar em serviço ativo" (Brasil, 1980a, art. 20) e pela função como "o exercício das obrigações inerentes ao cargo militar" (Brasil, 1980a, art. 22, parágrafo único). A Constituição prevê que "ao militar são proibidas a sindicalização e a greve" (Brasil, 1988, art. 142, IV).

A estrutura hierárquica militar consiste na ordenação nivelada da autoridade no interior das Forças Armadas, dentro de postos e graduações (Brasil, 1980a, art. 16, §§ 1º a 3º). Os oficiais têm as atribuições de comando, chefia e direção

---

* No serviço militar, os não tributários normalmente são municípios pequenos de economia baseada na produção agropecuária de subsistência, onde as Forças Armadas não realizam exames de seleção e os alistados, normalmente, recebem o certificado de dispensa da incorporação.

(Brasil, 1980a, art. 36), enquanto as praças* auxiliam ou complementam as atribuições dos oficiais no adestramento e no emprego dos meios, na instrução e na administração (Brasil, 1980a, art. 37).

O comando supremo é do Presidente da República (Brasil, 1988, art. 84, XIII). Os postos são conferidos aos oficiais por ato efetivado por carta-patente pelo comandante supremo das Forças Armadas, o Presidente da República (Brasil, 1988, art. 84, XIII), ou pelo Ministro da Defesa, e a graduação é conferida às praças pela autoridade militar competente.

Os postos de almirante, marechal e marechal do ar somente serão providos em tempo de guerra; nas polícias e no corpo de bombeiros militares e na Brigada Militar do Rio Grande do Sul, o posto máximo é de coronel (Brasil, 1969c, art. 8º). Por mandamento constitucional, a carreira de oficial e o cargo de Ministro da Defesa são acessíveis apenas aos brasileiros natos (Brasil, 1988, art. 12, § 3º, VI e VII).

---

* Embora gramaticalmente seja comum de dois gêneros, o termo *praças* será utilizado no feminino para se manter a fidelidade à redação escolhida pela Constituição: "Art. 125. [...] § 4º Compete à Justiça Militar estadual processar e julgar os militares dos Estados, nos crimes militares definidos em lei e as ações judiciais contra atos disciplinares militares, ressalvada a competência do júri quando a vítima for civil, cabendo ao tribunal competente decidir sobre a perda do posto e da patente dos oficiais e da graduação das praças" (Brasil, 1988).

Quadro 1.1 – Hierarquização dos postos de oficiais

Círculos de oficiais	Marinha	Exército	Aeronáutica
Oficiais-generais em tempo de guerra	Almirante	Marechal	Marechal do ar
Oficiais-generais em tempo de paz	Almirante de esquadra Vice-almirante Contra-almirante	General do exército General de divisão General de brigada	Tenente-brigadeiro Major-brigadeiro Brigadeiro
Oficiais superiores	Capitão de mar e guerra Capitão de fragata Capitão de corveta	Coronel Tenente-coronel Major	Coronel Tenente-coronel Major
Oficiais intermediários	Capitão-tenente	Capitão	Capitão
Oficiais subalternos	Primeiro-tenente Segundo-tenente	Primeiro-tenente Segundo-tenente	Primeiro-tenente Segundo-tenente

Quadro 1.2 – Hierarquização das graduações das praças

Círculos de praças	Marinha	Exército	Aeronáutica
Suboficiais, subtenentes e sargentos	Suboficial Primeiro-sargento Segundo-sargento Terceiro-sargento	Subtenente Primeiro-sargento Segundo-sargento Terceiro-sargento	Suboficial Primeiro-sargento Segundo-sargento Terceiro-sargento
Cabos e soldados	Cabo	Cabo e Taifeiro-Mor	Cabo e Taifeiro-Mor
	Marinheiro especializado e soldado especializado Marinheiro e soldado Marinheiro-recruta e recruta	Soldado e taifeiro de primeira classe Soldado-recruta e taifeiro de segunda classe	Soldado de primeira classe e taifeiro de primeira classe Soldado de primeira classe e taifeiro de segunda classe

Quadro 1.3 – Hierarquização das graduações das praças especiais

Círculos	Marinha	Exército	Aeronáutica
Frequentam o círculo de oficiais subalternos	Guarda-marinha	Aspirante a oficial	Aspirante a oficial
Excepcionalmente ou em reuniões sociais, acesso aos círculos dos oficiais	Aspirante (aluno da Escola Naval) Aluno da Escola Naval Aluno de órgão de formação de oficiais da reserva	Cadete (aluno da Academia Militar) Aluno da Escola Preparatória dos Cadetes do Exército Aluno de órgão de formação de oficiais da reserva	Cadete (aluno da Academia da Força Aérea) e aluno da Escola de Oficiais e Especialistas da Aeronáutica. Aluno da Escola Preparatória de Cadetes do ar Aluno de órgão de formação de oficiais de reserva
Excepcionalmente ou em reuniões sociais, acesso aos círculos dos suboficiais, subtenentes e sargentos	Aluno de escola ou centro de formação de sargentos	Aluno de escola ou centro de formação de sargentos	Aluno de escola ou centro de formação de sargentos
Frequentam o círculo de cabos e soldados	Aprendiz--marinheiro Aluno de órgão de formação de praças da reserva	Aluno de órgão de formação de praças da reserva	

As praças somente adquirem estabilidade após dez anos de serviço (Brasil, 1980a, art. 50). Os estados-membros contam com autonomia política para fixar o tempo da estabilidade das praças que integram as forças auxiliares, como ocorre com Minas Gerais, que estabeleceu a estabilidade após três anos na Polícia Militar ou no Corpo de Bombeiros Militar (Minas Gerais, 2002, art. 34).

A estabilidade influencia na elegibilidade dos militares, haja vista que a Constituição prevê que são alistáveis e elegíveis, mas, se contarem com menos de dez anos de serviço, deverão afastar-se da atividade; se não contarem com mais de dez anos, serão agregados para concorrer e, se eleitos, passarão automaticamente para a inatividade no ato da diplomação (Brasil, 1988, art. 14, § 8º)*.

A agregação e a reversão são as duas primeiras situações especiais amparadas pelo Estatuto dos Militares. O militar agregado da ativa permanece sem número na escala hierárquica, mas fica adido para efeito de alterações e remuneração à organização militar em que está designado (Brasil, 1980a, arts. 80 a 84). A reversão é o retorno do militar em situação em que este, quando em agregação, retorna ao serviço ativo, que deverá ocorrer imediatamente ao momento de cessação da motivação para o afastamento. Nesse caso, voltará a ocupar a posição na escala numérica que lhe competir a partir da abertura da primeira vaga. Segundo a lei, "A reversão será efetuada mediante ato do Presidente da República ou da autoridade à qual tenha sido delegada a devida competência" (Brasil, 1980a, art. 86). Terá caráter permanente quando o militar ficar à disposição do Ministério da Defesa, quando for nomeado para um cargo militar ou quando for convocado para atuar como

---

* Os militares em serviço ativo são proibidos de se filiarem a qualquer partido (Brasil, 1988, art. 142, V). Para concorrerem a um cargo, mesmo não filiados, devem lançar seu nome em convenção partidária e, depois de escolhidos, solicitar o afastamento do serviço ativo (exoneração com menos de dez anos ou agregação no caso de terem mais de dez anos de serviço). Com relação aos candidatos que são militares estáveis, a partir do dia seguinte da publicação da agregação no boletim, como militares inativos temporariamente, devem se filiar ao partido. Permanecerão filiados, se vencedores, até o final do mandato ou, se vencidos, até a homologação do resultado das eleições (Born, 2014, p. 101-105).

ministro do Superior Tribunal Militar. Será agregado temporariamente quando o permanente se tornar incapaz temporariamente por mais de um ano, enquanto tramita o procedimento de reforma; nas licenças prolongadas, em algumas situações disciplinares, no exercício de cargo ou função de natureza civil temporário, não eletivo nas administrações direta ou indireta por mais de dois anos (Brasil, 1988, art. 142, § 3º, III), entre outras situações.

No entendimento do Superior Tribunal de Justiça,

> o atual texto constitucional (art. 14, § 8º, inciso II) não recepcionou a expressão, prevista na Lei 6.880/1980 e em consonância com a Carta Política então vigente, que considerava o militar agregado como licenciado para tratar de assuntos de interesse particular, com prejuízo dos vencimentos, limitando-se a dizer que o militar seria "agregado". O militar que contar com mais de dez anos de serviço tem direito à percepção de remuneração durante o período em que for agregado para fins de candidatura eleitoral. (Brasil, 2002e)

A terceira situação especial é o excedente que ocorre transitoriamente quando tenha cessado o motivo da agregação, mas o efetivo do corpo, quadro, arma ou serviço não dispõe de vaga por estar completo. Também ocorre se fizer jus a essa posição sem vaga enquanto, depois de haver sido transferido de corpo ou quadro: i) for promovido por bravura; ii) tiver sido promovido indevidamente; iii) sendo o mais moderno da respectiva escala hierárquica, ultrapasse o efetivo "em virtude de promoção de outro militar em ressarcimento de preterição"; ou iv) tendo cessado o motivo que determinou sua reforma por incapacidade definitiva. Nesse caso, manter-se-á na mesma ocupação relativa à antiguidade que lhe cabe na escala hierárquica e será contemplado com o número que lhe competir na da primeira vaga a ser aberta. Será considerado como em efetivo serviço para todos os efeitos e sempre concorrerá à promoção em todos os cargos militares e à quota compulsória em igualdade de condições, sem nenhuma restrição, desde que cumpridas as exigências legais (Brasil, 1980a, art. 88).

A quarta situação especial ocorre com o não comparecimento da praça ou do oficial na organização militar para o cumprimento da escala de serviço sem justificativa no prazo de vinte e quatro horas consecutivas ou quando a praça ou o oficial deixa a organização em que serve ou onde deveria permanecer sem autorização do comando (Brasil, 1980a, art. 89). A ausência poderá caracterizar situação de deserção prevista pelo Estatuto dos Militares (Brasil, 1980a, art. 90) e pela legislação penal militar.

O Código Penal Militar tipifica a deserção sempre que um militar se ausenta por mais de oito dias sem licença da unidade ou do lugar em que serve. O integrante da Força Armada também é considerado desertor por equiparação quando, no mesmo prazo, não se apresenta no lugar designado após as férias ou trânsito; deixa de se apresentar à autoridade competente após o fim da licença, agregação ou início de estado de sítio ou de guerra; após o cumprimento de pena ou na situação em que for comprovado que criou ou simulou incapacidade para exclusão do serviço ativo ou inatividade. Em todas essas situações, a praça desertora está sujeita à pena de detenção de seis meses a dois anos – essa pena é agravada se a conduta for praticada por oficial (Brasil, 1969a, arts. 187 e 188)*.

O Código Penal Militar também prevê a deserção especial:

> Art. 190. Deixar o militar de apresentar-se no momento da partida do navio ou aeronave, de que é tripulante, ou do deslocamento da unidade ou força em que serve:
>
> Pena – detenção, até três meses, se após a partida ou deslocamento se apresentar, dentro de vinte e quatro horas, à autoridade militar do lugar, ou, na falta desta, à autoridade policial, para ser comunicada a apresentação ao comando militar competente.
>
> § 1º Se a apresentação se der dentro de prazo superior a vinte e quatro horas e não excedente a cinco dias:
>
> Pena – detenção, de dois a oito meses.
>
> § 2º Se superior a cinco dias e não excedente a oito dias:
>
> Pena – detenção, de três meses a um ano.
>
> § 2º-A. Se superior a oito dias:
>
> Pena – detenção, de seis meses a dois anos.
>
> Aumento de pena
>
> § 3º A pena é aumentada de um terço, se se tratar de sargento, subtenente ou suboficial, e de metade, se oficial. (Brasil, 1969a)

---

* "Art.189. Nos crimes dos arts. 187 e 188, I, II e III: Atenuante especial. I – se o agente se apresenta voluntariamente dentro em oito dias após a consumação do crime, a pena é diminuída de metade; e de um terço, se de mais de oito dias e até sessenta; Agravante especial. II – se a deserção ocorre em unidade estacionada em fronteira ou país estrangeiro, a pena é agravada de um terço" (Brasil, 1969a).

A quinta situação especial é o desaparecimento do militar sem indícios de deserção por tempo superior a oito dias com paradeiro ignorado no desempenho de serviço, em viagem, campanha ou calamidade pública. O desaparecido será considerado extraviado se seu paradeiro permanecer ignorado por mais de trinta dias (Brasil, 1980a, arts. 91 e 92).

Por fim, a sexta e última situação especial ocorre quando os militares são temporariamente comissionados ou promovidos em postos ou graduações superiores em decorrência de declaração de estado de guerra (Brasil, 1980a, art. 93). Nessas situações, normalmente, os almirantes de esquadra, os generais do Exército e os tenentes-brigadeiros são promovidos, respectivamente, aos postos de almirante, marechal e marechal do ar, elevando toda a cadeia hierárquica (Brasil, 1980a, art. 16, § 2º).

Os militares podem ser excluídos do serviço ativo pela transferência para reserva remunerada a pedido, após trinta anos de serviço ou de ofício, por terem atingido a idade limite, por serem incluídos na quota compulsória ou por terem ocupado determinado tempo no posto, por se constatar inabilitação definitiva para ingresso em quadro de acesso, por ingressarem no magistério militar, por ultrapassarem dois anos em licença para tratar de assunto particular ou em licença para tratamento da saúde de pessoa da família (Brasil, 1980a, arts. 96 a 98). Além desses casos previstos no Estatuto dos Militares, também se considera a hipótese de o militar ultrapassar dois anos no exercício de cargo ou emprego público civil temporário não eletivo (Brasil, 1988, art. 142, § 3º, III) ou, com mais de dez anos de serviço, for diplomado em cargo eletivo (Brasil, 1980a, art. 98, XVI).

A segunda modalidade de extinção é a reforma a pedido, caso no qual os membros do magistério militar devem cumprir trinta anos de serviço e dez anos de magistério (Brasil, 1980a, arts. 104, I, e 105). A reforma de ofício ocorre com o atingimento da idade-limite; a incapacidade definitiva para o serviço ativo; a agregação por incapacidade por mais de dois anos; a condenação à pena de reforma, que sujeita o condenado à percepção de proventos máximos de um e vinte e cinco avos por ano de serviço (Brasil, 1980a, arts. 104, II, e 106).

A terceira forma de extinção é a demissão a pedido, situação na qual, até cinco anos de oficialato, há indenização pelos cursos preparatórios ou pela transferência para reserva não remunerada no mesmo posto que tinha no serviço ativo (Brasil, 1980a, arts. 115, I, e 116). A demissão decorre de ofício pelo exercício de cargo ou emprego público permanente e estranho à carreira do oficial (Brasil, 1980a, arts. 115, II, e 117); pela posse em cargo eletivo por militar com menos de dez anos de serviço (Brasil, 1980a, art. 52, parágrafo único); pela transferência para a reserva não remunerada no mesmo posto que tinha no serviço ativo; e pelo casamento não autorizado com cônjuge estrangeiro (Brasil, 1980a, art. 146).

Por arremate, o Estatuto dos Militares ainda prevê a perda do posto ou patente (Brasil, 1980a, art. 118), o licenciamento não remunerado (Brasil, 1980a, art. 121, § 1º), a anulação de incorporação, a desincorporação, a exclusão a bem da disciplina das praças estáveis, das guardas-marinhas e dos aspirantes a oficial (Brasil, 1980a, art. 125), a deserção e o desaparecimento ou extravio (Brasil, 1980a, arts. 91 e 92).

A Constituição prevê que "é assegurada, nos termos da lei, a prestação de assistência religiosa nas entidades civis e militares de internação coletiva" (Brasil, 1988, art. 5º, VII).

Para o cumprimento dessa atribuição, a União, os estados e o Distrito Federal criam a capelania para prestarem assistência religiosa, em tempo de paz, nas unidades, nos navios, nas bases, nos hospitais e em outras organizações militares em que, pela localização ou situação especial, seja recomendada a assistência religiosa e, em tempo de guerra, nas forças em operações (Brasil, 1981, art. 3º). Esse serviço também tem "por finalidade prestar assistência religiosa e espiritual aos militares, aos civis das organizações militares e às suas famílias, bem como atender a encargos relacionados com as atividades de educação moral realizadas nas Forças Armadas" (Brasil, 1981, art. 2º).

Os capelães militares são selecionados entre sacerdotes, pastores, reverendos, anciãos e ministros religiosos de todas as religiões que não atentem contra a lei, a disciplina e a moral (Brasil, 1981, art. 4º, *caput*). A chefia, em cada Força Armada, será exercida por um capitão de mar e guerra capelão ou por um coronel capelão nomeado pelo comandante da respectiva força, ficando subordinada ao órgão setorial de pessoal (Brasil, 1981, arts. 5º e 6º). O ingresso no quadro somente será franqueado para brasileiro nato, voluntário, entre 30 e 40 anos, com formação teológica universitária reconhecida pela autoridade eclesiástica e experiência por três anos de atividades pastorais; que tiver consentimento expresso da autoridade eclesiástica; demonstrar aptidão em inspeção de saúde; e receber conceito favorável, atestado por dois oficiais superiores da ativa. Além disso, o candidato deverá submeter-se a estágio de instrução (Brasil, 1981, arts. 18 e 19).

Síntese

As atribuições constitucionais essenciais e primárias das Forças Armadas são a defesa da Pátria e a garantia dos poderes constitucionais. As atribuições constitucionais subsidiárias são a garantia da execução da lei e a manutenção da ordem pública. Por fim, as atribuições infraconstitucionais de prestação de serviços públicos do Exército são o controle de armas e a execução de obras de engenharia. A Marinha é responsável pelo controle e pelo poder de polícia da navegação marítima e de águas interiores, contando, inclusive, com o Tribunal Marítimo como auxiliar do Poder Judiciário. A Aeronáutica recebeu a atribuição de controle de tráfego aéreo e promoção da segurança da navegação aérea. Ainda, é responsável pelo Correio Aéreo Nacional e pelas atividades aeroespaciais do Brasil. As três forças receberam a incumbência legal de cooperação no controle de delitos de repercussão nacional e internacional.

As Forças Armadas, em regra, somente podem ser mobilizadas depois da formalização da declaração de guerra pelo Presidente da República, após consulta não vinculada ao Conselho de Defesa Nacional e autorização do Congresso Nacional.

Em caso de guerra ou sua iminência, as Forças Armadas contam com a reserva das forças auxiliares, que são constituídas pelas polícias e bombeiros militares e pela Brigada Militar do Rio Grande do Sul; pelas empresas privadas de interesse da segurança nacional; pelas empresas aéreas comerciais; e pelas companhias de navegação por cabotagem. A Constituição ainda permite, em caso de urgência, a requisição de bens privados com posterior indenização ao proprietário em caso de dano.

O serviço militar é obrigatório, em tempo de paz, a todos os cidadãos brasileiros do sexo masculino, na faixa etária entre 18 e 45 anos. As mulheres e os eclesiásticos estão imunes ao serviço militar, mas somente em tempo de paz. A incorporação pode ser adiada por interesse militar para os acadêmicos de alguns cursos da área da saúde e matriculados em academias militares. São isentos os cidadãos que não apresentam aptidão física e mental para as atividades militares, bem como aqueles que não têm idoneidade moral em razão de condenação criminal. Os objetores de consciência, como as testemunhas de Jeová, não são obrigados ao serviço militar, mas ficam sujeitos ao cumprimento de uma prestação civil alternativa. Os eximidos do serviço militar ficam sujeitos à perda ou à suspensão dos direitos políticos.

A carreira militar é formada por militares das Forças Armadas e das polícias e bombeiros militares, sendo estruturada em cargos e funções e hierarquizada em postos e graduações com patentes conferidas pelo chefe do Poder Executivo como comandante supremo. O posto máximo nas Forças Armadas em tempo de paz é o de almirante de esquadra, general do exército e tenente-brigadeiro e, nas polícias militares, é o de coronel. Os postos de almirante, marechal e marechal do ar somente são providos em tempo de guerra. O Estatuto dos Militares prevê as situações específicas de agregação, reversão, excedente, ausência, deserção, desaparecimento, extravio e de comissionados. A exclusão do serviço ativo ocorre por transferência para a reserva remunerada, reforma, demissão, perda do posto ou patente, licenciamento, anulação de incorporação, desincorporação a bem da disciplina, deserção, falecimento e extravio.

Questões para revisão

1) "O militar detido é um sargento 'taifeiro', função equivalente à de um comissário de bordo. Ou seja, presta serviços de bordo em aeronaves. 'Quando tem essas viagens, vai uma tripulação que fica no meio do caminho. Então, quando o presidente voltasse agora, do Japão, essa tripulação iria embarcar no avião dele. Então, seria (destino) Sevilha (para) Brasil', explicou [Haroldo] Mourão, [Vice-Presidente da República]" (Costa, 2019).

    Nessa reportagem, o entrevistado cita que o acusado era um militar e qual era sua hierarquia. Com inspiração nesse texto, leia e avalie as afirmativas a seguir:

    I. Na hierarquização prevista na escala de postos e graduações não consta a graduação de sargento "taifeiro". No quadro de hierarquização do Estatuto dos Militares constam somente cabo e taifeiro-mor para o Exército e a Aeronáutica.

    II. General é o posto máximo que um oficial das Forças Armadas ou das polícias militares pode ocupar na hierarquização castrense.

    III. Os postos de almirante, marechal e marechal do ar são providos somente em tempo de guerra.

    IV. As praças de carreira das Forças Armadas, como servidores da União, adquirem a estabilidade conforme prevê a Constituição, no art. 41: "são estáveis após três anos de efetivo exercício os servidores nomeados para cargo de provimento efetivo em virtude de concurso público" (Brasil, 1988).

V. Sargento é uma graduação e o Estatuto dos Militares dá a mesma denominação para as praças dessa categoria nas três forças, escalando-a em primeiro, segundo e terceiro sargentos.

São verdadeiras as afirmativas:

a. I, III, IV e V.
b. I, III e V.
c. III e IV.
d. III e V.

2) Quais são as atribuições infraconstitucionais que são comuns às três Forças Armadas? Marque a alternativa correta:

a. A repressão de delitos de repercussão nacional e internacional.
b. O controle e gerenciamento de armas de fogo.
c. A operação do correio aéreo nacional.
d. A execução de obras de engenharia.

3) Quanto ao serviço militar obrigatório, quais cidadãos se enquadram nos casos que autorizam a dispensa da incorporação?

a. As mulheres e os eclesiásticos.
b. Os portadores de incapacidades físicas e mentais para o serviço militar e os acometidos de inidoneidade moral.
c. Os arrimos de família e os incluídos no excesso de contingente.
d. Os objetores de consciência e os acadêmicos da área de saúde.

4) Qual é a diferença entre reservistas de primeira e de segunda categorias?

5) Como se diferenciam as praças dos oficiais?

Questões para reflexão

1) "Quando subir a rampa do Palácio do Planalto, Jair Bolsonaro se tornará o terceiro militar a ganhar a Presidência nas urnas. Antes de Bolsonaro, que é capitão reformado do Exército, os militares que governaram o país escolhidos pelo voto popular foram Hermes da Fonseca (1910-1914) e Eurico Dutra (1946-1950). Os presidentes do passado, apesar de separados por três décadas, tinham muito em comum. Hermes e Dutra estavam no topo da hierarquia militar, eram idolatrados na caserna, ocupavam postos do alto escalão do governo e se lançaram na disputa pelo Palácio do Catete como candidatos do *establishment*" (Westin, 2018).

   O texto citado demonstra que a eleição de militares como presidente e vice-presidente da República não é novidade no Brasil. A eleição de 2018 também serviu como um incentivo para que diversos militares das Forças Armadas e das polícias militares deixassem as casernas e buscassem a conquista de um cargo público eletivo. Diante dessa constatação, se os militares são proibidos de se filiarem a partidos, como eles poderão ou puderam se candidatar?

2) "A intervenção no Rio de Janeiro foi instituída em fevereiro deste ano. Passados seis meses, ele avalia que o Exército é o único engajado na missão, em clara crítica à atuação do Estado. 'Apesar do trabalho intenso de seus responsáveis, da aprovação do povo e de estatísticas que demonstram a diminuição dos níveis de criminalidade, o componente militar é, aparentemente, o único a engajar-se na missão', destacou [o General Villas Boas]" (Costa, 2018).

Tomando-se como base esse texto, é possível haver intervenção das Forças Armadas nas atribuições das polícias militares e das forças de segurança públicas?

Consultando a legislação

Neste capítulo, você pôde analisar as organizações militares, as carreiras e o serviço militar obrigatório. No entanto, como se trata de matéria complexa e extensa, recomenda-se uma leitura aprofundada da Lei Complementar n. 97/1999 (emprego das Forças Armadas), bem como da Lei n. 6.880/1980 (Estatuto dos Militares) e da Lei n. 4.375/1964 (Lei do Serviço Militar).

Para saber mais

ROSA, P. T. R. **Direito Militar Administrativo**: teoria e prática. 5. ed. Belo Horizonte: Líder, 2016.
OLYMPIO, C. **Vade mecum sínteses objetivas**: área militar. São Paulo: Rideel, 2014.

É importante que o leitor aprofunde seus conhecimentos em Direito Administrativo Militar com a leitura das obras aqui indicadas e de outras disponíveis no mercado editorial. A primeira destaca os conteúdos abordados com um aprofundamento teórico e prático, ao passo que a segunda apresenta uma excelente coletânea de todas as normas administrativas com vertentes no Direito Militar.

II

O Poder Judiciário e as funções essenciais da Justiça Militar

Conteúdos do capítulo:

» Organização e competência do Superior Tribunal Militar e dos tribunais de justiça militar.
» Organização e competências dos conselhos permanentes e especiais da Justiça Militar, dos juízes federais da Justiça Militar e dos juízes de direito do juízo militar dos estados e do Distrito Federal.
» Organização e competências dos órgãos e juízes militares em tempo de guerra.
» Estrutura e atribuições das auditorias e das corregedorias militares.
» Funções essenciais da Justiça Militar e atribuições dos membros do Ministério Público Militar e das defensorias públicas.

Após o estudo deste capítulo, você será capaz de:

1. compreender a organização e as competências dos juízes e dos órgãos da Justiça Militar;
2. identificar as atribuições dos promotores e procuradores militares e dos defensores públicos no patrocínio de réus com insuficiência econômica que respondem perante a Justiça Militar.

2.1 Contextualização

A Justiça Militar da União é órgão mais antigo do Poder Judiciário brasileiro, cuja fundação há mais de duzentos anos coincide com a existência das próprias Forças Armadas.

Nos meios de comunicação, em várias oportunidades se discutiu a extinção da Justiça Militar e, com base no direito comparado, chegou-se à conclusão de que o Poder Judiciário Militar brasileiro é necessário, ativo e eficiente.

Ao longo dos últimos anos, poucas alterações ocorreram na legislação quanto à organização e à competência da Justiça Militar. As mais importantes foram o deslocamento para o tribunal do júri dos crimes dolosos contra a vida de civis praticadas por policiais militares e a substituição da presidência dos conselhos permanentes e especiais pelos juízes togados e vitalícios.

Este capítulo será dedicado ao exame da organização e da competência dos órgãos do Poder Judiciário Militar, bem como das atribuições das entidades públicas que cumprem as funções essenciais da Justiça Militar da União, dos estados e do Distrito Federal.

2.2 Tribunais militares

A Constituição, no art. 124, *caput*, prevê em norma de eficácia limitada que competem à Justiça Militar da União o processo e o julgamento exclusivamente dos crimes militares (não alcança processo disciplinar) em que figuram como réus os militares das Forças Armadas (não se incluem os policiais e bombeiros militares dos estados) e civis acusados da prática de delitos contra militares das três forças e o patrimônio sob a administração ou ordem administrativa militar (Brasil, 1969b, art. 82). As ações decorrentes da aplicação de sanções disciplinares são da competência dos juízes federais comuns com recurso ordinário para os tribunais regionais federais e recurso especial para o Superior Tribunal de Justiça.

O constituinte remete ao legislador infraconstitucional a edição de lei ordinária (Lei n. 8.457, de 4 de setembro de 1992) que disponha acerca da organização, do funcionamento e da competência da Justiça Militar (Brasil, 1992d, art. 124, parágrafo único).

Embora esteja arrolado entre os tribunais superiores, a competência do Superior Tribunal Militar se assemelha à de um tribunal de apelação, haja vista que não existe uma instância entre os juízes e os conselhos e essa corte. É uma instância híbrida por acumular competências de instância especial, de corte de apelação e de processo e julgamento de ações originárias.

O Superior Tribunal Militar é integrado por quinze membros, incluindo oficiais da ativa do posto mais elevado e que permanecem em quadros especiais após a investidura, magistrados, procuradores militares e advogados (Brasil, 1988, art. 123; Brasil, 1992d, arts. 3º e 4º). Entre os ministros originários da carreira militar, são escolhidos três oficiais-generais da Marinha (almirante de esquadra, vice-almirante ou contra-almirante); quatro oficiais-generais do Exército (general do exército, general de divisão ou general de brigada); e três oficiais-generais da Aeronáutica (tenente-brigadeiro, major-brigadeiro ou brigadeiro). A escolha é efetuada pelo Presidente da República com a aprovação do Senado (Brasil, 1988, art. 123, *caput*).

Os ministros civis, escolhidos pelo Presidente da República, são três advogados, maiores de 35 e menores de 65 anos, de notório saber jurídico e conduta ilibada, com mais de dez anos de efetiva atividade profissional. O tribunal militar também é formado por dois ministros selecionados alternativamente, em escolha paritária, entre juízes federais da Justiça Militar e membros do Ministério Público Militar da União (Brasil, 1988, art. 123, parágrafo único).

O presidente é escolhido pelo plenário, em dois turnos, para mandato de dois anos sem reeleição, sendo seguido o rodízio entre os ministros militares das três forças e os ministros civis (Brasil, 2019n, art. 5º, *caput*). Sempre que o presidente for um militar, o vice-presidente será um civil e vice-versa (Brasil, 2019n, art. 5º, § 2º).

Como instância superior recursal especial, esse tribunal tem a competência para, em recurso especial, "declarar a inconstitucionalidade de lei ou ato normativo do Poder Público, pelo voto da maioria absoluta de seus membros" (Brasil, 1988, art. 97; Brasil, 1992d, art. 6º, III).

Como corte de apelação, processa e julga principalmente os recursos e incidentes em segunda instância em razão das decisões dos conselhos e juízes federais da Justiça Militar da União (Brasil, 1992d, art. 6º, II). Isso ocorre porque essa justiça especializada não conta com tribunais regionais.

Na competência recursal ordinária, cabe ao Superior Tribunal Militar processar e julgara)

a) os embargos opostos às suas decisões;

b) os pedidos de correição parcial;

c) as apelações e os recursos de decisões dos juízes de primeiro grau;

d) os incidentes processuais previstos em lei;

e) os agravos regimentais e recursos contra despacho de relator, previstos em lei processual militar ou no regimento interno;

f) os feitos originários dos Conselhos de Justificação;

g) os conflitos de competência entre Conselhos de Justiça, entre juízes federais da Justiça Militar, ou entre estes e aqueles, bem como os conflitos de atribuição entre autoridades administrativas e judiciárias militares;

h) os pedidos de desaforamento;

i) as questões administrativas e os recursos interpostos contra atos administrativos praticados pelo Presidente do Tribunal;

j) os recursos de penas disciplinares aplicadas pelo Presidente do Tribunal, pelo Ministro-Corregedor da Justiça Militar e por juiz federal da Justiça Militar. (Brasil, 1992d, art. 6°, II)

Por fim, esse tribunal atua como instância originária com a competência para processar e julgar ação penal originária e os recursos decorrentes em que figuram oficiais generais como réus pela prática de crime militar, situação na qual se exige a presença de todos os ministros em exercício na sessão de julgamento (Brasil, 2019n, art. 65, § 5º). A competência inicial também se estende à apreciação de *habeas corpus, habeas data* e mandados de segurança em que figuram autoridades judiciais do Poder Judiciário Militar da União no polo passivo, além de outras competências definidas em lei (Brasil, 1992d, art. 6º, I). Depende da maioria absoluta de seus membros:

» deliberar acerca da inclusão, da alteração e do cancelamento de enunciados na súmula;
» aplicar a magistrados penas disciplinares de advertência e censura e aprovar o regimento interno (Brasil, 2019n, art. 65, § 2º). Por dois terços, a Corte delibera sobre a remoção ou disponibilidade de juiz federal da Justiça Militar e a perda de cargo de magistrado (Brasil, 2019n, art. 65, § 3º).

A revogada Lei dos Crimes contra Segurança Nacional remetia à Justiça Militar a competência para, em ação penal pública, processar e julgar os delitos tipificados por essa lei (Brasil, 1983b, art. 30). O Código de Processo Penal Militar, em complemento, estabelece que o foro militar é especial, no qual estão sujeitos os que incidirem "nos crimes definidos em lei contra as instituições militares ou a segurança nacional" (Brasil, 1969b, art. 82).

Cabe destacar aqui a discussão na qual se avalia se a competência da Justiça Militar da União para o processo e julgamento dos crimes contra a segurança nacional foi recepcionada pela Constituição.

O Supremo Tribunal Federal trouxe o seguinte entendimento:

> *Crimes contra a segurança nacional (artigo 82, I, Código de Processo Penal Militar)*
>
> *1ª) Os juízes federais são competentes para processar e julgar os crimes políticos e o Supremo Tribunal Federal*

para julgar os mesmos crimes em segundo grau de jurisdição (Constituição da República, artigos 109, IV, e 102, II, b), a despeito do que dispõem os artigos 23, IV, e 6º, III, c, do Regimento Interno, cujas disposições não mais estão previstas na Constituição.

2ª) Incompetência da Justiça Militar: a Carta de 1969 dava competência à Justiça Militar para julgar os crimes contra a segurança nacional (artigo 129 e seu § 1º); entretanto, a Constituição de 1988, substituindo tal denominação pela de crime político, retirou-lhe esta competência (artigo 124 e seu par. único), outorgando-a à Justiça Federal (artigo 109, IV). (Brasil, 2000b)

Assim, a Corte Constitucional brasileira fixou o entendimento de que os delitos tipificados pela Lei de Segurança Nacional têm a natureza jurídica de crimes políticos, afastando totalmente a tipificação militar ou eleitoral de tais condutas.

Nessa linha, a Constituição prevê que a competência dos juízes federais comuns de primeira instância inclui processar e julgar "os crimes políticos e as infrações penais praticadas em detrimento de bens, serviços ou interesse da União ou de suas entidades autárquicas ou empresas públicas, excluídas as contravenções e ressalvada a competência da Justiça Militar e da Justiça Eleitoral" (Brasil, 1988, art. 109, IV).

Nessa linha, é importante destacar que a competência para o julgamento dos recursos ordinários decorrentes das decisões proferidas nessas ações segue diretamente para o Supremo Tribunal Federal, havendo a supressão constitucional de instância do respectivo tribunal regional federal e do Superior Tribunal de Justiça (Brasil, 1988, art. 102, II, "b").

Com relação aos tribunais militares especializados dos estados, a Constituição da República prevê:

Art. 125. [...]

[...]

§ 4º Compete

à Justiça Militar estadual processar e julgar os militares dos Estados, nos crimes militares definidos em lei e as ações judiciais contra atos disciplinares militares, ressalvada a competência do júri quando a vítima for civil, cabendo ao tribunal competente decidir sobre a perda do posto e da patente dos oficiais e da graduação das praças. (Brasil, 1988)

A Justiça Militar especializada é de criação facultativa por lei estadual, devendo o efetivo da polícia e do corpo de bombeiros militares ser superior a 20 mil integrantes (Brasil, 1988, art. 125, § 3º). Atualmente, somente Minas Gerais, Rio Grande do Sul e São Paulo instituíram essas cortes especiais. Nos demais estados e no Distrito Federal, a instância de apelação é o Tribunal de Justiça comum. O Tribunal de Justiça do Distrito Federal e dos Territórios, embora tenha a competência estadual, integra o Poder Judiciário da União*.

Em Minas Gerais, o Tribunal de Justiça Militar é composto por quatro militares, nomeados pelo governador entre coronéis

---

* "Art. 21. Compete à União: [...] XIII – organizar e manter o Poder Judiciário, o Ministério Público do Distrito Federal e dos Territórios e a Defensoria Pública dos Territórios; [...] Art. 22. Compete privativamente à União legislar sobre: [...] XVII – organização judiciária, do Ministério Público do Distrito Federal e dos Territórios e da Defensoria Pública dos Territórios, bem como organização administrativa destes; [...] Art. 48. Cabe ao Congresso Nacional, com a sanção do Presidente da República, não exigida esta para o especificado nos arts. 49, 51 e 52, dispor sobre todas as matérias de competência da União, especialmente sobre: [...] IX – organização administrativa, judiciária, do Ministério Público e da Defensoria Pública da União e dos Territórios e organização judiciária e do Ministério Público do Distrito Federal; [...]" (Brasil, 1988).

da ativa da Polícia Militar e do Corpo de Bombeiros Militar. Também integram a Corte três civis: o primeiro é investido por meio de promoção entre os juízes de Direito do juízo militar; o segundo é nomeado como representante do quinto constitucional mediante a escolha de advogados; e o terceiro é escolhido entre os membros do Ministério Público Militar. Os cargos são vitalícios e os juízes militares permanecem no serviço ativo (Minas Gerais, 2001, art. 11). Os candidatos ao cargo devem ser oficiais da ativa; o Alto Comando da Polícia Militar organiza uma lista sêxtupla e a encaminha ao Tribunal de Justiça. Essa corte reduz as indicações para uma lista tríplice, da qual será escolhido e nomeado um indicado pelo governador (Minas Gerais, 2001, art. 209, parágrafo único, primeira parte, e art. 210, *caput*). As vagas dos juízes de direito do juízo militar integrantes da Corte devem ser ocupadas pela promoção de magistrados, alternadamente, por antiguidade e merecimento, pelo presidente do Tribunal de Justiça (art. 209, parágrafo único, segunda parte). O integrante do quinto constitucional será escolhido, com base em indicação, pelos órgãos de representação das respectivas classes em lista sêxtupla; o Tribunal de Justiça formará, então, uma lista tríplice, e o governador do estado nomeará um dos indicados (Minas Gerais, 1989, art. 99; Minas Gerais, 2001, art. 11, § 2º).

O Tribunal de Justiça Militar de São Paulo, o maior do país, é composto por quatro juízes militares escolhidos entre os coronéis da ativa da Polícia Militar e três entre juízes civis, sendo um juiz de direito do juízo militar, um advogado e um membro do Ministério Público Militar, escolhidos pelo quinto constitucional (São Paulo, 1989, art. 80). A Corte é dividida em duas câmaras, com composição mista entre militares e civis, tendo o vice-presidente do Tribunal como presidente da primeira câmara e o juiz mais antigo que a compuser como presidente da segunda câmara (São Paulo, 1958, art. 20).

Nos demais estados e no Distrito Federal, a competência dos tribunais de justiça militar é fixada aos tribunais de justiça comum, que especializam câmaras e turmas. No Paraná, por exemplo, os recursos atinentes aos crimes militares definidos em lei e aos processos oriundos do Conselho de Justificação da Polícia Militar são distribuídos para a Primeira Câmara Criminal conforme o Regimento Interno do Tribunal de Justiça do estado (Paraná, 2010, art. 93, I, "b" e "c"). A Constituição também prevê que compete à Justiça Militar estadual processar e julgar os militares dos Estados, "cabendo ao tribunal competente decidir sobre a perda do posto e da patente dos oficiais e da graduação das praças" (Brasil, 1988, art. 125, § 4º). Nesse caso, as cortes competentes são os três tribunais de justiça militar especializados e os tribunais de justiça comum.

Por fim, é importante ressaltar que o Tribunal de Justiça do Distrito Federal e dos Territórios integra o Poder Judiciário da União, embora tenha competência que afeta a competência da Justiça dos estados (Brasil, 1988, art. 21, XIII).

O Tribunal Marítimo é uma corte administrativa vinculada ao Comando da Marinha, autônoma, que funciona apenas como órgão auxiliar do Poder Judiciário. Sua atribuição é o processo e o julgamento de procedimentos administrativos de acidentes e fatos ocorridos na navegação marítima, fluvial e lacustre, bem como das demandas relacionadas a essa atividade (Brasil, 1954, art. 1º). É formado por sete juízes. O presidente será um general do Corpo da Armada da ativa ou na inatividade, indicado pelo Ministro da Defesa e de livre nomeação pelo

Presidente da República para um mandato de dois anos. Será integrado também por dois juízes militares, entre oficiais da ativa da Marinha, e quatro juízes civis. Entre os civis, haverá dois bacharéis em Direito, um dos quais será especialista em Direito Marítimo e o outro, em Direito Internacional Público, de reconhecida idoneidade, com mais de cinco anos de prática forense. A Corte será completada com um especialista em armação de navios e navegação com mais de cinco anos direção em empresa de navegação e um capitão de longo curso da Marinha Mercante, de reconhecida idoneidade e competência, com mais de cinco anos de efetivo comando em navios brasileiros, sem punição decorrente de julgamento em tribunal hábil.

Os juízes militares e civis serão nomeados pelo Presidente da República, mediante proposta do Ministro da Defesa (Brasil, 1954, art. 2º, §2º). Os magistrados civis serão investidos por concurso de títulos e provas, realizado perante banca examinadora constituída pelo Presidente do Tribunal Marítimo; por um juiz; por um representante da Procuradoria do Tribunal Marítimo, designado pelo Ministro da Marinha; e, conforme o caso, por um especialista em Direito Marítimo ou em Direito Internacional Público, escolhido pelo Conselho Federal da Ordem dos Advogados do Brasil ou pela Comissão de Marinha Mercante (Brasil, 1954, art. 2º, § 4º).

2.3 Conselhos de justiça e juízes militares

Os conselhos permanentes de Justiça Militar da União são órgãos de primeira instância constituídos para processar e julgar todas as ações penais militares originárias (não são competentes para ações disciplinares) ajuizadas quando figuram como réus as praças das Forças Armadas ou civis sem concurso com oficiais (Brasil, 1992d, art. 27, II). Esses colegiados são presididos por um juiz federal da Justiça Militar da União (civil), togado, vitalício e investido por concurso público, sendo compostos por mais quatro juízes militares, entre os quais pelo menos um deverá ser oficial superior (Brasil, 1992d, art. 16, II). Os juízes militares serão sorteados pelo juiz federal da Justiça Militar, em audiência pública, na presença do procurador e do diretor de secretaria, entre os dias cinco e dez do último mês do trimestre anterior (Brasil, 1992d, arts. 18 e 21). O Código Penal Militar tipifica a conduta de "recusar o militar ou assemelhado exercer, sem motivo legal, função que lhe seja atribuída na administração da Justiça Militar" com a pena de suspensão do exercício do posto ou cargo, de dois a seis meses (Brasil, 1969a, art. 340). Esse colegiado será competente para o processo e o julgamento de todas as demandas recebidas nos três meses consecutivos, sendo o prazo prorrogável nos casos previstos em lei (Brasil, 1992d, art. 24).

Os conselhos permanentes de Justiça Militar dos estados e do Distrito Federal são órgãos de primeira instância constituídos para processar e julgar as ações penais militares ajuizadas quando figuram como réus as praças das polícias ou corpo de bombeiros militares (não julgam civis) (Brasil, 1988, art. 125, § 4º).

Os conselhos de justiça e os juízes de direito militares estaduais (Brasil, 1988, art. 125, § 3º; Brasil, 1969c, art. 20) são compostos por um juiz de direito do juízo militar investido por concurso público (presidente) e três oficiais da Polícia Militar ou do Corpo de Bombeiros Militar. Não julgam civis, nem mesmo nos crimes contra o patrimônio, a ordem ou em lugar sujeito à administração militar.

Ronaldo João Roth faz uma distinção entre os militares que servem como juízes dos conselhos e os jurados dos tribunais do júri:

> Os primeiros são leigos, ou seja, pessoas do povo que sorteadas compõem o tribunal popular para julgar os crimes contra a vida; os segundos são juízes privativos da carreira das armas, portanto, militares, também sorteados para compor os conselhos de justiça, porém como juízes temporários.
>
> Ambos decidem se condenam ou absolvem o réu, todavia, os primeiros integram o conselho de jurados sob a presidência do juiz de direito, respondendo "sim" ou "não" aos quesitos que são formulados; enquanto os segundos linearmente compõem o conselho de Justiça com o juiz de direito (auditor, togado) e igualmente decidem pelo voto.
>
> [...]
>
> A decisão do jurado deve obedecer "**ao compromisso de julgar com a sua consciência e com os ditames da Justiça**", enquanto o juiz militar deve obedecer a lei e a prova dos autos. Aqui verifica-se outra importante distinção, pois ao jurado basta a **íntima convicção** para absorver ou condenar, enquanto que ao juiz militar **sua convicção deve ser motivada e explicitada** na prova dos autos e a decisão estar de acordo com a lei. (Roth, 2003, p. 109-110, grifo do original)

A organização dos conselhos permanentes e especiais nos estados e no Distrito Federal busca uma simetria com a estrutura prevista para União pela Lei n. 8.457/1992, como será abordado ao tratarmos das unidades da Federação que dispõem da Justiça Militar especializada.

Em Minas Gerais, esse órgão é presidido por um juiz de direito do juízo militar, que exerce sua presidência, e é formado por um oficial superior e por três oficiais, até o posto de capitão. O Conselho de Justiça tem uma composição mista interessante, que envolve os policiais e os bombeiros com sorteio de dois oficiais de cada organização militar (Minas Gerais, 2001, art. 203, § 2º).

No Rio Grande do Sul, o Conselho Permanente tem a competência para o processo e o julgamento das praças da Brigada Militar. É presidido por um juiz de direito do juízo militar, togado e vitalício, investido por concurso específico para essa carreira. Compõem o colegiado um oficial superior e três oficiais, capitães ou tenentes, que funcionarão para todos os processos por três meses consecutivos (Rio Grande do Sul, 1980, art. 247, § 2º).

Em São Paulo, o Conselho Permanente é presidido pelo juiz de direito do juízo militar e composto por quatro militares sorteados entre os oficiais da ativa da Polícia Militar, devendo a presidência ser ocupada por um oficial superior (São Paulo, 1958, art. 4º, § 2º).

No Distrito Federal e nos demais estados que não constituíram a Justiça Militar especializada, os conselhos permanentes, em regra, são formados pelas varas da Justiça Militar, que serão exercidas pela designação de um juiz de direito federal do juízo militar e de juízes militares formados por oficiais das polícias e do corpo de bombeiros militares.

O Conselho Permanente de Justiça do Distrito Federal é um órgão federal com competência estadual. É composto por um juiz de direito do juízo militar, designado entre os juízes de direito, e quatro juízes militares, escolhidos entre os oficiais da ativa da Polícia Militar (Brasil, 2008b, art. 39, §§ 2º e 3º). A duração do conselho distrital não é simétrica com os conselhos da União, uma vez que os juízes militares no Distrito Federal servirão por quatro meses consecutivos e apenas poderão ser sorteados após seis meses da dissolução do órgão. Nessa esteira segue também Santa Catarina, onde "o Conselho Permanente de Justiça, integrado por Juiz de Direito, que o presidirá, e quatro militares, funcionará durante quatro meses consecutivos, coincidindo com os quadrimestres do ano civil [...]" (Santa Catarina, 2006, art. 59, § 2º).

A maioria dos estados brasileiros não dispõe de um regulamento disciplinar militar próprio, razão pela qual é aplicado o Regulamento do Exército para os policiais e bombeiros militares. É o caso do Código de Organização e Divisão Judiciárias do Estado do Paraná, que determina: "na composição do Conselho de Justiça, observar-se-á, no que for aplicável, o disposto na legislação da Justiça Militar" (Paraná, 2003, art. 45).

Os conselhos especiais de Justiça Militar são constituídos para o processo e o julgamento de oficiais* e têm uma formação diferente para cada ação, com exceção do juiz federal da Justiça Militar da União ou do juiz de direito do juízo militar estadual ou distrital. Embora seja dissolvido logo após a conclusão, poderá ser reunido novamente se sobrevier nulidade do processo ou do julgamento ou diligência determinada por instância superior (Brasil, 1992d, art. 23, § 1º).

Os conselhos especiais da Justiça Militar da União são presididos por um juiz federal da Justiça Militar, togado e vitalício, e compostos por quatro juízes militares (oficiais de carreira),

---

* Exceto oficiais-generais, que têm prerrogativa do foro no Superior Tribunal Militar (Brasil, 1992d, art. 27, I).

entre os quais pelo menos um membro deverá ter o posto de oficial-general ou oficial superior. Os juízes militares serão sorteados pelo juiz federal da Justiça Militar, em audiência pública, na presença do Procurador, do diretor de Secretaria e do acusado, quando preso (Brasil, 1992d, art. 16, I, e arts. 18 e 20). Responderão todos no mesmo conselho se a ação for impetrada em face de um oficial e de uma praça (Brasil, 1992d, art. 23, § 2º).

Há um mito de que a Justiça Militar seria uma justiça de exceção, principalmente porque a investidura dos julgadores da carreira militar por sorteio nos conselhos especiais ocorre após o recebimento da ação penal.

Ronaldo João Roth (2003, p. 54) contesta a afirmação:

> *Se é a própria Constituição que, ao longo da história política de nosso país, erigiu a Justiça Militar à condição de órgão do Poder Judiciário; se somente a Constituição é que pode definir qual é o juiz constitucional ou o juiz natural em nosso ordenamento, criando a Justiça Castrense como Justiça Especial; e, se ela vedou a criação de justiça de exceção, nada mais equivocado que atribuir este rótulo à Justiça Militar.*

Embora a Constituição faça somente a previsão do Superior Tribunal Militar e dos tribunais de justiça militar, em norma de eficácia limitada outorga a competência derivada para que o legislador infraconstitucional discipline por simples lei ordinária a organização dos conselhos e juízes militares*. Os conselhos especiais estão regulamentados pela Lei de Organização Judiciária da Justiça Militar, a qual prevê que "o sorteio dos

---

* "Art. 124. À Justiça Militar compete processar e julgar os crimes militares definidos em lei. Parágrafo único. A lei disporá sobre a organização, o funcionamento e a competência da Justiça Militar" (Brasil, 1988).

juízes do Conselho Especial de Justiça é feito pelo juiz federal da Justiça Militar, em audiência pública, na presença do Procurador, do diretor de Secretaria e do acusado, quando preso" (Brasil, 1992d, art. 20, com redação determinada pela Lei n. 13.774, de 19 de dezembro de 2018). Assim, o princípio do juiz natural aqui fica preservado, primeiramente, porque os militares do conselho especial não são escolhidos ou convidados, mas sorteados e, depois, porque o Código de Processo Penal Militar dispõe de incidentes de suspeição e impedimento dos militares sorteados (Brasil, 1992d, arts. 37 a 41).

Os conselhos especiais de justiça dos estados e do Distrito Federal, da mesma forma que os conselhos permanentes, em regra, são formados por simetria ao disposto na Lei de Organização Judiciária da Justiça Militar da União (Lei n. 8.457/1992).

Em Minas Gerais, são presididos por um juiz de direito do juízo militar e formados por quatro juízes militares, um dos quais deve ser oficial superior, de posto mais elevado que o dos demais juízes ou de maior antiguidade (Minas Gerais, 2001, art. 203, § 1º).

No Rio Grande do Sul, são presididos por um juiz de direito do juízo militar, togado e vitalício, que prestou concurso específico para carreira, e são formados por quatro quatro oficiais superiores, sob a presidência daquele (Rio Grande do Sul, 1980, art. 247, § 1º).

Em São Paulo, os conselhos são presididos pelo juiz de direito do juízo militar e compostos por quatro militares sorteados entre os oficiais da ativa da Polícia Militar (São Paulo, 1958, art. 4º, § 1º).

Nos demais estados e no Distrito Federal, os conselhos são formados pelas varas da Justiça Militar, que serão exercidas por um juiz de direito de entrância final e por juízes militares em situação similar à da União.

Os juízes federais da Justiça Militar* da União, singularmente, têm a competência, principalmente, para:

» decidir sobre recebimento ou arquivamento de denúncia, pedido de devolução de inquérito e representação;
» presidir os conselhos de justiça;
» processar e julgar civis e militares em concurso;
» processar e julgar *habeas corpus*, *habeas data* e mandados de segurança contra ato de autoridade militar praticado em razão da ocorrência de crime militar, exceto o praticado por oficial-general;
» relaxar as prisões ilegais em despacho fundamentado;
» manter ou relaxar em despacho fundamentado prisão em flagrante e decretar, revogar ou restabelecer prisão preventiva de indiciado ou acusado;
» expedir alvará de soltura e mandados;
» decidir sobre o recebimento de recursos interpostos;
» executar as sentenças;
» decidir sobre livramento condicional;
» revogar o benefício da suspensão condicional da pena, entre outras previstas em lei (Brasil, 1992d, art. 30).

---

* A Constituição denomina de *juízes auditores* os magistrados militares de primeiro grau da União (Brasil, 1988, art. 123, parágrafo único, II). Embora não tenha ocorrido alteração por emenda, essa titulação foi alterada na Lei n. 8.457/1992 para *juízes federais da Justiça Militar*, mediante a Lei n. 13.774/2018 (Brasil, 2018a).

Os juízes de direito do juízo militar*, monocraticamente, processam e julgam as ações penais em que figuram como réus os policiais e bombeiros militares em crimes militares contra civis como vítimas, bem como as ações judiciais contra a aplicação de sanções disciplinares militares (Brasil, 1988, art. 125, § 5º). Quando se tratar de crimes dolosos contra a vida praticados tanto por integrantes das Forças Armadas quanto por policiais ou bombeiros militares contra civis, a competência será deslocada para o tribunal do júri (Brasil, 1988, art. 5º, XXXVIII, "d", e art. 125, § 4º, aposto; Brasil, 1969b, art. 82, *caput* e § 2º). No entanto, a competência do júri será avocada para a Justiça Militar da União se a prática desses delitos dolosos contra a vida for cometida por militares das Forças Armadas contra civil no cumprimento de atribuições determinadas pelo Presidente da República ou pelo Ministro da Defesa, bem como em ações que envolvam a segurança de instituição militar ou de missão militar, beligerante ou não, ou no exercício de atividade de natureza militar, operação de paz, de garantia da lei e da ordem ou de atribuições constitucionais subsidiárias (Brasil, 1988, art. 142; Brasil, 1969a, art. 9º, § 2º).

O Conselho de Justificação é um colegiado administrativo composto por três oficiais da ativa da Força Armada de posto superior ao do justificante (Brasil, 1972b, art. 5º, *caput*). O órgão tem a atribuição de processar e julgar, por meio de procedimento especial, as ações empreendidas para que um

---

* A Constituição denomina de *juízes de direito do juízo militar* os magistrados militares de primeiro grau dos estados e do Distrito Federal desde a Emenda Constitucional n. 45, de 30 de dezembro de 2004 (Brasil, 1988, art.125, § 5º). A maioria das Constituições e a Lei de Organização Judiciária dos estados e do Distrito Federal mantém ainda a denominação *juízes auditores* em seu texto. No Paraná, são denominados de *juízes de direito da Vara da Justiça Militar* (Paraná, 2003, art. 42, I).

oficial submetido a julgamento tenha condições para justificar que não se encontra em situação de incapacidade para permanecer na ativa das Forças Armadas (Brasil, 1980a, art. 48, *caput*; Brasil, 1972b, art. 1º). Além dessas atribuições, a lei que regulamenta os conselhos, editada no ápice dos governos militares, arrola outras situações, entre as quais algumas são de duvidosa constitucionalidade. Estão sujeitos à submissão a esse órgão colegiado, a pedido ou de ofício, os oficiais:

» acusados de proceder incorretamente no desempenho do cargo;
» acusados de praticar atos considerados como irregulares;
» acusados de praticar condutas que atinjam a honra pessoal, o pundonor militar ou o decoro da classe;
» considerados não habilitados para o acesso, em caráter provisório, para ingresso em quadro de acesso ou em lista de escolha;
» acusados de terem se afastado do cargo por se tornarem incompatíveis ou demonstrarem incapacidade no exercício de funções militares;
» condenados por crime doloso à pena restrita de liberdade individual de até dois anos, com trânsito em julgado por tribunal civil ou militar;
» acusados de pertencer a partido ou associação, suspensos ou proibidos (Brasil, 1972b, art. 2º).

A competência para o julgamento é do Superior Tribunal Militar (Brasil, 1972b, art. 14).

Com relação à natureza jurídica do Conselho de Justificação, o Superior Tribunal Militar reconheceu que

> É pacífica a jurisprudência do egrégio supremo tribunal federal a respeito da natureza administrativa das decisões proferidas em conselhos de justificação. [...]

Independência das instâncias penal e administrativa. A doutrina e a jurisprudência são acordes em reconhecer a independência entre as instâncias penal e administrativa. "... O ilícito administrativo não se confunde com o ilícito penal, assentando cada qual em fundamentos e normas diversas...." (Hely Lopes Meirelles). Indignidade para o oficialato. Perda do posto e patente. Se o comportamento irregular do oficial justificante fere a ética e o dever militares, afetando a honra pessoal, o pundonor militar e o decoro da classe, há de ser o mesmo considerado culpado, incapaz de permanecer na ativa e indigno do oficialato, com a consequente perda de seu posto e patente. (Brasil, 1997b)

O Conselho de Disciplina é um colegiado administrativo composto de três oficiais da Força Armada da praça submetida ao julgamento (Brasil, 1972a, art. 5º, *caput*). O órgão tem a atribuição processar e julgar, por meio de procedimento especial, as ações empreendidas para que as praças com estabilidade assegurada, os guardas-marinhas e os aspirantes a oficial submetidos a julgamento tenham condições para se defenderem da alegação de incapacidade para a permanência na ativa das Forças Armadas (Brasil, 1980a, art. 49; Brasil, 1972a, art. 1º). Além dessas atribuições, a lei que regulamenta os conselhos, editada no ápice dos governos militares, arrola outras situações, entre as quais algumas são de duvidosa constitucionalidade.

Estão sujeitos à submissão a esse órgão colegiado, a pedido ou de ofício, os oficiais acusados de proceder incorretamente no desempenho do cargo; os acusados de praticar atos considerados como irregulares; os acusados de praticar condutas que atinjam a honra pessoal, o pundonor militar ou o decoro da classe; os considerados não habilitados para o acesso, em caráter provisório, para ingresso em quadro de acesso ou em lista de escolha; os acusados de terem se afastado do cargo por se tornarem incompatíveis ou demonstrarem incapacidade no exercício de funções militares; os condenados por crime doloso à pena restrita de liberdade individual de até dois anos, com trânsito em julgado por tribunal civil ou militar; e os acusados de pertencerem a partido ou associação, suspensos ou proibidos (Brasil, 1972a, art. 2º). A competência para o julgamento é do Ministro da Defesa (Brasil, 1972a, art. 15).

2.4 Justiça Militar em tempo de guerra

O Código Penal Militar considera como início do tempo de guerra a declaração ou publicação de decreto presidencial de mobilização com reconhecimento do estado de guerra e como término o momento em que é ordenada a cessação das hostilidades (Brasil, 1969a, art. 15).

A Justiça Militar da União tem uma competência especial e uma estrutura de órgãos judiciários temporários para funcionamento em tempo de guerra. É o único órgão do Poder Judiciário que poderá ser instalado fora do território nacional, haja vista que estaria fisicamente localizado no país que sediaria o teatro de operações de guerra.

Se houvesse a declaração de guerra e a movimentação de efetivos militares do Brasil, os órgãos da Justiça Militar que poderiam ser criados são o Conselho Superior e os conselhos militares.

O Conselho Superior da Justiça Militar em tempo de guerra seria uma corte de apelação formada por dois oficiais-generais da ativa ou convocados da reserva, por um juiz federal da Justiça Militar e por um procurador militar, nomeados pelo Presidente da República. Junto a esse órgão funcionaria um defensor público, nomeado pelo Presidente da República (Brasil, 1992d, arts. 91 e 92).

Sua competência originária seria para o processo e o julgamento das ações penais originárias em razão de crimes militares praticados por oficiais-generais. A competência recursal seria fixada para o julgamento de apelações interpostas das sentenças proferidas pelos conselhos de justiça e pelos juízes federais da Justiça Militar e dos embargos opostos às suas próprias decisões (Brasil, 1992d, art. 95, I a III). O comandante do teatro de operações tem prerrogativa de foro no Superior Tribunal Militar ou no Supremo Tribunal Federal (Brasil, 1988, art. 102, I, "c"), e a procedibilidade depende de uma ação pública condicionada à requisição do Presidente da República (Brasil, 1992d, art. 95, parágrafo único).

A competência territorial seria restrita aos crimes militares cometidos no território estrangeiro militarmente ocupado em que se encena o teatro de operações, ressalvadas as situações amparadas em convenções ou tratados internacionais. O réu seria considerado em operações a partir de seu deslocamento no Brasil para o teatro ou território ocupado (Brasil, 1992d, art. 90). O Conselho Superior de Justiça teria a competência para o processo e o julgamento das apelações de sentenças proferidas pelos Conselhos de Justiça e pelos juízes federais da Justiça Militar, bem como dos embargos opostos às decisões proferidas nos processos de sua competência originária (Brasil, 1992d, art. 95, II e III)

O Conselho de Justiça Militar seria o órgão de primeira instância, composto por dois oficiais de posto superior ou igual ao do acusado e por um juiz federal da Justiça Militar titular ou substituto. Nas funções essenciais da Justiça, atuariam um procurador militar e um defensor público, nomeados pelo

Presidente da República (Brasil, 1992d, art. 93). Teria a competência para processar e julgar os oficiais até o posto de coronel, bem como para decidir sobre o arquivamento de inquérito e a instauração de processos relativos a acusações de violência praticada contra inferior para compeli-lo ao cumprimento do dever legal ou em repulsa a agressão (Brasil, 1992d, art. 96).

Ao juiz federal da Justiça Militar da União em tempo de guerra competiria, singularmente, presidir a instrução criminal dos processos em que as praças, os civis ou os oficiais até o posto de capitão de mar e guerra ou coronel fossem réus, bem como julgar as praças e os civis acusados da prática de delitos militares em guerra (Brasil, 1992d, art. 97).

Quanto ao trâmite da ação penal militar em tempo de guerra, primeiramente, a autoridade policial militar encarregada encaminharia os autos do inquérito*, do flagrante, ou documentos que constituem corpo de delito para o Conselho de Justiça ou, nos casos de violência praticada contra inferior para compeli-lo ao cumprimento do dever legal, para o Conselho Superior (Brasil, 1969b, art. 675, *caput* e § 2º). O magistrado daria imediatamente vista para o procurador militar, que, em vinte e quatro horas, ofereceria a denúncia ou solicitaria o arquivamento (Brasil, 1969b, art. 676, "a" a "e"). Em caso de não oferecimento da denúncia pelo procurador ou rejeição pelo magistrado, os autos seriam remetidos ao Conselho Superior de Justiça Militar, que decidiria de forma definitiva a respeito do oferecimento (Brasil, 1969b, art. 678). Após o recebimento da denúncia, o juiz federal da Justiça Militar faria a citação

---

* "O prazo para a conclusão do inquérito é de cinco dias, podendo, por motivo excepcional, ser prorrogado por mais três dias" (Brasil, 1969b, art. 675, § 1º).

incontinenti do acusado e a intimação das testemunhas* e nomearia o defensor** para proceder à vista dos autos e ao oferecimento de defesa escrita e juntada de documentos em vinte e quatro horas (Brasil, 1969b, art. 677, *caput*).

A audiência de instrução seria iniciada vinte e quatro horas após a citação, a qualificação e o interrogatório do acusado. Seriam inquiridas as testemunhas de acusação e, depois, as de defesa apresentadas no ato; se estas fossem militares, poderiam ser requisitadas para uma nova oitiva (Brasil, 1969b, art. 679).

O comparecimento do acusado à audiência de julgamento seria dispensável se assim o desejasse, mas o réu preso requisitado seria processado e julgado à revelia, independentemente de citação, no caso de se ausentar sem permissão (Brasil, 1969b, arts. 678 e 680).

Na sessão de julgamento, o procurador e o defensor teriam vinte minutos cada para alegações em sustentação oral e, se a mesma ação envolvesse praça ou civil, o julgamento seria realizado em quarenta e oito horas em outra audiência (Brasil, 1969b, art. 683); seria no mesmo dia se respondessem oficiais até o posto de tenente-coronel (Brasil, 1969b, art. 684). Se figurassem diversos acusados e o interesse da Justiça assim aconselhasse, as ações poderiam ser julgadas em grupos (Brasil, 1969b, art. 688).

Em tempo de guerra, o Conselho Superior de Justiça Militar seria competente para o julgamento de apelação das sentenças de primeira instância proferidas pelo Conselho e pelos juízes militares (Brasil, 1969b, art. 694). O prazo para interposição

---

* "Será dispensado o rol de testemunhas se a denúncia se fundar em prova documental" (Brasil, 1969b, art. 676, parágrafo único).
** "O acusado poderá dispensar a assistência de advogado, se estiver em condições de fazer sua defesa". (Brasil, 1969b, art. 677, parágrafo único).

do recurso ordinário seria de vinte e quatro horas, contado da intimação do procurador e do defensor do réu (Brasil, 1969b, art. 695). Haveria recurso de ofício nos seguintes casos: "da sentença que impuser pena restritiva da liberdade superior a oito anos" ou "quando se tratar de crime a que a lei comina pena de morte e a sentença for absolutória, ou não aplicar a pena máxima" (Brasil, 1969b, art. 696). O relator mandaria abrir vista ao representante do Ministério Público, que teria de apresentar um parecer dentro em vinte e quatro horas (Brasil, 1969b, art. 698). O relator faria a exposição dos fatos após o início da sessão de julgamento e, terminada a leitura do relatório, o defensor e o procurador disporiam de quinze minutos cada para alegações orais (Brasil, 1969b, arts. 700 e 701). O Conselho Superior proferiria sua decisão após a discussão da matéria, para as quais não caberiam embargos, *habeas corpus* ou revisão (Brasil, 1969b, arts. 702, 703 e 706).

A Constituição brasileira incluiu por emenda constitucional no art. 5º, § 4º, a competência do Tribunal Penal Internacional após a ratificação do Estatuto de Roma em 1998 (Brasil, 2002a, 2002c). A competência dessa corte é investigar, processar e julgar acusados por crimes de maior gravidade com alcance internacional de forma complementar às jurisdições penais nacionais (Brasil, 2002c, art. 1º). Os crimes tipificados pelo Estatuto de Roma são os que atingem a comunidade internacional e são divididos, no interesse dessa disciplina, em crimes de guerra, de agressão, contra a humanidade e de genocídio (Brasil, 2002c, art. 5º). O Tribunal Penal Internacional já contou com uma juíza brasileira, Sylvia Helena de Figueiredo Steiner (São Paulo, *1953), investida em 11 de março de 2003. O Ministério Público junto a essa corte contou com a curitibana Cristina Schwansee Romanó, que em 1999 integrou o quadro de promotores como uma das acusadoras no julgamento do ex-presidente da ex-Iugoslávia Slobodan Milosevic.

A Constituição brasileira prevê que não haverá pena de morte, salvo em caso de guerra declarada (Brasil, 1988, art. 5º, XLVII, "a"). Estando o Brasil em conflito armado, os condenados deverão ser executados por fuzilamento (Brasil, 1969a, art. 56), com as vozes de fogo substituídas por sinais, e estar com os olhos vendados. Caso o condenado fosse militar, usará uniforme sem insígnias e, se civil, estará decentemente vestido e terá direito à assistência espiritual (Brasil, 1969b, art. 707).

O prazo execução prevista na legislação penal e processual penal militar é de, no mínimo, sete dias da comunicação ao Presidente da República (Brasil, 1969a, art. 57, *caput*; Brasil, 1969b, art. 707, § 3º), mas, quando exigir o interesse da ordem e da disciplina, a pena poderá ser executada imediatamente na zona de operações (Brasil, 1969a, art. 57, parágrafo único).

No entanto, esses prazos sofrem uma antinomia com a Convenção de Genebra Relativa ao Tratamento dos Prisioneiros de Guerra, de 1949, ratificada pelo Brasil, que prevê que "o julgamento não será executado antes de ter expirado um prazo de, pelo menos, seis meses, a contar do momento em que a comunicação detalhada [...] tiver sido recebida pela Potência protetora no endereço indicado" (Brasil, 1957, art. 101).

Outra prescrição se encontra na Convenção de Genebra Relativa à Proteção dos Civis em Tempo de Guerra, de 1949, segundo a qual "não será executada nenhuma condenação à morte antes de expirado o prazo de seis meses, a partir do momento em que a Potência protetora tiver recebido a comunicação do julgamento definitivo confirmando esta condenação à morte ou a decisão da recusa desta clemência" (Brasil, 1957, art. 75, segunda parte). Esse prazo poderá ser reduzido em "circunstâncias graves e críticas, que a segurança da Potência ocupante e das suas forças armadas fique exposta a uma ameaça organizada" (Brasil, 1957, art. 75, terceira parte).

O Código Penal Militar classifica como crimes militares em tempo de guerra os praticados por brasileiro em prejuízo de nação em guerra contra país inimigo do Brasil. No entanto, o sujeito ativo poderá ser qualquer agente se a conduta for praticada em território brasileiro ou em território estrangeiro, militarmente ocupado por força brasileira (Brasil, 1969a, art. 18).

Os crimes militares especiais para o tempo de guerra são os previstos no Livro II do Código Penal Militar (Brasil, 1969a, art. 10, I, e arts. 355 a 408). Não perdem também a vigência os crimes militares próprios previstos para o tempo de paz, mas, nesse caso, as penas são aumentadas de um terço (Brasil, 1969a, arts. 10, II, e 20). Por fim, são tipificados os delitos previstos no Código Penal Militar com semelhante definição na legislação penal comum ou especial, qualquer que seja o agente, quando praticados em território nacional ou estrangeiro, militarmente ocupado, ou "em qualquer lugar, se comprometem ou podem comprometer a preparação, a eficiência ou as operações militares ou, de qualquer outra forma, atentam contra a segurança externa do País ou podem expô-la a perigo" (Brasil, 1969a, art. 10, III). Por fim, tipificam-se os crimes definidos na lei penal comum ou especial não militares quando praticados em zona de efetivas operações militares ou em território militarmente ocupado (Brasil, 1969a, art. 10, IV).

Nas sentenças em tempo de guerra, os condenados não têm o direito à suspensão condicional da pena nem ao livramento condicional (Brasil, 1969a, arts. 88 e 96). Os civis condenados pela prática de delito militar em tempo de guerra ficarão sujeitos ao cumprimento total ou parcial da pena em estabelecimento prisional militar se a sentença assim determinar no interesse da segurança nacional (Brasil, 1969a, art. 62, parágrafo único).

2.5 Auditorias e corregedorias militares

As auditorias, executadas pelas secretarias, têm a atribuição de realizar os serviços auxiliares da Justiça Militar de apoio aos juízos militares de acordo com as leis processuais; as portarias e os despachos dos juízes federais da Justiça Militar; e os atos e provimentos do Superior Tribunal Militar e da Corregedoria da Justiça Militar (Brasil, 1992d, arts. 71 e 76).

Para Ronaldo João Roth (2003, p. 27-28),

> *A denominação de Auditoria militar equivale à de vara criminal da justiça comum, cuja origem decorre do fato de que o seu titular é um juiz de direito togado denominado auditor, o qual ontologicamente conduzia os trabalhos processualmente, incumbindo-lhe decidir conjuntamente com os demais integrantes do escabinato julgador e sendo-lhe privativo a feitura da sentença.*

As auditorias são compostas por um juiz federal da Justiça Militar e um juiz federal substituto da Justiça Militar, auxiliados por um diretor de secretaria e por dois oficiais de justiça avaliadores (Brasil, 1992d, art. 15). As circunscrições judiciárias militares correspondem cada qual a uma auditoria, com exceção da Primeira Circunscrição, que conta com quatro, da Segunda e da Décima Primeira, que contam com duas cada uma, e da Terceira, que tem três auditorias (Brasil, 1992d, art. 11, "a" a "c"). No Brasil, existem doze auditorias da União, distribuídas conforme Quadro 2.1.

Quadro 2.1 – Circunscrições judiciárias (Lei n. 8.457/1992, arts. 2º, 11 e 102)

Nº	Região	UF	Sede das auditorias
1ª	Sudeste	Rio de Janeiro e Espírito Santo (quatro auditorias)	Rio de Janeiro – RJ
2ª	Sudeste	São Paulo (duas auditorias)	São Paulo – SP
3ª	Sul	Rio Grande do Sul (três auditorias)	Porto Alegre, Bagé e Santa Maria – RS
4ª	Sudeste	Minas Gerais	Juiz de Fora – MG
5ª	Sul	Paraná e Santa Catarina	Curitiba – PR
6ª	Nordeste	Bahia e Sergipe	Salvador – BA
7ª	Nordeste	Pernambuco, Rio Grande do Norte, Paraíba e Alagoas	Recife – PE
8ª	Norte	Pará, Amapá e Maranhão	Belém – PA
9ª	Centro-Oeste	Mato Grosso do Sul e Mato Grosso	Campo Grande – MS
10ª	Nordeste	Ceará e Piauí	Fortaleza – CE
11ª	Centro-Oeste	Distrito Federal, Goiás e Tocantins (duas auditorias)	Brasília – DF
12ª	Norte	Amazonas, Acre, Roraima e Rondônia	Manaus – AM

As auditorias têm jurisdição mista e são competentes para o conhecimento das ações relacionadas às três Forças Armadas (Brasil, 1992d, art. 11, § 2º). Nas circunscrições com mais de uma auditoria no mesmo município, se os indiciados forem apenas civis, a distribuição será efetuada indistintamente pelo juiz federal da Justiça Militar mais antigo (Brasil, 1992d, art. 11, § 3º).

Os funcionários estão submetidos ao Regime Jurídico Único dos Servidores Públicos Civis da União e, para a investidura, é necessária a qualificação específica para o cargo em comissão, mediante graduação em curso de nível superior, bem como a experiência para o respectivo exercício (Brasil, 1992d, arts. 71 a 74).

Em Minas Gerais, as seis auditorias são constituídas por juiz de direito do juízo militar titular, com a atuação em cada órgão judicial de um promotor de justiça e de um defensor público. A secretaria é constituída por um escrivão, um escrevente, um agente judiciário, dois digitadores e um oficial de justiça, que são providos por concurso público. O magistrado tem o poder de requisitar policiais militares para a segurança da auditoria, e os servidores das secretarias ficam subordinados ao juiz civil militar (Minas Gerais, 2001, arts. 196 e 197).

No Rio Grande do Sul, a primeira circunscrição da Justiça Militar conta com duas auditorias de segunda entrância (Porto Alegre), e a terceira (Passo Fundo) e a quarta (Santa Maria), com uma auditoria de primeira entrância (Rio Grande do Sul, 1980, art. 230). Às auditorias são designados dois juízes de direito do juízo militar, sendo um e outro substitutos. A secretaria é formada por um escrivão, um oficial-ajudante, um oficial de justiça e oficiais escreventes e serventes. As auditorias têm jurisdição sobre os militares da Brigada Militar da circunscrição e todos quantos fiquem sujeitos a processo e julgamento da competência da Justiça Militar do estado (Rio Grande do Sul, 1980, art. 261).

Em São Paulo, cada auditoria na capital é composta por dois juízes de direito do juízo militar (titular e substituto), dois promotores militares (titular e substituto), advogados de ofício*, um escrivão, um primeiro e dois segundos escreventes e um oficial de justiça (São Paulo, 1958, art. 2º).

---

* Atualmente, a atribuição é exercida pelos defensores públicos estaduais.

A Corregedoria da Justiça Militar*, exercida pelo ministro vice-presidente do Superior Tribunal Militar, é o órgão responsável pela fiscalização e pela orientação jurídico-administrativa dos órgãos do Poder Judiciário da União. É composta por um ministro-corregedor**, um juiz-corregedor auxiliar***, um diretor de secretaria e auxiliares (Brasil, 1992d, arts. 12 e 13).

As correições compreendem o exame dos processos em andamento, dos livros e documentos, bem como a verificação das medidas preventivas e assecuratórias para o resguardo de bens da Fazenda Pública, sob a administração militar (Brasil, 1992d, art. 14, § 1º).

As principais competências do ministro-corregedor são:
» proceder às correições gerais e especiais nas auditorias, nos autos findos e em andamento;
» apresentar ao Tribunal o plano bianual de correição;
» baixar provimentos para a fiscalização;
» instaurar procedimento administrativo disciplinar;
» conhecer, instruir e relatar as reclamações e as representações referentes aos magistrados de primeira instância;
» instruir os processos de promoção dos magistrados de primeira instância e praticar os demais atos que lhe forem atribuídos em lei (Brasil, 1992d, art. 14, I a VIII).

Ao juiz-corregedor auxiliar cabe substituir o ministro-corregedor; assumir o cargo, em caso de vaga, até a posse do novo titular; e desempenhar atribuições delegadas pelo ministro-corregedor (Brasil, 1992d, art. 14-A).

---

* A denominação de *Auditoria de Correição* foi alterada para *Corregedoria da Justiça Militar* pela Lei n. 13.774/2018.
** A denominação de *juiz-auditor corregedor* foi alterada para *ministro-corregedor* pela Lei n. 13.774/2018.
*** A denominação de *juízes-auditores substitutos* foi alterada para *juízes-corregedores auxiliares* pela Lei n. 13.774/2018.

Em Minas Gerais, a Corregedoria de Justiça Militar é órgão de orientação, fiscalização e correição das auditorias, dos juízes e conselhos de primeiro grau e de controle da Polícia Judiciária Militar. Conta com uma secretaria, que tem como chefe-secretário um servidor efetivo, preferencialmente bacharel em Direito, podendo o corregedor indicar como assistente um oficial da Polícia ou do Corpo de Bombeiros Militar. O corregedor acumula suas funções com as de juiz do Tribunal, e contra seus atos administrativos cabe recurso para o Tribunal Pleno. A Corregedoria mantém o controle das designações dos juízes de direito do juízo militar para conhecimento de prisões em flagrante e outras medidas urgentes (Minas Gerais, 2016, arts. 26 e 27).

No Rio Grande do Sul, a Corregedoria-Geral da Justiça Militar é órgão de fiscalização e orientação, com jurisdição em todo o território do Estado, além de ter funções de correição permanente dos serviços judiciários e administrativos das auditorias (Rio Grande do Sul, 1980, art. 245), e é exercida pelo vice-presidente, cumulativamente (Rio Grande do Sul, 2000a, art. 13). A Corregedoria compõe a Câmara Revisional de Inquéritos (CRI) com a atribuição de análise do arquivamento dos inquéritos policiais militares e demais feitos investigativos arquivados pelo juiz de direito do juízo militar. É formada pelo juiz-corregedor-geral e por todos os magistrados, exceto o presidente e o vice-presidente (Rio Grande do Sul, 2000a, art. 13-A).

Em São Paulo, competem ao corregedor-geral, principalmente:
» proceder à correição dos serviços judiciários de primeira instância;
» instaurar e presidir os processos administrativos e das sindicâncias disciplinares contra servidores lotados nas

unidades de primeira instância, bem como aplicar as penas se cabíveis;

» receber e, se for o caso, processar as reclamações e instaurar sindicâncias contra juízes de direito do juízo militar;

» orientar as atividades de primeira instância, baixando os atos necessários, entre outras atribuições (São Paulo, 2019, art. 13).

2.6 Funções essenciais da Justiça Militar

O Ministério Público Militar é uma "instituição permanente, essencial à função jurisdicional do Estado, incumbindo-lhe a defesa da ordem jurídica, do regime democrático e dos interesses sociais e individuais indisponíveis" (Brasil, 1988, arts. 127, *caput*, e 128, I, "c").

Conforme ensina Ronaldo João Roth (2003, p. 50),

> *Não há nenhum vínculo de subordinação do Ministério Público com a administração da Justiça Militar, situação essa que dá àquela Instituição a independência necessária para atuar com isenção nos processos da justiça especializada, promovendo a justiça e fiscalizando a precisa aplicação da lei.*

O Ministério Público Militar da União é composto por: procurador-geral; Colégio de Procuradores; Conselho Superior; Câmara de Coordenação e Revisão; Corregedoria; subprocuradores-gerais; procuradores; e promotores (Brasil, 1993b, art. 117).

Suas atribuições são a promoção privativamente da ação penal militar pública e das ações declaratórias da indignidade ou de incompatibilidade para o oficialato, bem como a manifestação como *custos legis* em todas as fases do processo por solicitação judicial ou pela própria iniciativa, se entender existente interesse público que justifique a intervenção (Brasil, 1993b, art. 116). Para isso, ao *parquet* castrense incumbe requisitar diligências investigatórias e instaurar inquérito policial militar, assim como exercer o controle externo da atividade da polícia judiciária militar (Brasil, 1993b, art. 117).

O procurador-geral militar é o chefe da instituição e exerce suas atribuições perante o Superior Tribunal Militar, e o vice-procurador-geral é designado entre os subprocuradores (Brasil, 1993b, art. 122). Os subprocuradores são designados para oficiar no Superior Tribunal Militar ou, com autorização do Conselho Superior, em outros órgãos jurisdicionais (Brasil, 1993b, art. 140). Os procuradores são designados para oficiar nas auditorias, perante os conselhos e os juízes federais da Justiça Militar (Brasil, 1993b, art. 143). Os promotores, em substituição aos procuradores, são designados para oficiar nas auditorias, perante os conselhos e os juízes federais da Justiça Militar (Brasil, 1993b, art. 143).

A Câmara de Coordenação e Revisão é composta por um membro indicado pelo procurador-geral e dois membros indicados pelo Conselho Superior. A atribuição desse colegiado é manifestar-se quanto ao pedido de arquivamento de inquérito policial militar, além de deliberar sobre a distribuição especial de inquéritos e decidir sobre os conflitos de atribuição entre os órgãos do Ministério Público Militar (Brasil, 1993b, arts. 134 e 136).

Em Minas Gerais, o Ministério Público Militar não tem estrutura própria e exerce suas atribuições por meio da Promotoria de Justiça com atuação perante a Auditoria Militar, um órgão do Ministério Público estadual (Minas Gerais, 1994, art. 60, IV). Os integrantes do *parquet* junto à Justiça Militar formam um quadro único do Ministério Público (Minas Gerais, 1994, art. 260). O procurador-geral militar tem a atribuição de representar o Ministério Público Militar nas sessões plenárias do Tribunal de Justiça Militar, podendo intervir para sustentação oral ou esclarecimento de matéria de fato (Minas Gerais, 1994, art. 69). O chefe do Ministério Público pode designar um procurador de justiça para atuar em ação de atribuição do titular perante o Tribunal de Justiça Militar (Minas Gerais, 1994, art. 71).

No Rio Grande do Sul, a lotação dos membros do *parquet* militar é promovida por designação e não há um órgão especializado no direito militar. Os procuradores de justiça têm a atribuição de atuar e oficiar perante o Tribunal de Justiça Militar (Rio Grande do Sul, 1982, art. 22), e os promotores de justiça devem exercer as atribuições previstas na legislação penal, processual penal e de execuções penais junto a cada auditoria militar do estado, atuando e oficiando perante os conselhos e os juízes de direito do juízo militar (Rio Grande do Sul, 1982, arts. 23 e 30, III).

Em São Paulo, também, a lotação dos membros do *parquet* militar é promovida por designação e não há um órgão especializado no direito militar. Os procuradores de justiça têm a atribuição de atuar e oficiar perante o Tribunal de Justiça Militar, e os promotores são especializados para atuar e oficiar nas auditorias militares (São Paulo, 1993, art. 294, § 6º, I, e art. 295, XIII).

Com relação à advocacia privada na Justiça Militar, esclarece Ronaldo João Roth (2003, p. 51):

> *Importa aqui saber quais os advogados que oficiam na Justiça Militar. São eles: advogados constituídos pelo réu,*

ou nomeados pelo juiz ad hoc para a realização de uma audiência, quando o réu não comparecer acompanhado de seu defensor constituído, ou nomeados pelo juiz como dativos, quando o réu não tiver condições financeiras de constituí-lo.

Na advocacia privada, o ofendido-acusado poderá atuar como assistente a partir da absolvição definitiva (Brasil, 1969b, art. 64), com poderes para propor meios de prova, fazer perguntas às testemunhas, proceder à juntada de documentos, arrazoar recursos próprios e do Ministério Público, participar do debate oral e aditar libelos e articulados (Brasil, 1969b, art. 271). É irrecorrível o deferimento ou indeferimento do pedido de assistência (Brasil, 1969b, art. 273) e estão habilitados como sucessores o cônjuge, ascendente, descendente e irmão (Brasil, 1969b, arts. 31 e 268).

Ronaldo João Roth (2003, p. 51) explica:

Quanto ao advogado dativo, este é constituído pelo Estado após manifestação expressa do réu e solicitação do juiz junto à Procuradoria Geral do Estado, que, recebendo a indicação desta, dentre um dos advogados lá inscritos por força de convênio com a OAB, nomeia-o para aquele fim, cabendo ao mesmo atuar até o fim do processo, ou seja, até o julgamento, caso o próprio réu não queira nomear um defensor constituído a qualquer tempo. Nesse caso, é o Estado que remunera o advogado.

A Defensoria Pública, conforme prevê a Constituição, é uma instituição permanente e essencial à função jurisdicional do Estado. As atribuições são, fundamentalmente, "a orientação jurídica, a promoção dos direitos humanos e a defesa, em todos os graus, judicial e extrajudicial, dos direitos individuais e coletivos, de forma integral e gratuita, aos necessitados" como expressão e instrumento do regime democrático (Brasil, 1988, arts. 5°, LXXIV, e 134).

Os juízes militares deverão nomear um defensor para os acusados que não tiverem ou que comprovarem insuficiência de recursos*, mas ao patrocinado fica ressalvado o direito de, a qualquer tempo, constituir um defensor de sua confiança (Brasil, 1969b, art. 71, § 2°).

O Superior Tribunal Militar, com relação ao conflito de atribuições entre o defensor público e o advogado dativo, proferiu as seguintes decisões:

> *Defesa técnica. Nomeação de defensor dativo. Não compete ao Juiz-Auditor a nomeação de defensor dativo, conforme prescreve o inciso III do artigo 29 da lei número 8.457/92 (LOJM). in casu, deve ser ressaltado o aspecto de que a defesa técnica vinha sendo patrocinada pela Defensoria Pública da União, 'ex vi' dos parágrafos segundo e quinto do artigo 71 do Código de Processo Penal Militar, não existindo qualquer restrição por parte do acusado. Pedido correicional, a unanimidade, deferido para cassar a decisão hostilizada, permanecendo a defesa técnica a cargo da Defensoria Pública da União.* (Brasil, 1996b)

> *Defensor dativo. Nomeação. Competência. Defesa de praças. Obrigatoriedade de patrocínio pela defensoria pública. 1. A competência funcional para nomear defensor dativo ao acusado que não o tiver é do Presidente do Conselho de Justiça, não do Juiz-Auditor (art. 29, III, da LOJM). Entretanto, a qualquer tempo, o réu tem o direito de constituir outro advogado, de sua confiança*

---

* "Art. 5°. [...] LXXIV – o Estado prestará assistência jurídica integral e gratuita aos que comprovarem insuficiência de recursos; [...]" (Brasil, 1988).

(art. 71, parágrafo segundo, do CPPM), cujos honorários advocatícios, porventura cobrados, correrão as suas expensas. 2. É de cunho obrigatório, enquanto possível, o patrocínio da defesa de praças pela Defensoria Pública junto a Justiça Militar da União 'devendo preferir a qualquer outro' (art. 71, parágrafo quinto, CPPM). Deferida a correição parcial, nos termos requeridos pelo MPM. (Brasil, 1996c)

No entendimento do Superior Tribunal Militar, a competência para a nomeação do defensor dativo não era do juiz federal da Justiça Militar ou do juiz de direito do juízo militar, mas do presidente do conselho, que era o juiz militar de maior posto. Ocorre que a Lei n. 13.774/2018 alterou o art. 16, I e II, da Lei n. 8.457/1992 para fixar os magistrados togados e vitalícios como presidentes dos conselhos permanentes e especiais da Justiça Militar. Dessa forma, foi superada a jurisprudência retrocitada, razão pela qual a competência para a nomeação do defensor dativo agora é fixada ao juiz civil militar, como presidente do órgão colegiado.

A Lei Orgânica da Defensoria Pública confere aos defensores públicos federais de segunda categoria a atribuição de defender os acusados militares com insuficiência econômica perante os conselhos permanentes ou especiais e os juízes federais da Justiça Militar, bem como de oficiar nas auditorias militares (Brasil, 1994a, art. 20).

Perante o Superior Tribunal Militar, a defesa dos acusados com prerrogativa de foro em ação originária ou de condenados em recurso ordinário de apelação ou recurso especial é atribuição dos defensores públicos federais de categoria especial (Brasil, 1994a, art. 22; Brasil, 2019n, art. 33).

Na Justiça Militar dos estados e do Distrito Federal, as leis orgânicas das defensorias públicas – mesmo nos estados em que o Poder Judiciário militar é especializado – não criaram áreas especializadas de atuação dos defensores públicos locais perante os conselhos permanentes e especiais, os juízes de direito do juízo militar ou os tribunais de justiça militar ou comum.

Síntese

O Poder Judiciário Militar da União é formado pelo Superior Tribunal Militar, pelos conselhos permanentes ou especiais e pelos juízes federais da Justiça Militar. Tem a competência para o processo e o julgamento de militares e civis exclusivamente pela prática de crimes militares. As ações relativas à aplicação de sanções disciplinares são da competência dos juízes federais comuns com recurso ordinário para os tribunais regionais federais e recurso especial para o Superior Tribunal de Justiça.

A Justiça Militar de Minas Gerais, do Rio Grande do Sul e de São Paulo é formada pelo Tribunal de Justiça Militar, pelos conselhos permanentes ou especiais e pelos juízes de direito do juízo militar. Nos demais estados, a especialização é somente dos órgãos de primeiro grau (conselhos e juízes), e os graus recursais são da competência dos tribunais de justiça comum. A competência dos conselhos e dos juízes de direito do juízo militar é fixada para o processo e o julgamento somente de policiais e bombeiros militares acusados da prática de crimes militares ou de ações contra a aplicação de infrações disciplinares militares pelos regulamentos administrativos.

O Ministério Público Militar é estruturado como órgão autônomo somente no âmbito da União. Nos estados e no Distrito Federal, as atribuições do *parquet* militar são exercidas por designação pelos promotores e procuradores do Ministério Público comum.

Da mesma forma, somente na Defensoria Pública da União ocorre a distribuição de atribuições entre defensores para atuação na Justiça Militar. Nos estados e no Distrito Federal, a atuação é feita por delegação.

Questões para revisão

1) Com relação à competência da Justiça Militar, marque a alternativa correta:
   a. A Justiça Militar de União tem competência para o processo e o julgamento de ações penais pela prática de crimes militares e de ações relacionadas à aplicação de sanções disciplinares.
   b. A Justiça Militar de União tem competência apenas para o processo e o julgamento de ações relacionadas à aplicação de sanções disciplinares.
   c. A Justiça Militar dos estados e do Distrito Federal tem competência apenas para o processo e o julgamento de ações relacionadas à aplicação de sanções disciplinares.
   d. A Justiça Militar de União tem competência apenas para o processo e o julgamento de ações penais pela prática de crimes militares.

2) Quanto à competência dos conselhos permanentes e especiais de Justiça Militar, marque a alternativa correta:
   a. Os conselhos permanentes da União julgam somente as praças das Forças Armadas e os civis; por sua vez, os conselhos permanentes dos estados e do Distrito Federal julgam apenas os policiais e bombeiros militares.

b. Os conselhos permanentes dos estados e do Distrito Federal julgam somente as praças e os civis; por sua vez, os conselhos permanentes da União julgam apenas as praças das Forças Armadas.

c. Os conselhos especiais da União julgam apenas os oficiais das Forças Armadas; por sua vez, os conselhos especiais dos estados e do Distrito Federal julgam os oficiais da polícia e do corpo de bombeiros militares e civis.

d. Na União, a competência para o julgamento de ações decorrentes da aplicação de sanções disciplinares militares é dos juízes federais da Justiça Militar; nos estados e no Distrito Federal, é dos juízes de direito do juízo militar.

3) Quanto às funções essenciais da Justiça, marque a alternativa correta:

a. Nos estados em que a Justiça Militar é especializada, o Ministério Público Militar também tem estrutura e autonomia própria e especializada.

b. A Defensoria Pública da União apresenta uma divisão de atribuições na Justiça Militar de acordo com a categoria de carreira dos defensores.

c. Os membros substitutos em primeiro grau do Ministério Público são denominados de *procuradores militares substitutos*.

d. As circunscrições judiciais militares são denominadas de *comarcas*.

4) Qual é a denominação correta dos magistrados militares de primeiro grau?

5) Qual é o papel do ministro-corregedor?

Questões para reflexão

1) Numa situação hipotética, uma oficial da Marinha contratou um médico do Exército para a prática de um aborto próprio com a ajuda de seu noivo, um bombeiro militar socorrista. O procedimento foi executado num hospital militar da Aeronáutica. Nesse caso, a ação penal seria da competência da Justiça Militar da União ou dos estados?
2) Nos conselhos de justiça, a competência para nomear o defensor dativo é do juiz civil togado?

Para saber mais

É importante que o leitor conheça um pouco da prática do processo penal militar. Com as novas tecnologias e a grande abertura da Justiça Militar, é possível assistir às sessões ao vivo pela internet, tanto da Justiça Militar da União quanto dos estados e do Distrito Federal. Assistindo-se a essas sessões de julgamento, é possível vislumbrar a atuação dos juízes togados militares e dos juízes militares convocados, do Ministério Público Militar, dos advogados, dos réus e das testemunhas. É uma experiência muito rica também analisar as teses apresentadas pela defesa e pela acusação, bem como compará-las com os vereditos.

As sessões do Superior Tribunal Militar podem ser acompanhadas ao vivo em: <https://www.stm.jus.br/1-visao-geral/item/2764-plenario-ao-vivo>. Acesso em: 21 dez. 2021.

As pautas de julgamento podem ser verificadas em: <https://eproc2g.stm.jus.br/eproc_2g_prod/externo_controlador.php?acao=sessao_julgamento_consultar&hash=6fc4a3ac349b4e7a4e23bab3760b00a5>. Acesso em: 21 dez. 2021.

III

Conteúdos do capítulo:

» Conduta criminosa militar.
» Tipicidade.
» Antijuridicidade.
» Culpabilidade.
» Punibilidade.
» Aplicação e dosimetria da pena.

Após o estudo deste capítulo, você será capaz de:

1. interpretar a parte geral do Código Penal Militar e suas interceptações com o ordenamento jurídico;
2. compreender as tipicidades objetiva e subjetiva do delito militar;
3. reconhecer as causas de antijuridicidade específica do Direito Penal Militar;
4. analisar as excludentes de culpabilidade;

Direito Penal Militar

5. entender o cálculo da pena de acordo com o princípio da proporcionalidade constitucional da aplicação;
6. identificar os prazos gerais e especiais de aplicação da pena.

3.1 Contextualização

Um crime é definido como uma conduta típica, antijurídica, culpável e punível. O Código Penal comum, com a reforma de 1984, passou a adotar a teoria finalista e a classificar o dolo e a culpa na tipicidade subjetiva. No entanto, a reforma da década de 1980 não alcançou o Código Penal Militar, que se manteve na teoria causalista e coloca o dolo e a culpa nas excludentes de culpabilidade. Outra diferença substancial é que o estado de necessidade é classificado na antijuridicidade ou na culpabilidade conforme as circunstâncias da conduta.

Outro instituto exclusivo do Direito Penal Militar são as penas acessórias, que no Direito Penal comum são classificadas como penas principais ou como efeitos da condenação. O Código Penal Militar também contempla os crimes militares cometidos em tempo de paz separados dos cometidos em tempo de guerra e, até mesmo, tipifica a pena de morte para períodos de conflitos armados com autorização constitucional.

Uma característica típica dos crimes da caserna é um maior rigor na aplicação das penas em razão da obediência à hierarquia e da disciplina exigidas dos militares para a guarnição da segurança nacional e da ordem pública. Por isso, vários crimes que estão no Código Penal comum se apresentam com maior rigor no Código Penal Militar, como ocorre com o crime de posse de entorpecentes para consumo próprio, por exemplo.

Isso se manifesta dessa forma porque o risco coletivo é mais grave para quem esteja portando uma baioneta sob efeito de drogas do que para um cidadão desarmado. Também estão previstos alguns tipos penais que são próprios da caserna, como a deserção e a insubmissão, somente apreciados na Justiça Militar. Este livro cuidará do tema com base no conceito do crime militar inicialmente destacado.

3.2 Tipicidade

A tipicidade no Direito Penal Militar tem o mesmo conceito observado no Direito Penal comum. Ocorre que a reforma realizada em 1984 para contemplar a teoria finalista no Código Penal comum não retirou a teoria causalista do Código Penal Militar. Assim, no Direito Penal comum, a tipicidade é composta pela tipicidade objetiva (conduta ou verbo prescrito pela lei) e pela tipicidade subjetiva (dolo e/ou culpa). No Direito Penal Militar, a tipicidade subjetiva não integra a tipicidade, mantendo-se na culpabilidade.

3.2.1 Tipicidade objetiva

A tipicidade objetiva no Direito Penal Militar é meramente objetiva e consiste na descrição verbalizada da conduta condenada e tipificada pela legislação penal militar, ou seja, é a ação ou omissão praticada pelo agente que ofende a norma criminal reconhecida e reprovada pela sociedade.

A Constituição estabelece a tipicidade objetiva dos delitos militares quando fixa a competência da Justiça Militar para, em norma de eficácia limitada, "processar e julgar os crimes

militares definidos em lei" (Brasil, 1988, arts. 124 e 125, § 4º).
A regulamentação e a tipificação dos crimes militares se manifestam pelo Código Penal Militar (Brasil, 1969a).

Os crimes contra a segurança nacional (Brasil, 1969b, art. 82, I; Brasil, 1983b), segundo o Supremo Tribunal Federal, não foram recepcionados pela Constituição como crimes militares, mas como delitos políticos, cuja competência se transferiu para a Justiça Federal (Brasil, 2002b).

Outra norma, também de eficácia limitada, disciplina que "ninguém será preso senão em flagrante delito ou por ordem escrita e fundamentada de autoridade judiciária competente, salvo nos casos de transgressão militar ou crime propriamente militar, definidos em lei" (Brasil, 1988, art. 5º, LXI).

Da norma constitucional surge a dúvida acerca da conceituação de crime propriamente ou puramente militar fixada pelo legislador constituinte, haja vista que não existe uma definição expressa na legislação acerca do termo. Jorge Cesar de Assis (2018, p. 114), nessa categoria, classifica os tipos que são previstos exclusivamente no Código Penal Militar e entende que conduta somente é típica quando praticada por um militar*. São os crimes contra a autoridade, a disciplina, o dever ou o serviço militar. O clássico exemplo é o delito de deserção (Brasil, 1969a, art. 187).

Os crimes impropriamente ou acidentalmente militares são os definidos pelo Código Penal Militar de modo diverso na lei penal comum ou nele não previstos independentemente da

---

* "Exceção feita ao crime de insubmissão, que, apesar de só estar previsto no Código Penal Militar (artigo 183), só pode ser cometido por civil. [...] A incorporação do submisso é condição de procedibilidade (Código de Processo Penal Militar, artigo 462, § 2º). Vide Súmula 8, do Superior Tribunal Militar" (Assis, 2018, p. 114).

qualidade de militar ou civil do agente (Brasil, 1969a, art. 9º, I). Jorge Alberto Romeiro (1994, p. 10) define: "são crimes comuns em sua natureza cuja prática é possível a qualquer cidadão, mas que, quando praticados por militar ou civil, em certas condições as leis os tipificam como militar". Jorge Cesar de Assis (2018, p. 114) os classifica como crimes previstos, "ao mesmo tempo, tanto no Código Penal Militar como na legislação penal comum, ainda que de forma um pouco diversa (roubo, homicídio, estelionato, estupro etc.)".

Os crimes propriamente militares se diferenciam dos militares próprios. Os crimes militares próprios são aqueles em que figuram no polo ativo somente determinados militares que ostentem determinados qualidades ou condições. Isso ocorre com o militar escalado que responderá pelo abandono de posto (Brasil, 1969a, art. 195) ou a condição de superior para a prática da conduta de violência contra o inferior (Brasil, 1969a, art. 175).

Os conselhos de justiça, os juízos monocráticos e os tribunais militares em ações originárias poderão aplicar a *emendatio libelli* para alterar a tipificação contida na denúncia, mesmo que seja necessária a aplicação de pena mais grave. Nesse caso, é mister que a definição original tenha sido formulada em alegações escritas pelo Ministério Público e o acusado tenha tido a oportunidade de respondê-las.

No Quadro 3.1, é possível observar que o Código de Processo Penal Militar deu tratamento diverso do conferido pelo Código de Processo Penal comum, que diferencia a *emendatio libelli* da *mutatio libelli*.

Quadro 3.1 – Nova definição jurídica do fato

Alteração pelo órgão julgador	Código de Processo Penal Militar (art. 437)	Código de Processo Penal (arts. 383 e 384)
Emendatio libelli	"O Conselho de Justiça poderá: a) dar ao fato definição jurídica diversa da que consta na denúncia, ainda que, em consequência, tenha de aplicar pena mais grave, desde que aquela definição haja sido formulada pelo Ministério Público em alegações escritas e a outra parte tenha tido a oportunidade de respondê-la" (Brasil, 1969b, art. 437). "A desclassificação de crime capitulada na denúncia poderá ser operada por Tribunal ou pelo Conselho de Justiça, mesmo sem manifestação neste sentido do Ministério Público Militar nas alegações finais, desde quando importe em benefício para o réu e conste da matéria fática" (Brasil, 2019n, Súmula 5 do Superior Tribunal Militar).	"O juiz, sem modificar a descrição do fato contida na denúncia ou queixa, poderá atribuir-lhe definição jurídica diversa, ainda que, em consequência, tenha de aplicar pena mais grave" (Brasil, 1941b, art. 383).
Mutatio libelli		"Encerrada a instrução probatória, se entender cabível nova definição jurídica do fato, em consequência de prova existente nos autos de elemento ou circunstância da infração penal não contida na acusação, o Ministério Público deverá aditar a denúncia ou queixa, no prazo de 5 (cinco) dias, se em virtude desta houver sido instaurado o processo em crime de ação pública, reduzindo-se a termo o aditamento, quando feito oralmente" (Brasil, 1941b, art. 384).

Não se aplicam aos crimes militares de menor potencial ofensivo (pena de até dois anos) os institutos e benefícios previstos na Lei dos Juizados Especiais. Isso foi harmonizado pela inserção do art. 90-A na Lei n. 9.839, de 27 de setembro de 1999, que expressamente dispõe que "as disposições da Lei 9.099/95 não se aplicam no âmbito da Justiça Militar" (Brasil, 1999b).

A dúvida quanto à aplicabilidade ressurgiu com a edição da Lei dos Juizados Especiais Federais – Lei n. 10.259, de 12 de julho de 2001 (Brasil, 2001a).

O Superior Tribunal Militar manteve a inaplicabilidade dessa norma com a seguinte decisão:

> *A Lei 10.259, de 12.07.2001, restringiu sua aplicação aos processos de competência da Justiça Federal. Assim sendo, por óbvio a norma prevista na referida lei não afeta os feitos em trâmite na Justiça Militar. Além do mais, conforme é de sabença geral, a Lei 10.259/2001 é congênere à Lei 9.099/95 e os efeitos desta não se aplicam à Justiça Castrense, nos termos da Lei 9.839/99 e da Jurisprudência pacífica desta Corte, consubstanciada na Súmula 9.* (Brasil, 2004g)

Com relação ao menor potencial ofensivo, o Código Penal Militar, no crime de furto atenuado, considera como de pequeno valor a coisa furtada avaliada em até um décimo do salário mínimo nacional. Nesse caso, a pena de reclusão pode ser substituída pela de detenção, diminuída de um a dois terços, ou considerara como infração disciplinar. Entende-se pequeno o valor que não exceda a um décimo da quantia mensal do mais alto salário mínimo do país (Brasil, 1969a, art. 240, § 1º)*.

O Superior Tribunal Militar dispõe que a Lei de Crimes Hediondos – Lei n. 8.072, de 25 de julho de 1990 (Brasil, 1990c) – é inaplicável à Justiça Militar da União em razão do princípio da reserva legal, haja vista que não há previsão normativa. Essa lei remete especificamente aos dispositivos do Código Penal comum. A Justiça Militar não se manifestou quanto aos crimes equiparados a hediondos ligados ao tráfico de entorpecentes, tortura e terrorismo, no Direito Militar (Brasil, 1994b). A doutrina também considera que essa lei não pode ser aplicada na Justiça Militar tanto da União quanto dos estados e do Distrito Federal por falta de previsão legal (Rosa, 2003).

Por fim, o Supremo Tribunal Federal não considera como delitos militares os crimes contra a segurança nacional (Brasil, 1969b, art. 82, I). Para a Corte maior (Brasil, 2000b), a Constituição de 1988 mudou a natureza desses delitos quando alterou a denominação para *crime político*, deslocando a competência da Justiça Militar (Brasil, 1988, art. 124 e parágrafo único) para a Justiça Federal (Brasil, 1988, art. 109, IV).

---

* Ainda, receptação culposa: "Art. 255. Adquirir ou receber coisa que, por sua natureza ou pela manifesta desproporção entre o valor e o preço, ou pela condição de quem a oferece, deve presumir-se obtida por meio criminoso: Pena – detenção, até um ano. Parágrafo único. Se o agente é primário e o valor da coisa não é superior a um décimo do salário mínimo, o juiz pode deixar de aplicar a pena" (Brasil, 1969a). Dano simples: "Art. 259. Destruir, inutilizar, deteriorar ou fazer desaparecer coisa alheia: Pena – detenção, até seis meses. Parágrafo único. Se se trata de bem público: Pena – detenção, de seis meses a três anos" (Brasil, 1969a). Dano atenuado: "Art. 260. Nos casos do artigo anterior, se o criminoso é primário e a coisa é de valor não excedente a um décimo do salário mínimo, o juiz pode atenuar a pena, ou considerar a infração como disciplinar" (Brasil, 1969a).

Assim, a Corte Constitucional brasileira fixou o entendimento de que os delitos tipificados pela Lei de Segurança Nacional têm a natureza jurídica de crimes políticos, afastando totalmente a tipificação militar ou eleitoral de tais condutas.

Nessa linha, a Constituição prevê como competência dos juízes federais comuns de primeira instância o processo e o julgamento dos "crimes políticos e as infrações penais praticadas em detrimento de bens, serviços ou interesse da União ou de suas entidades autárquicas ou empresas públicas, excluídas as contravenções e ressalvada a competência da Justiça Militar e da Justiça Eleitoral" (Brasil, 1988, art. 109, IV).

3.2.2 Tipicidade subjetiva (sujeito passivo)

O enquadramento de condutas como crime militar depende da conjugação da tipificação no Código Penal Militar e na legislação penal e da figuração especial do militar no polos ativos ou passivos (Código Penal Militar, art. 9º, II e III, com a redação determinada pela Lei n. 13.491/2017). Como o Direito Militar adota a teoria causalista, o dolo e a culpa são analisados na culpabilidade, diferentemente do Direito Penal comum, que segue a teoria finalista e coloca a intenção na tipicidade subjetiva.

O Quadro 3.2 facilita a compreensão desse tema.

Quadro 3.2 – Sujeitos do crime militar

Sujeito ativo	**Sujeito passivo**	**Condição**
Militar em situação de atividade	Militar em situação de atividade	Qualquer local
Militar em situação de atividade	Militar da reserva, reformado, assemelhado ou civil	Local sujeito à administração militar

(continua)

(Quadro 3.2 – conclusão)

Sujeito ativo	Sujeito passivo	Condição
Militar em serviço ou em razão da função, em comissão militar ou em formatura	Militar da reserva, reformado ou civil	Qualquer local
Militar em manobras ou exercício	Militar da reserva, reformado, assemelhado ou civil	Qualquer local
Militar em atividade ou assemelhado	Patrimônio sob administração ou ordem administrativa militar	Qualquer local
Militar da reserva, reformado ou civil	Patrimônio sob administração ou ordem administrativa militar	Qualquer local
Militar da reserva, reformado ou civil	Militar em situação de atividade, assemelhado ou funcionário de Ministério ou Justiça Militar em atividade	Local sujeito à administração militar
Militar da reserva, reformado ou civil	Militar em formatura ou em prontidão	Qualquer local
Militar da reserva, reformado ou civil	Militar em função militar	Qualquer local
Militar	Civil em crimes dolosos contra a vida	Tribunal do júri
Auditores, membros do Ministério Público, advogados de ofício e funcionários da Justiça Militar	Crimes contra a administração militar ou da Justiça Militar	Qualquer local

São equiparados aos militares da ativa os militares da reserva ou reformados empregados da administração militar e os policiais e bombeiros militares convocados como força auxiliar (Brasil, 1969b, art. 84, I, "d"), bem como qualquer incorporado submetido à disciplina por lei ou regulamento (Brasil, 1969a, arts. 12 e 22).

Os militares estrangeiros, apátridas e brasileiros que perderem a nacionalidade, se estiverem exercendo comissão ou estágio nas organizações militares, responderão perante a legislação penal militar nacional, ressalvados os tratados e as convenções internacionais (Brasil, 1969a, arts. 11 e 26, parágrafo único; Brasil, 1988, art. 4°).

Para efeitos penais militares, comandantes são as autoridades no exercício de direção, e superiores são aqueles que exercem autoridade sobre outro de mesmo posto ou graduação (Brasil, 1969a, art. 23).

3.3 Antijuridicidade

As causas de antijuridicidade da conduta típica penal militar são a legítima defesa, o estrito cumprimento do dever legal, o exercício regular do direito, o estado de necessidade excludente, as manobras urgentes e as causas supralegais de exclusão da antijuridicidade. As três primeiras excludentes recebem similar tratamento do Código Penal comum (Brasil, 1969a, art. 43).

3.3.1 Legítima defesa

A legítima defesa é caracterizada quando alguém repele uma agressão injusta iminente ou que esteja ocorrendo contra direito próprio ou de terceiros, utilizando-se moderadamente de meios ou instrumentos necessários (Brasil, 1969a, art. 44).

No magistério de Jorge Cesar de Assis (2018, p. 228),

> *Partindo-se de uma concepção finalista para a análise do Código Penal Militar, veremos que o elemento subjetivo na causa de justificação é a vontade de defender-se na legítima defesa, pois, se na teoria finalista da ação, a vontade é dirigida a um fim, quem age em legítima defesa deve, obrigatoriamente, conhecer os elementos objetivos da justificação (agressão atual ou iminente ou perigo atual) e ter a vontade de defesa.*

A injustiça da agressão consiste na negação de um direito legítimo, enquanto a legítima defesa representa a denegação da negação desse direito. Por isso, o ato de repulsa não poderá superar a agressão que visa reprimir. Assim, ocorrerá um excesso intensivo quando o agente efetuar a escolha inidônea ou se utilizar dos meios imoderados para a legítima defesa.

O excesso será extensivo quando houver flagrante desproporcionalidade entre a ação sofrida e a reação. O excesso será culposo se o agente exceder, por negligência, imprudência ou imperícia, os limites da legítima defesa. Nesse caso, responderá pelo fato se o tipo for punível por culpa, afastando-se a punibilidade se resultar de desculpável surpresa ou do ânimo perturbado diante da situação concreta (Brasil, 1969a, art. 45). O Superior Tribunal Militar (Brasil, 1991b) proferiu a seguinte decisão nesse sentido:

> *Lesões corporais. Legítima defesa. Excesso culposo. Ofendido que, confessadamente, agride por duas vezes o agente, dando causa a pronta reação. Repulsa a agressão injusta caracterizada. Ato instintivo que é a defesa própria, não há exigir do agredido reflexão bastante para dispor a defesa em equipolência com o ataque (Itagiba*

Porto), sobretudo quando utilizado instrumento disponível nas adjacências. Improvimento do apelo ministerial. Decisão unânime.

Se o agente repelir a agressão com excesso doloso (com a intenção de extrapolar) de fato típico militar, a pena poderá ser atenuada pelo juízo prolator da sentença (Brasil, 1969a, art. 46).

3.3.2 Estado de necessidade justificante

Como excludente do crime, o estado de necessidade justificante ocorre quando o agente pratica o ato ilícito para preservar um direito próprio ou alheio, contra "perigo certo e atual que não provocou, nem podia de outro modo evitar, desde que o mal causado, por sua natureza e importância, é consideravelmente inferior ao mal evitado, e o agente não era legalmente obrigado a arrostar o perigo" (Brasil, 1969a, art. 43).

O Direito Penal Militar aderiu à teoria diferenciadora que prevê o estado de necessidade justificante para a antijuridicidade se o valor do bem sacrificado for inferior ao preservado, remetendo ao estado de necessidade exculpante para culpabilidade quando os valores forem equivalentes. O Direito Penal comum adota a teoria unitária unicamente para a antijuridicidade que exige que o bem sacrificado seja de valor igual ou inferior ao do bem preservado (Assis, 2018, p. 227).

O Superior Tribunal Militar trouxe a seguinte decisão:

> *Ao omitir o óbito da pensionista e manter a Administração Militar em erro, com o claro objetivo de proceder à retirada do montante depositado a título de pensão militar, a conduta do agente configura o silêncio malicioso, subsumindo-se ao tipo penal sancionador do art. 251 do CPM. Consoante a melhor doutrina, o estado de necessidade*

justificante define-se como o sacrifício de um bem de menor valor para salvar outro de maior valor ou o sacrifício de bem de igual valor ao preservado. Não demonstrada a ausência de voluntariedade na causação do perigo, um dos requisitos do estado de necessidade, não cabe a aplicação do artigo 43 do Código Penal Militar. O inciso II do artigo 84 do Código Penal Militar veda a concessão do sursis quando emerge a presunção de que o Réu voltará a delinquir. (Brasil, 2013a)

O estado de necessidade como exculpante, em razão da teoria causalista, será abordado na seção dedicada ao estudo da culpabilidade.

3.3.3 Estrito cumprimento do dever legal

O dever legal consiste em um dever imposto ao agente pelo direito objetivo, penal ou extrapenal, e não alcança os deveres morais, religiosos e privados (Brasil, 1969a, art. 42, III). A antijuridicidade não poderá ser afastada total ou parcialmente se o agente for obrigado pela prática a atuar conscientemente com excesso de poder (elemento subjetivo). Um exemplo dessa justificante está prescrita na regra do Código de Processo Penal Militar, que dispõe: "qualquer pessoa poderá e os militares deverão prender quem for insubmisso ou desertor, ou seja encontrado em flagrante delito" (Brasil, 1969b, art. 243).

O Superior Tribunal Militar, acerca do tema, trouxe a seguinte decisão:

Militar em serviço de sentinela no portão principal de sua unidade. Atos desrespeitosos a instituição militar e a autoridade da sentinela, praticados por civil. Reação da sentinela, objetivando a coibição de tais atos. Resistência do civil, desacatando consequente voz de prisão, agredindo a sentinela e tentando fuga do local do evento. Empurrão do civil na sentinela que, desequilibrada e quase caída no chão, dispara sua arma para o alto, na tentativa de impedir a fuga do agressor, saindo o projétil, eventualmente, em sentido oblíquo, indo atingir a nuca do fugitivo, que se achava a distância aproximada de 5 metros, causando-lhe a morte instantânea. Caracterização do estrito cumprimento do dever legal, com a incidência de excesso escusável vista da surpresa e perturbação de ânimo, em face da situação. Artigo 42, III, e 45, parágrafo único do Código Penal Militar. Nega-se provimento ao apelo do Ministério Público Militar e dá-se provimento. (Brasil, 1984c)

O militar tem seus deveres definidos pelo Estatuto dos Militares e dos regulamentos disciplinares das Forças Armadas e das polícias e da brigada militares. Se causar algum dano em decorrência do exercício legal da atividade, estará afastada a ilicitude, respondendo somente por excesso. Assim, se um policial acabar por machucar acidentalmente o braço de um preso para cumprir um mandado de prisão em razão da resistência, não responderá pela lesão corporal. No entanto, se o preso já estiver dominado e a lesão for desnecessária, responderá o policial pelo excesso.

O Código Penal Militar em típico específico prevê o abuso de pessoa:

Abuso de pessoa.

Art. 252. Abusar, em proveito próprio ou alheio, no exercício de função, em unidade, repartição ou estabelecimento militar, da necessidade, paixão ou inexperiência, ou da doença ou deficiência mental de outrem, induzindo-o à prática de ato que produza efeito jurídico, em prejuízo próprio ou de terceiro, ou em detrimento da administração militar:

Pena – reclusão, de dois a seis anos. (Brasil, 1969a)

Na mesma linha, manifesta-se quando ocorre o abuso de confiança ou boa-fé de militar, assemelhado ou funcionário, em serviço ou em razão da função*. O mesmo diploma legislativo ainda prevê o aumento em dobro da pena para constrangimento ilegal se tiver sido exercido com abuso de autoridade (Brasil, 1969a, art. 222, § 1º). Incidem como agravantes genéricas as circunstâncias em que o crime é cometido "com abuso de poder ou violação de dever inerente a cargo, ofício, ministério ou profissão" (Brasil, 1969a, art. 70, II, "g"). As agravantes específicas da pena também são suportadas pelos agentes que praticam a violação de domicílio por abuso do poder (Brasil, 1969a, art. 226, § 2º); violação de correspondência (art. 227, § 3º) por abuso de função; furto com abuso de confiança (art. 240 § 6º, II); abuso de radiação (art. 271). Segundo orientação do Superior Tribunal de Justiça (Súmula n. 172), "compete à Justiça Comum processar e julgar militar por crime de abuso de autoridade, ainda que praticado em serviço" (Brasil, 1996a).

---

* Abuso de confiança ou boa-fé: "Art. 332. Abusar da confiança ou boa-fé de militar, assemelhado ou funcionário, em serviço ou em razão deste, apresentando-lhe ou remetendo-lhe, para aprovação, recebimento, anuência ou aposição de visto, relação, nota, empenho de despesa, ordem ou folha de pagamento, comunicação, ofício ou qualquer outro documento, que sabe, ou deve saber, serem inexatos ou irregulares, desde que o fato atente contra a administração ou o serviço militar: Pena – detenção, de seis meses a dois anos, se o fato não constitui crime mais grave. Forma qualificada. § 1º A pena é agravada, se do fato decorre prejuízo material ou processo penal militar para a pessoa de cuja confiança ou boa-fé se abusou. Modalidade culposa. § 2º Se a apresentação ou remessa decorre de culpa: Pena – detenção, até seis meses" (Brasil, 1969a).

3.3.4 Exercício regular do direito

É a prática comedida, proporcional e equilibrada exercida pelo destinatário de um poder autorizado pela legislação ou por um contrato (Brasil, 1969a, art. 42, IV). A justificante será afastada parcial ou totalmente somente se o agente atuar em excesso de poderes. Um caso em que essa causa de antijuridicidade está presente é a situação em que "qualquer pessoa poderá e os militares deverão prender quem for insubmisso ou desertor, ou seja encontrado em flagrante delito" (Brasil, 1969b, art. 243).

O Superior Tribunal Militar decidiu acerca do exercício regular do direito de advogado:

> *Ementa: Denúncia. Rejeição. Denunciação caluniosa. Advogado. Exercício profissional. Postulação judicial. A postulação em juízo, antes de ser uma prerrogativa do advogado, é um direito subjetivo do jurisdicionado, sempre que pretende ver sua versão de fato ou fatos ensejadores de direitos ou obrigações ser levada ao conhecimento do Poder Judiciário.*
>
> *O advogado, em nome de terceiros, constituintes, ou de qualquer sorte defendidos, pugna pelos direitos que tais cidadãos, civis ou fardados, a ele causídico referem como lesados ou pelo menos ameaçados de lesão, ensejando, assim, que o profissional munido de tais informações, a que deve em princípio dar crédito, dedique-se ao munus que lhe compete, expondo à autoridade judiciária o direito ferido de seu patrocinado, seja pelo petitório, seja pelo uso da tribuna que lhe é destinada, reclamando, em derradeira análise, que se faça justiça, ainda que em seus escritos ou perorações utilize palavras candentes ou vibrantes, ou um linguajar duro, desde que entenda que o encaminhamento da postulação não comporta meias*

palavras. Recurso do Ministério Público Militar improvido. Mantida a rejeição da denúncia. Decisão Majoritária. (Brasil, 2003h)

O exercício regular do direito difere do estrito cumprimento do dever legal pela imperatividade. O titular do direito tem a faculdade de exercê-lo em seu benefício ou de outrem, enquanto o destinatário do dever legal tem a obrigação de cumpri-lo. O excesso da prática em ambos os institutos afasta total ou parcialmente a justificante.

3.3.5 Manobras urgentes

O Direito Penal Militar define uma causa de exclusão de antijuridicidade que não consta no Código Penal comum, intitulada *manobras urgentes* ou, na acepção de Jorge Cesar de Assis (2018, p. 224), *estado de necessidade justificante específico do comandante.*

O Código Penal Militar prescreve:

> *Quando o comandante de navio, aeronave ou praça de guerra, na iminência de grave calamidade, compele os subalternos, por meios violentos, a executar serviços e manobras urgentes, para salvar a unidade ou vidas, ou evitar desânimo, o terror, a desordem, a rendição, a revolta ou o saque, não haverá crime.* (Brasil, 1969a, art. 42, parágrafo único)

Por fim, a jurisprudência e a doutrina consideram, entre as justificantes, as causas supralegais de exclusão da antijuridicidade, como o consentimento do ofendido. Para a validade do consentimento, o bem deverá estar disponível, o agente capaz e o consentimento concedido antes ou durante a prática da conduta proibida.

O Superior Tribunal Militar, acerca da matéria, proferiu a seguinte decisão:

> *O fato de as lesões terem ocorrido durante um "trote" não afasta a ilicitude do ato praticado. Ao contrário, tais ações são danosas para os indivíduos e para a instituição, não podendo, sob qualquer pretexto, serem toleradas, mormente no âmbito das Forças Armadas, onde a disciplina é um dos sustentáculos, e exemplos dessa natureza têm efeitos devastadores no seio da tropa. No tocante à alegação de ter o consentimento da vítima o caráter de causa supralegal de exclusão de ilicitude, a integridade física só pode ser encarada com um bem relativamente disponível se não atentar contra a moral e os bons costumes, não se estando diante de crime de menor potencial ofensivo, nem mesmo de consentimento voluntário.* (Brasil, 2014a)

O Código Penal Militar prevê algumas causas de antijuridicidade na parte especial, como o afastamento da prática de constrangimento ilegal justificada "para conjurar iminente perigo de vida ou de grave dano ao corpo ou à saúde", excetuando-se o caso de transplante de órgãos, a intervenção médica ou cirúrgica, sem o consentimento do paciente ou de seu representante legal", ou no caso de "coação exercida para impedir suicídio" (Brasil, 1969a, art. 222, § 3º).

3.4 Culpabilidade

O Direito Penal Militar adota a teoria causalista e, dessa forma, diferentemente do que se observa no Direito Penal comum, a culpabilidade recebe a tipicidade subjetiva (dolo ou culpa) e o estado de necessidade exculpante.

3.4.1 Dolo e culpa (tipicidade subjetiva no Direito Penal comum)

O dolo e a culpa, no Direito Penal comum, são classificados na tipicidade subjetiva, ou seja, na primeira etapa em que se analisa a justa causa para a condenação. No Direito Penal Militar, a aferição da vontade do agente é objeto da culpabilidade. Para o Superior Tribunal Militar, "mesclar o regime penal comum e o castrense, de modo a selecionar o que cada um tem de mais favorável ao Réu é incompatível com o princípio da especialidade das leis" (Brasil, 2019f).

O crime militar é punível sempre que praticado de forma dolosa, quando o agente desejou o resultado ou assumiu o risco de sua produção (Brasil, 1969a, art. 33, I).

Quanto ao dolo, pela teoria da vontade, age dolosamente quem pratica a conduta consciente e voluntariamente; pela teoria da representação, o dolo é a simples representação do resultado; e, pela teoria do assentimento, há dolo quando há previsão do resultado, aderido pelo agente. No Direito Penal brasileiro, são adotadas a teoria da vontade para o dolo direto e a teoria do assentimento para o dolo eventual (Born, 2011b).

A sanção penal por crime culposo será excepcional, isto é, a punição depende de estar expressa a negligência, a imprudência ou a imperícia do agente. Nos termos do Código Penal Militar, a conduta culposa ocorre "quando o agente, deixando de empregar a cautela, atenção, ou diligência ordinária, ou especial, a que estava obrigado em face das circunstâncias, não prevê o resultado que podia prever ou, prevendo-o, supõe levianamente que não se realizaria ou que poderia evitá-lo" (Brasil, 1969a, art. 33, II e parágrafo único, e art. 34). Os juízos militares, na fixação da pena privativa de liberdade, levarão em conta a intensidade do dolo ou grau da culpa (Brasil, 1969a, art. 69). Entre os crimes tipificados para o tempo de paz, está prevista a modalidade culposa para os crimes, por exemplo, de fuga de preso ou internado (Brasil, 1969a, art. 179), homicídio (art. 206), incêndio (art. 268, § 2º), explosão (art. 269, § 4º), difusão de epizootia ou praga vegetal (art. 278, parágrafo único), bem como quando há perigo de desastre ferroviário (art. 282, § 3º), atentado contra transporte aéreo (art. 283, § 2º), atentado contra viatura ou outro meio de transporte (art. 284, § 2º), epidemia (art. 292, § 2º) e abuso de confiança ou boa-fé (art. 332, § 2º).

O dolo direto, de primeiro grau ou determinado, ocorre quando o agente atua e deseja alcançar o resultado por uma conduta ilícita (Brasil, 1969a, art. 33, I, primeira parte). Para melhor entendimento, cabe apreciar uma decisão do Superior Tribunal Militar em que se especificou o dolo direto:

> *Hipótese em que o processo originou-se de Representação formulada por Sargento da Marinha, dirigida ao Ministério Público Militar, relatando suposta prática de crime contra a honra, alegando ter sido praticada por seu superior hierárquico. A autoria e materialidade da conduta delituosa restaram comprovadas nos autos, tendo sido igualmente demonstrado o dolo direto, pois o Representante, de modo espontâneo, imputou a outrem a prática de crime que sabia não ter ocorrido.* (Brasil, 2009f)

No dolo eventual, o agente assume o risco de produzir o resultado, embora não desejado (Brasil, 1969a, art. 33, I, segunda parte), como no caso do "militar que aventura-se, de forma consciente, a brincar com armamento municiado, dentro do aquartelamento, a qual veio a provocar o óbito de colega de farda, age com dolo eventual, inexistindo culpa" (Brasil, 2019b).

O dolo de segundo grau ocorre quando o agente produz consequências além das desejadas.

O dolo indeterminado ou alternativo ocorre quando se procura atingir um ou outro resultado como matar ou ferir. Esta decisão do Superior Tribunal Militar demonstra especificamente o dolo alternativo:

> *O artigo 290 do Código Penal Militar não pune somente o "trazer consigo para consumo próprio", mas o ato de "transportar" ou de "guardar" a droga em área sob a administração militar, não havendo a necessidade de comprovação da ocorrência de resultado lesivo. Desse modo, é legítimo o rigor da legislação penal castrense. 5. O tipo previsto no art. 290, caput, do Código Penal Militar, não exige dolo específico, ou seja, não é preciso que o sujeito, flagrado praticando quaisquer das possibilidades nucleares do tipo misto alternativo, tenha algum especial fim de agir. Ao contrário, o crime demanda apenas o dolo de realizar algum dos núcleos do tipo.*
> (Brasil, 2018b)

Por fim, ocorrem: o dolo de ímpeto, quando não se determina a extensão do dano produzido; o dolo de dano, quando se pretende apenas expor um bem; o dolo genérico, que é a vontade de concretizar o verbo do tipo; e o dolo geral, que abarca os pequenos desvios da conduta na execução.

3.4.2 Inimputabilidade etária

A Constituição prevê a inimputabilidade penal dos menores de 18 anos, os quais ficam sujeitos à legislação especial, que é o Estatuto da Criança e do Adolescente (ECA) (Brasil, 1988, art. 228; Brasil, 1969a, art. 52).

O Código Penal Militar previa que os convocados e os dispensados temporariamente que não se apresentassem no prazo legal e os alunos de colégios militares que completassem 17 anos fossem equiparados a maiores pela legislação militar (Brasil, 1969a, art. 51; Brasil, 1964, art. 73). Também tornava imputável "o menor de dezoito anos [...], salvo se, já tendo completado dezesseis anos, [revelasse] suficiente desenvolvimento psíquico para entender o caráter ilícito do fato e determinar-se de acordo com este entendimento", bem como aplicava a pena do adulto diminuída de um terço até metade (Brasil, 1969a, art. 50).

O Superior Tribunal Militar entendeu que esses dispositivos não foram recepcionados pela Constituição quando decidiu pela inimputabilidade de "agente menor de dezoito anos a época do delito, *novatio legis in mellius* (Brasil, 1988, art. 228), sendo a absolvição de acordo com o art. 439, alínea "d", do Código de Processo Penal Militar (Brasil, 1989b).

Assim, os adolescentes* que praticarem condutas tipificadas pelo Código Penal Militar estarão sujeitos exclusivamente às medidas socioeducativas previstas pelo Estatuto da Criança e do Adolescente (Brasil, 1990b, art. 112).

Com relação à contagem da maioridade, o Código Penal Militar não contém a regra do Código Penal comum de que "desprezam-se, nas penas privativas de liberdade e nas restritivas de direitos, as frações de dia, e, na pena de multa, as frações de cruzeiro" (Brasil, 1940, art. 11). Assim, em tese, se um adolescente nasceu em 2 de fevereiro de 2000, às 20 horas, e cometeu um crime na data em que estava

---

* Lei n. 8.069/1990: "Art. 2º Considera-se criança, para os efeitos desta Lei, a pessoa até doze anos de idade incompletos, e adolescente aquela entre doze e dezoito anos de idade" (Brasil, 1990b).

completando 18 anos, 2 de fevereiro de 2018, às 13 horas, ele será imputável se o delito for comum, mas inimputável se o crime for militar. Os juízos e tribunais militares ainda não tiveram a oportunidade de apreciar situação análoga.

No entanto, como o Código Penal Militar foi editado sob a égide do Código Civil de 1916, que fixava a capacidade relativa aos maiores de 16 e menores de 21 anos (Brasil, 1916, art. 6º, I), restaram três resquícios não revogados fundamentados nesse dispositivo. O primeiro é a circunstância atenuante genérica, o segundo é a redução do prazo para liberdade condicional e o terceiro é a diminuição dos prazos de prescrição quando o agente é menor de 21 anos (Brasil, 1969a, art. 72, I, e arts. 89 e 129, § 2º). Nesses casos, para o Superior Tribunal Militar, "a atenuante da menoridade não possibilita a redução do *quantum* da pena em patamar abaixo do mínimo legal", uma vez que "o artigo 73 do CPM prevê que, no momento da fixação do *quantum* da agravação ou da atenuação da pena, o juiz deve se ater aos limites da pena cominada ao crime" (Brasil, 2019e).

3.4.3 Estado de necessidade como exculpante

O Código Penal Militar, repise-se, em razão da adoção da teoria da causalidade, divide o estado de necessidade em excludente (antijuridicidade) e exculpante (culpabilidade).

Como exculpante, prevê:

> *Estado de necessidade, com excludente de culpabilidade*
>
> *Art. 39. Não é igualmente culpado quem, para proteger direito próprio ou de pessoa a quem está ligado por estreitas relações de parentesco ou afeição, contra perigo certo e atual, que não provocou, nem podia de outro modo*

evitar, sacrifica direito alheio, ainda quando superior ao direito protegido, desde que não lhe era razoavelmente exigível conduta diversa. (Brasil, 1969a)

Jorge Cesar de Assis (2018, p. 213) define que "o estado de necessidade agressivo é aquele em que o ato necessário se dirige contra coisa diversa daquela de que promana o perigo para o bem jurídico defendido" e cita como exemplo aquele que furta alimentos para saciar a fome ou que utiliza um automóvel sem autorização para socorrer um acidentado.

O ônus da comprovação da existência da excludente de estado de necessidade exculpante é da defesa. É necessário que produza provas idôneas, contundentes e aptas a caracterizar a inexigibilidade de conduta diversa (Brasil, 2019c).

No Código Penal comum, é previsto como atenuante de um a dois terços (Brasil, 1940, art. 24, § 2º), o que já foi objeto de discussão no Superior Tribunal Militar, obtendo-se a seguinte decisão:

> *Alegação do réu de que estava recebendo pressão por parte de um traficante, em se tratando de crime em que há violação do dever militar, não há como invocar coação moral, uma vez que a excludente de culpabilidade ínsita no art. 40 do Código Penal Militar só a admite quando física ou material. Não caracterizado o estado de necessidade exculpante, porquanto a situação foi provocada pelo próprio réu e poderia por ele ser enfrentada sem descurar de suas obrigações militares.* (Brasil, 2004f)

Para o Superior Tribunal Militar (Súmula n. 3), "não constituem excludentes de culpabilidade, nos crimes de deserção e insubmissão, alegações de ordem particular ou familiar desacompanhadas de provas" (Brasil, 1980b).

A jurisprudência também considera que dificuldades econômicas são insuficientes para fundamentar o estado de necessidade exculpante para tentativa de furto famélico, caso não seja demonstrado perigo certo e atual (Brasil, 2018e).

3.4.4 Doença mental

O Código Penal Militar prevê que são inimputáveis os agentes que, na ação ou na omissão, são incapazes de entender o caráter ilícito da conduta ou de se determinarem conforme esse entendimento em virtude de doença mental ou de desenvolvimento mental retardado ou incompleto. A pena será atenuada se a enfermidade somente diminuir consideravelmente a capacidade de entendimento (Brasil, 1969a, art. 48).

O Código de Processo Penal Militar prevê que, em qualquer fase do processo ou do inquérito, o Conselho ou o juiz, de ofício ou a requerimento do Ministério Público, do defensor, encarregado do inquérito, do curador, cônjuge, ascendente, descendente ou irmão do acusado, poderá requerer que o réu seja submetido à perícia médica (Brasil, 1969b, art. 156). Se o Conselho ou o juízo concordar com um laudo conclusivo pela inimputabilidade, será nomeado um curador. Se a inimputabilidade for absoluta, o veredito será a absolvição imprópria com a aplicação da medida de segurança. Se a conclusão for pela inimputabilidade relativa do acusado, o processo prosseguirá com a presença de defensor (Brasil, 1969b, art. 160). "Sendo condenatória a sentença, será aplicada a medida de segurança e, se a doença mental sobrevier ao crime, o processo ficará suspenso até que o acusado se restabeleça, sem prejuízo das diligências que possam ser prejudicadas com o adiamento" (Brasil, 1969b, art. 161).

3.4.5 Embriaguez

No momento da ação ou da omissão, o agente será inimputável se estiver absolutamente incapaz de entender o fato delituoso ou de determinar-se de acordo com esse entendimento em razão de completo estado de embriaguez fortuita ou de força maior. Se a capacidade for relativa, a pena poderá ser reduzida de um a dois terços (Brasil, 1969a, art. 49).

Na casuística do Superior Tribunal Militar,

> A embriaguez não é dirimente do delito de desacato, senão quando proveniente de caso fortuito ou força maior e quando capaz de gerar, de fato, o comprometimento da capacidade intelecto-volitiva do Agente. Entendimento que, por inteiro, se amolda às normas e exigências da caserna, a qual, em razão da sensibilidade e peculiaridade dos trabalhos que nela diuturnamente se desenvolvem, proscreve a embriaguez e a tem, em consequência, como um estado absolutamente anômalo e por inteiro incompatível com a conduta do militar. (Brasil, 2000a)

A *actio libera in causa* não será considerada como exculpante, mas como circunstância que agrava a pena, quando o militar* se embriagar preordenadamente para cometer o crime (Brasil, 1969a, art. 70, II, "c").

Para o Superior Tribunal Militar,

> Tratando-se de embriaguez voluntária, o Código Penal Castrense adotou a teoria da *actio libera in causa*, segundo a qual não se exclui a imputabilidade penal do

---

* "Art. 70. [...] Parágrafo único. As circunstâncias das letras *c*, salvo no caso de embriaguez preordenada, *l*, *m* e *o*, só agravam o crime quando praticado por militar" (Brasil, 1969a).

sujeito ativo que, voluntária ou culposamente, se colocou na posição de incapacidade de entender o caráter ilícito da sua conduta. (Brasil, 2018c)

A exculpante também não se aplica se a embriaguez integra o próprio tipo penal militar, como no crime de embriaguez em serviço e embriaguez ao volante (Brasil, 1969a, arts. 202 e 279).

O Código Penal comum prevê a mesma regra para o álcool ou substância de efeitos análogos (Brasil, 1940, art. 28, II), extensão que não foi adotada pelo Código Penal Militar para alcançar os militares que agem sob o efeito de entorpecentes. Para o Superior Tribunal Militar, o art. 290 do Código Penal Militar "não pune o usuário, mas sim o agente que porta ou fornece, ainda que para consumo próprio, entorpecente em área sob a administração militar" (Brasil, 2018h).

Nesse ponto, por falta de previsão legal, os acusados buscam transferir a exculpante da drogadição para o estado de necessidade exculpante:

> *Na espécie, não é o caso de aplicar-se a excludente de culpabilidade prevista no art. 39, do Código Penal Militar (estado de necessidade como excludente de culpabilidade), pois a doutrina e a jurisprudência são uníssonas em afirmar que, para a adoção dessa excludente, é necessário que o agente não tenha provocado a situação em que se encontre. Se o Embargante era viciado em substância entorpecente, ele provocou essa dependência química. II – O agente tinha outra conduta a adotar que não a prática da infração penal, qual seja, procurar o tratamento médico que lhe era disponível no âmbito de sua Força, que, por cuidados físicos e psicológicos, promoveria sua recuperação e retorno as suas funções. III – Embargos rejeitados por decisão majoritária.* (Brasil, 2008d)

É importante salientar que, à luz da jurisprudência e da doutrina, a Lei de Drogas – Lei n. 11.343, de 23 de agosto de 2006 (Brasil, 2006b) – não se aplica se o agente porta o entorpecente dentro de organização militar, porque dispõe de repressão especial no Código Penal Militar (Brasil, 1969a, art. 290). Fundamenta o Superior Tribunal Militar: "infere-se que a higidez física e mental do soldado jamais estará circunscrita tão somente aos seus interesses privados. Nas Forças Armadas, a interdependência de seus integrantes dá sentido ao tradicional conceito de sinergia" (Brasil, 2018g).

Por fim, o princípio da insignificância não se aplica à posse de entorpecente nos ambientes militares. Isso ocorre porque o delito adquire relevância especial no Direito Penal Militar em razão da necessidade de preservação da obediência, da hierarquia e da disciplina, bem como apresenta elevado grau de ofensividade e periculosidade (Brasil, 2019d). No Direito Penal Militar, em regra, a insignificância está expressa no próprio tipo penal, como no furto atenuado, em que se fixa um décimo do salário mínimo como pequeno valor (Brasil, 1969a, art. 240, § 1º).

3.4.6 Obediência hierárquica

Pelo Código Penal Militar, em matéria de serviços, não responde o militar que pratica conduta tipificada em obediência estrita a ordem direta de superior hierárquico. No entanto, o inferior também responderá se a ordem for manifestamente criminosa ou se cometer excessos na execução (Brasil, 1969a, art. 38, "b" e § 2º).

Ensina Jorge Cesar de Assis (2018, p. 212) que "tanto na coação como na obediência hierárquica, responde pelo crime o seu autor, que aqui é o autor mediato, o que se vale de outrem para a prática do delito".

O Quadro 3.3 apresenta um comparativo entre a obediência hierárquica no Direito Penal Militar e no Direito Penal comum.

Quadro 3.3 – Obediência hierárquica

CPM [Código Penal Militar]	Código Penal
Ordem não manifestamente ilegal Em estrita obediência a ordem de superior hierárquico, em matéria de serviços, responde o autor da ordem (art. 38, "b" e § 2º). Se a ordem não era manifestamente ilegal: atenuante da pena (art. 41).	Ordem não manifestamente ilegal Se o fato é cometido em estrita obediência a ordem não manifestamente ilegal de superior, só é punível o autor da ordem (art. 22). Atenuante (art. 65, III, "c").
Ordem manifestamente ilegal Se a ordem do superior tem por objeto ato manifestamente criminoso, ou há excesso nos atos ou na forma de execução, é punível também o inferior (art. 38, § 2º).	

Fonte: Born, 2011b, p. 113.

No entendimento do Superior Tribunal Militar, não se aplica o *in dubio pro reo* em caso de dúvida quanto à existência da ordem manifestamente criminosa. Segundo acórdão proferido por essa corte,

> *A absolvição fundamentada na excludente de culpabilidade, com supedâneo na obediência hierárquica, não pode ser invocada quando pairam dúvidas sobre a prática delituosa, pois, consoante o art. 38, § 2º, do Código Penal Militar, o inferior também comete o crime se cumprir a ordem manifestamente criminosa. De igual forma,*

descabida a aplicação da excludente do estrito cumprimento do dever legal quando persistem dúvidas quanto à autoria e à materialidade. (Brasil, 2019g)

Na casuística, o Superior Tribunal Militar absolveu o subordinado e responsabilizou o comandante por falsidade ideológica (Brasil, 1969a, art. 312) por determinar que o inferior elaborasse uma nova escala de ronda com a inserção de falsa declaração diversa da que deveria ser escrita, "com a finalidade de alterar a verdade sobre fato juridicamente relevante" (Brasil, 2013b).

Ainda, entendeu-se que, por não se tratar de serviços militares, não configura a desobediência hierárquica o desatendimento à ordem de entregar um telefone celular (Brasil, 2015c).

3.4.7 Coação irresistível

O Código Penal Militar afasta a responsabilização do agente que pratica uma conduta tipificada sob coação irresistível ou que lhe restrinja a liberdade de ação. Nesse caso, o coator responderá pela prática criminosa (Brasil, 1969a, art. 38, "a" e § 1º).

Jorge Cesar de Assis (2018, p. 211) esclarece que "a coação, em sentido amplo, é o emprego da força física ou grave ameaça contra alguém, no sentido de que faça alguma coisa ou não, visto que a conduta delituosa pode ser omissiva ou comissiva (não fazer o que a lei manda ou fazer o que ela proíbe)". Frisa, ainda, o autor que a coação pode ser pela *vis absoluta* (coação física) ou pela *vis compulsiva* (coação moral) (Assis, 2018, p. 210). O Código Penal Militar prevê que nos " crimes em que há violação do dever militar, o agente não pode invocar coação irresistível senão quando física ou material" (Brasil, 1969a, art. 40). O Superior Tribunal Militar impõe o ônus da prova ao acusado quando exige que a coação moral irresistível encontre guarida em provas carreadas aos autos (Brasil, 2017d).

O tratamento da coação no Direito Militar é diferente do observado no Direito Penal comum, conforme indica o Quadro 3.4.

Quadro 3.4 – Coação

CPM [Código Penal Militar]	Código Penal
IRRESISTÍVEL Não é punível quem comete o crime sob coação irresistível ou que lhe suprima a faculdade de agir segundo a própria vontade (art. 38, "a"), responde o autor da coação (art. 38, § 2º).	Não há
Nos crimes em que há violação do dever militar, o agente não pode invocar coação irresistível senão quando física ou material (art. 40).	
RESISTÍVEL Atenuante da pena (art. 41).	**RESISTÍVEL** Atenuante da pena (art. 65, III, c)

Fonte: Born, 2011b, p. 112.

Quanto à coação resistível, o Superior Tribunal Militar decidiu:

> *Furto qualificado. Tese de coação moral irresistível decorrente de pressão por traficantes para pagamento de dívida. Improcedência. Embora o réu seja usuário eventual de drogas, o laudo pericial comprova que essa circunstância não comprometeu sua vontade livre e consciente, ao tempo do crime. Não reconhecimento da invocada excludente, porquanto, a coação não era inevitável ou insuperável, em vista das condições do agente.* (Brasil, 2002f)

Por fim, também exige que a coação invocada seja física ou material, mesmo que a coação moral irresistível esteja comprovada (Brasil, 2011b).

3.4.8 Erros de fato, de direito, culposo, provocado, sobre a pessoa e quanto ao bem jurídico

O Código Penal Militar prevê a exclusão da culpa pelos erros de fato, de direito, culposo, provocado, sobre a pessoa e quanto ao bem jurídico.

O erro de fato afasta a culpabilidade do agente que pensa erroneamente que está praticando uma ação legítima, mas que, na verdade, escusadamente, pratica uma conduta típica e antijurídica*. Caso o erro tenha ocorrido por negligência, imprudência ou imperícia, o agente será punido por crime culposo, se for punível por culpa pelo Código Penal Militar (Brasil, 1969a, art. 36, § 1º). Pela casuística, extrai-se a situação de um civil portando ínfima quantidade de entorpecentes para consumo próprio que invade uma unidade militar. O Superior Tribunal Militar reconheceu a conduta de posse de entorpecentes (Brasil, 1969a, art. 290) como típica e antijurídica. Contudo, absolveu pelo erro de fato como exculpante por comprovar que o réu desconhecia que estaria em área militar, haja vista que era madrugada e a zona de segurança não era sinalizada, os muros eram baixos e não tinham arquitetura militar e o local não era dotado de ofendículos** (Brasil, 2017e). Um segundo

---

* Erro de fato: "Art. 36. É isento de pena quem, ao praticar o crime, supõe, por erro plenamente escusável, a inexistência de circunstância de fato que o constitui ou a existência de situação de fato que tornaria a ação legítima" (Brasil, 1969a).
** Ofendículos são obstáculos de proteção contra invasores, como arames farpados, cercas elétricas e cacos de vidro em cima de muros.

caso ocorreu com uma beneficiária previdenciária do pai militar que, vivendo em união estável, declarou-se solteira para o recebimento de pensão por morte*. O Superior Tribunal Militar considerou que a lei civil define apenas os estados civis de solteiro, divorciado e viúvo, o que afasta o dolo de quem vive em união estável, tendo em vista que formal e legalmente é solteiro (Brasil, 2016b).

Caso esse erro seja provocado por outra pessoa, esse terceiro responderá por dolo ou culpa pelo crime (Brasil, 1969a, art. 36, § 2º). No Código Penal comum, é considerado como discriminantes putativas do erro sobre elementos do tipo (Brasil, 1940, art. 20, § 1º). Na jurisprudência, extrai-se a situação em que, em hospital militar, um sargento estagiário de enfermagem provocou a morte de paciente por injetar medicação via venosa que deveria ser ministrada de forma oral. O auxiliar, com pouca experiência, recebeu a medicação em seringa e sem a etiqueta com a descrição e a forma de aplicação do sargento enfermeiro que supervisionava os cuidados à paciente (Brasil, 2004e).

O erro de direito surge quando o agente pratica uma conduta pensando que é lícita por ignorar a existência da lei ou por interpretá-la erradamente. Essa situação não afasta a responsabilidade pela prática de conduta típica e antijurídica, mas será considerada parcialmente exculpável para atenuar a pena ou substituí-la por outra menos grave. Não é aceitável

---

* Lei n. 3.373/1958: "Art. 4º É fixada em 50% (cinquenta por cento) do salário-base, sobre o qual incide o desconto mensal compulsório para o Ipase, a soma das pensões à família do contribuinte, entendida como esta o conjunto de seus beneficiários que se habilitarem às pensões vitalícias e temporárias. Art. 5º Para os efeitos do artigo anterior, considera-se família do segurado: [...] II – Para a percepção de pensões temporárias: [...] Parágrafo único. A filha solteira, maior de vinte e um anos, só perderá a pensão temporária quando ocupante de cargo público permanente" (Brasil, 1958b).

a aplicação da exculpante para afastar a punibilidade de crimes que atentem contra o dever militar*, motivo pelo qual, conforme a Súmula n. 3 do Superior Tribunal Militar, "não constituem excludentes da culpabilidade, nos crimes de deserção e insubmissão, alegações de ordem particular ou familiar" (Brasil, 1980b). No Código Penal comum, o desconhecimento inevitável da lei exclui e o evitável atenua entre um sexto e um terço da pena.

Pela casuística, o Superior Tribunal Militar manteve a substituição da pena por erro de direito de um civil condenado pela conduta de uso indevido de uniforme, distintivo ou insígnia militar (Brasil, 1969a, art. 172). O réu se apresentava como tenente-coronel aviador que servia na base aérea local e se locomovia por locais públicos trajando uniforme militar. A Corte considerou que se tratava de um crime de mera conduta, não havendo a finalidade de causar prejuízo à administração militar ou o dolo específico para a consumação do delito (Brasil, 2018f).

Para melhor entendimento, cabe ressaltar que, no erro de fato, o agente tem consciência de que determinado ato é crime, mas tem a errônea convicção de que não está praticando o crime, como no caso do civil que não sabia que estava em área de segurança militar. No erro de direito, o agente pratica o fato típico sem a consciência de que é crime, como no caso da pensionista que se declarava solteira, sendo obrigada a informar que vivia em união estável para continuar recebendo a pensão deixada pelo seu pai militar.

---

* Erro de direito: "Art. 35. A pena pode ser atenuada ou substituída por outra menos grave quando o agente, salvo em se tratando de crime que atente contra o dever militar, supõe lícito o fato, por ignorância ou erro de interpretação da lei, se escusáveis" (Brasil, 1969a).

O erro sobre a pessoa ocorre quando o agente atinge a vítima errada por falha na execução do crime. Nesse caso, o processo e o julgamento considerarão a vítima que o acusado pretendia atingir e não a atingida. Dessa forma, a dosimetria da pena levará em conta as condições e qualidades da pessoa que era o alvo pretendido para o cálculo das qualificadoras, das circunstâncias judiciais e legais, das causas de aumento e diminuição da pena, entre outros fatores*. Se o agente atingiu a vítima pretendida e uma terceira pessoa, serão somadas as penas se os crimes praticados contra as duas forem de mesma espécie. Se os crimes forem de espécies diferentes, será aplicada a pena mais grave com o aumento da metade das menos graves (Brasil, 1969a, art. 79). Podemos ilustrar a aplicação dessa exculpante com a conduta do soldado Carlos, que arremessou uma pedra pontiaguda em direção ao soldado Luan, com a pretensão de atingi-lo. No entanto, atingiu o soldado Wesley, que se encontrava próximo da pretendida vítima, tendo sofrido um corte na cabeça, recebendo sete pontos no ferimento para estancar o sangramento. O Superior Tribunal Militar considerou que o soldado Carlos praticou os crimes de violência contra superior e lesão corporal (Brasil, 1969a, art. 157, §§ 3º e 5º, e art. 209, *caput*) porque a vítima pretendida, o soldado Luan, exercia a função de xerife de pelotão e, consequentemente, era comandante do acusado naquela circunstância (Brasil, 2016c).

---

* Erro sobre a pessoa: "Art. 37. Quando o agente, por erro de percepção ou no uso dos meios de execução, ou outro acidente, atinge uma pessoa em vez de outra, responde como se tivesse praticado o crime contra aquela que realmente pretendia atingir. Devem ter-se em conta não as condições e qualidades da vítima, mas as da outra pessoa, para configuração, qualificação ou exclusão do crime, e agravação ou atenuação da pena. [...] § 2º Se, no caso do artigo, é também atingida a pessoa visada, ou, no caso do parágrafo anterior, ocorre ainda o resultado pretendido, aplica-se a regra do art. 79" (Brasil, 1969a).

Por fim, pode ocorrer erro quanto ao bem jurídico, quando o agente atinge um bem jurídico diferente do pretendido. Nessa situação, se o fato é apenado como crime culposo, responde pela culpa (Brasil, 1969a, art. 37, § 1º). Um exemplo é a situação de patrulheiros da Política Militar do Distrito Federal que, convocados a intervir em arruaça, efetuaram disparos contra pneu de motocicleta, mas acertaram os motoqueiros civis por acidente (Brasil, 1991c).

3.4.9 Discriminantes putativas, aparentes ou imaginárias

As causas putativas ou imaginárias de antijuridicidade ocorrem quando o agente entende erroneamente que está diante de uma agressão iminente ou atual e injusta. A reação seria jurídica e legal se fosse real a legítima defesa, o estado de necessidade, o estrito cumprimento do dever legal, o exercício regular do direito ou as manobras urgentes. "A legítima defesa real é oponível contra legítima defesa putativa, e vice-versa, e a legítima defesa não é oponível contra estado de necessidade, posto que, nesta, a agressão não é injusta" (Born, 2011a, p. 101).

As situações imaginárias mais comuns ocorrem com a legítima defesa putativa. O Superior Tribunal Militar já reconheceu legítima defesa putativa própria em situação em que um soldado em serviço no portão das armas disparou contra civis em veículo suspeito estacionado em frente ao quartel, atingindo de raspão o motorista do veículo, por acreditar que se encontrava em risco iminente (Brasil, 2010c). A Corte também reconheceu a legítima defesa putativa de outrem ou de terceiros em face de violência contra inferior numa situação em que um sargento "desfere um soco contra soldado que saíra do banheiro feminino de um centro recreativo seguido pela filha menor do agressor".

Entendeu-se que o ato do sargento foi uma reação contra um ataque imaginário do soldado contra sua filha (Brasil, 2001d).

Com relação ao estado de necessidade putativo, cabe citar como exemplo a situação de cozinheiro de dia de base aérea que se ausentou do serviço sem ordem superior para prestar atendimento à namorada com a saúde debilitada por supor que estaria em risco de morte. A defesa do soldado sustentou que, "ainda que a conduta do acusado não fosse o único meio para salvá-la, ou ainda que a moça não estivesse realmente com a vida em risco, caracterizar-se-ia o estado de necessidade putativo, posto que o acusado acreditava naquela situação fática"* (Brasil, 2016a).

Por fim, tendo em vista situação de estrito cumprimento do dever legal putativo, o Superior Tribunal Militar manteve a absolvição de soldado do Exército que, como sentinela num quartel ao lado de uma favela conhecida pelos altos índices de violência, surpreendido por um vulto entre arvoredos em local escuro e suspeito e sem possibilidade de identificação, tomado pelo medo, disparou contra um colega de farda pensando que era um marginal (Brasil, 2004h).

3.5 Punibilidade

O Código Penal Militar, por adotar a teoria causalista do direito penal, prevê a condenação por penas principais e/ou acessórias e a absolvição imprópria com a aplicação de medidas de segurança.

---

* Embora a alegação seja plausível, o Superior Tribunal Militar não acolheu a tese de estado de necessidade putativo por ausência de provas da situação de fato legitimadora da ação perpetrada pelo réu.

3.5.1 Penas principais

As penas principais estão previstas tanto para o Direito Penal Militar quanto para o Direito Penal comum, ao contrário das acessórias, que estão autorizadas apenas pelo Código Penal Militar. No Quadro 3.5, é possível comparar as penas principais nos dois campos do Direito Penal.

Quadro 3.5 – Penas comparadas entre o Código Penal Militar e o Código Penal comum

Código Penal Militar (art. 55)	**Código Penal (arts. 32 e 33)**
Morte (tempo de guerra)	
Reclusão	Reclusão
Detenção	Detenção
Prisão	Prisão simples (Lei das Contravenções Penais, art. 5º)
Impedimento	Penas restritivas de direitos: prestação pecuniária, perda de bens e valores, prestação de serviços à comunidade, interdição temporária de direitos e limitação de fim de semana (art. 43)
Suspensão do exercício do posto, graduação, cargo ou função	Multa
Reforma	

Fonte: Born, 2011b, p. 121.

A Constituição autoriza a sanção capital quando prevê que "não haverá pena de morte, salvo em caso de guerra declarada, nos termos do art. 84, XIX*'" (Brasil, 1988, art. 5º, XLVII, "a").

A Convenção Americana sobre Direitos Humanos, de 1969 (Pacto de San Jose da Costa Rica), prevê que, se o Brasil revogar a pena de morte, não poderá mais restabelecer os seguintes pontos:

> *Artigo 4º – Direito à vida*
> *1. Toda pessoa tem o direito de que se respeite sua vida. Esse direito deve ser protegido pela lei e, em geral, desde o momento da concepção. Ninguém pode ser privado da vida arbitrariamente.*
> *2. Nos países que não houverem abolido a pena de morte, esta só poderá ser imposta pelos delitos mais graves, em cumprimento de sentença final de tribunal competente e em conformidade com a lei que estabeleça tal pena, promulgada antes de haver o delito sido cometido. Tampouco se estenderá sua aplicação a delitos aos quais não se aplique atualmente.*
> *3. Não se pode restabelecer a pena de morte nos Estados que a hajam abolido.*
> *4. Em nenhum caso pode a pena de morte ser aplicada a delitos políticos, nem a delitos comuns conexos com delitos políticos.*
> *5. Não se deve impor a pena de morte a pessoa que, no momento da perpetração do delito, for menor de dezoito anos, ou maior de setenta, nem aplicá-la a mulher em estado de gravidez.*

---

* "Art. 84. Compete privativamente ao Presidente da República: [...]
XIX – declarar guerra, no caso de agressão estrangeira, autorizado pelo Congresso Nacional ou referendado por ele, quando ocorrida no intervalo das sessões legislativas, e, nas mesmas condições, decretar, total ou parcialmente, a mobilização nacional" (Brasil, 1988).

6. Toda pessoa condenada à morte tem direito a solicitar anistia, indulto ou comutação da pena, os quais podem ser concedidos em todos os casos. Não se pode executar a pena de morte enquanto o pedido estiver pendente de decisão ante a autoridade competente. (Brasil, 1992c)

Na aplicação da pena, o atendimento às circunstâncias atenuantes pelo Conselho é facultativo (Brasil, 1969a, art. 70, parágrafo único). "Quando cominada a pena de morte como grau máximo e a de reclusão como grau mínimo, aquela corresponde, para o efeito de graduação, à de reclusão por trinta anos" (Brasil, 1969a, art. 81, § 2º). A tentativa de cometimento de crime apenado com a morte corresponde à de reclusão por trinta anos, exceto se houver disposição específica em contrário (Brasil, 1969a, art. 81, § 3º).

A execução será por fuzilamento com os olhos vendados e vozes de fogo substituídas por sinais. O executado militar será trajado com uniforme sem as insígnias e o civil, com roupas decentes. Ambos têm o direito ao socorro espiritual (Brasil, 1969a, art. 56; Brasil, 1969b, art. 707). Segundo a legislação militar brasileira, a execução somente poderá ser realizada após sete dias da comunicação ao Presidente da República (Brasil, 1969a, art. 57, *caput*; Brasil, 1969b, art. 707, § 3º). No entanto, poderá ser executada imediatamente em zona de operações de guerra se for necessário para o interesse da ordem e da disciplina (Brasil, 1969a, art. 57, parágrafo único). Nesse ponto, há um conflito com as Convenções de Genebra e seus Protocolos Adicionais (1949), dos quais o Brasil é signatário. A Convenção Relativa ao Tratamento dos Prisioneiros de Guerra estatui que a pena de morte de um prisioneiro de guerra não será executada "antes de ter expirado um prazo de, pelo menos, seis meses, a contar do momento em que a comunicação detalhada [...] tiver sido recebida pela Potência protetora no endereço indicado" (Brasil, 1957, art. 101).

A Convenção de Genebra Relativa à Proteção dos Civis em Tempo de Guerra também contém dispositivo semelhante:

> *Artigo 75. [...]*
>
> *Não será executada nenhuma condenação à morte antes de expirado um prazo de pelo menos seis meses, a partir do momento em que a Potência protetora tiver recebido a comunicação do julgamento definitivo confirmando esta condenação à morte ou a decisão da recusa desta clemência.*
>
> *Este prazo de seis meses poderá ser reduzido em certos casos especiais, quando resulte de circunstâncias graves e críticas, que a segurança da Potência ocupante ou das suas forças armadas fique exposta a uma ameaça organizada [...].* (Brasil, 1957)

A reclusão tem a pena mínima de um ano e a máxima de trinta anos (Brasil, 1969a, art. 58, primeira parte). Na detenção, a pena mínima é de trinta dias e a máxima, de dez anos (Brasil, 1969a, art. 58, *caput*, parte final). "A pena unificada não pode ultrapassar de trinta anos, se é de reclusão, ou de quinze anos, se é de detenção" (Brasil, 1969a, art. 81, *caput*). Se a pena aplicada, tanto para a reclusão quanto para a detenção, for fixada para réu militar em até dois anos, aplicada a militar, quando não cabível a suspensão condicional, ela será convertida em pena de prisão simples. Os oficiais cumprirão a pena em recinto militar e as praças em estabelecimento penal militar, separadas conforme a graduação, bem como dos detidos por infração disciplinar ou condenados a pena privativa de liberdade por tempo superior a dois anos (Brasil, 1969a, art. 59).

O Código Penal Militar prevê a liberdade condicional nas seguintes situações:

> Art. 89. *O condenado a pena de reclusão ou de detenção por tempo igual ou superior a dois anos pode ser liberado condicionalmente, desde que:*
> *I – tenha cumprido:*
> *k) metade da pena, se primário;*
> *l) dois terços, se reincidente;*
> *II – tenha reparado, salvo impossibilidade de fazê-lo, o dano causado pelo crime;*
> *III – sua boa conduta durante a execução da pena, sua adaptação ao trabalho e às circunstâncias atinentes a sua personalidade, ao meio social e à sua vida pregressa permitem supor que não voltará a delinquir.* (Brasil, 1969a)

O impedimento consiste na obrigatoriedade de permanência no recinto da unidade em que serve o militar sem prejuízo da instrução militar (Brasil, 1969a, arts. 55, "e", e 63). Apenas o crime de insubmissão tipifica o impedimento de três meses a um ano*.

O militar da ativa poderá sofrer a pena de suspensão do exercício do posto, graduação, cargo ou função, que consiste em sua agregação, afastamento, licenciamento ou disponibilidade, sem a contagem do tempo de serviço e com o comparecimento regular na unidade de serviço. Se o militar for da reserva, reformado ou aposentado, sua pena será convertida em detenção de três meses a um ano (Brasil, 1969a, art. 55, "f"). Os condenados não têm o direito à suspensão condicional da pena (Brasil, 1969a, art. 84, parágrafo único).

---

* Insubmissão: "Art. 183. Deixar de apresentar-se o convocado à incorporação, dentro do prazo que lhe foi marcado, ou, apresentando-se, ausentar-se antes do ato oficial de incorporação: [...]" (Brasil, 1969a).

A suspensão é aplicada aos crimes de ordem arbitrária de invasão (Brasil, 1969a, art. 170), rigor excessivo (art. 174), retenção indevida (art. 197, *caput*), omissão de eficiência da força (art. 198), omissão de socorro (art. 201), exercício de comércio por oficial (art. 204), dano (arts. 262 a 264), inobservância de lei, regulamento ou instrução (art. 323), recusa de função na Justiça Militar (art. 340) e favorecimento pessoal (art. 350, § 1º).

A pena de reforma consiste na inatividade forçada, em que o militar reformado recebe no máximo um e vinte e cinco avos do soldo por ano de serviço (Brasil, 1969a, arts. 55, "g", e 65).

O Código Penal Militar traz a previsão da reforma compulsória na parte geral, mas na parte especial não tipifica nenhum delito com essa pena. O Estatuto dos Militares – Lei n. 6.880, de 9 de dezembro de 1980 –, em princípio, também deixa essa lacuna quando prevê apenas que "a reforma será aplicada ao militar [...] que for condenado à pena de reforma prevista no Código Penal Militar, por sentença transitada em julgado" (Brasil, 1980a, art. 106, IV).

No entanto, a aplicação da pena de reforma é dada pela interpretação sistemática do Estatuto dos Militares e da Lei dos Conselhos de Justificação e de Disciplina (Assis, 2018, p. 290).

> *Art. 106. A reforma será aplicada ao militar que:*
>
> *[...]*
>
> *V – sendo oficial, a tiver determinada em julgado do Superior Tribunal Militar, efetuado em consequência de Conselho de Justificação a que foi submetido; e*
> *VI – se Guarda-Marinha, Aspirante a Oficial ou praça com estabilidade assegurada, for a ela indicado ao Comandante de Força Singular respectiva, em julgamento de Conselho de Disciplina.* (Brasil, 1980a)

A Lei dos Conselhos de Justificação e de Disciplina – Lei n. 5.836, de 5 de dezembro de 1972 – prevê que são submetidos a esse colegiado os oficiais condenados "por crime de natureza dolosa, não previsto na legislação especial concernente a segurança do Estado, em Tribunal civil ou militar, a pena restrita de liberdade individual até 2 (dois) anos, tão logo transite em julgado a sentença" (Brasil, 1972b, art. 2º, IV; Brasil, 1972a, art. 2º, III).

No caso dos conselhos de justificação, a norma processual especificada nessa lei fixa a competência do Superior Tribunal Militar para julgar e, se for o caso, aplicar a pena de reforma dos condenados pela prática de crime militar ou civil, se julgar que é incapaz de permanecer na ativa ou na inatividade (Brasil, 1972b, art. 16, II). Nos conselhos de justificação, a sanção é aplicada pelo próprio colegiado com recurso para o Comandante-Geral da respectiva força armada (Brasil, 1972a, arts. 13 e 14). "A reforma do oficial é efetuada no posto que possui na ativa, com proventos proporcionais ao tempo de serviço" (Brasil, 1972b, art. 16, § 1º; Brasil, 1972a, art. § 2º, redação idêntica). Os proventos proporcionais recebidos são de, no máximo, um e vinte e cinco avos do soldo por ano de serviço (Brasil, 1969a, arts. 55, "g", e 65). Essa pena, em tese, é inconstitucional, haja vista que a Constituição veda a aplicação de sanções perpétuas (Brasil, 1969a, art. 5º, XLVII, "b"). A reforma do oficial, tão logo seja publicado o acórdão do Superior Tribunal Militar, é efetuada pelo Comandante-Geral da respectiva força dentro do Ministério da Defesa ou encaminhada ao Presidente da República (Brasil, 1972b, art. 16, § 2º).

O Superior Tribunal Militar, por exemplo, condenou oficial à pena administrativa de reforma como consequência da condenação pelo crime de desrespeito a superior (Brasil, 1969a, art. 160) com o fundamento de que não se justifica permanência no serviço ativo da Força Aérea Brasileira de militar que, em reiteradas oportunidades, se comporta em frontal contrariedade ao sentimento de dever militar, à honra pessoal, ao pundonor militar e ao decoro da classe (Brasil, 2014b). Em outro julgado, o Superior Tribunal Militar afastou a aplicação da pena de reforma de oficial pela prática de crime de receptação (Brasil, 1969a, art. 254) por entender que

> *O Conselho de Justiça, na origem, não teve unanimidade na decisão de perda de posto e patente, havendo um voto pela reforma, o que implica a incerteza de que sua condenação tenha trazido consequências para seu convívio na organização militar de tal monta que levem a uma decisão de perda de posto e patente.* (Brasil, 2015d)

Por fim, consideramos que a pena de reforma foi impropriamente classificada como pena principal pelo Código Penal Militar. Ela tem todas as características de uma pena acessória, inclusive com a decretação por processo semelhante ao da incompatibilidade ou da indignidade em relação ao oficialato. Isso ocorre porque não apresenta tipificação na parte especial e sua decretação é realizada por procedimento apartado.

3.5.2 Penas acessórias

As penas acessórias encontram-se previstas no Código Penal Militar e compreendem:
- » a indignidade para o oficialato;
- » a incompatibilidade com o oficialato;
- » a perda do posto ou patente;
- » a exclusão das Forças Armadas;
- » a perda da função pública, ainda que eletiva;

» a inabilitação para o exercício de função pública;
» a suspensão de pátrio poder, tutela e curatela; e
» a suspensão dos direitos políticos (Brasil, 1969a, art. 98).

A indignidade e a incompatibilidade em relação ao oficialato têm consequências similares, apesar de serem institutos distintos. Ambas têm por finalidade evitar que os condenados voltem a integrar as fileiras das Forças Armadas. Um primeiro raciocínio leva à crença de que a indignidade para o oficialato seria aplicada aos militares como sanção decorrente de infração ética e moral, enquanto a incompatibilidade seria aplicada como medida para afastar da caserna aqueles que não preenchem algum requisito legal ou que não estão aptos ao serviço ativo. Nessa situação, a incompatibilidade não seria punição, e o incompatível poderia, se desejasse, reingressar no serviço militar se desaparecessem as causas. O ideal seria que os delitos penais e disciplinares graves fossem sancionados pela indignidade e para as demais causas pela medida de incompatibilidade.

Entretanto, nem o Código Penal Militar nem a legislação específica fazem a distinção entre a indignidade e a incompatibilidade. O Código Penal Militar (Brasil, 1969a, art. 101) pune com a incompatibilidade com o oficialato os condenados pelos crimes de entendimento para gerar conflito ou divergência com o Brasil (art. 141) e de tentativa contra a soberania do Brasil (art. 142) (Born, 2011b, p. 87).

A única hipótese que está prevista na Constituição para a indignidade para o oficialato é a aplicação como pena acessória dos crimes*, com a pena abstrata privativa de liberdade superior a dois anos aplicada por sentença transitada em julgado

---

* Código Penal Militar, art. 100; Constituição, art. 142, § 3º, VI; Lei n. 8.457/1992, art. 6º, I, "h".

por tribunal militar ou comum (Brasil, 1972b, art. 2º, IV). O texto constitucional prevê o seguinte:

Art. 142. [...]

[...]

VI – o oficial só perderá o posto e a patente se for julgado indigno do oficialato ou com ele incompatível, por decisão de tribunal militar de caráter permanente, em tempo de paz, ou de tribunal especial, em tempo de guerra;

VII – o oficial condenado na justiça comum ou militar a pena privativa de liberdade superior a dois anos, por sentença transitada em julgado, será submetido ao julgamento previsto no inciso anterior; [...] (Brasil, 1988)

Com fundamento nesse dispositivo constitucional, surge a dúvida: O inciso VII é uma norma de eficácia plena ou limitada? Ou seja, a aplicação da indignidade para o oficialato depende ou não da existência de uma lei que especifique quais são os crimes apenados com mais de dois anos que sujeitam o condenado a essa sanção penal acessória? Como o Supremo Tribunal Federal nunca apreciou a constitucionalidade das normas que arrolam os tipos penais sujeitos à indignidade, o Superior Tribunal Militar tem se limitado a considerar apenas as condenações por crimes tipificados pela legislação militar. Os crimes de indignidade previstos pelo Código Penal Militar (Brasil, 1969a, art. 100) são traição (art. 362), espionagem (art. 366), cobardia (art. 363), furto simples (art. 240), roubo (art. 242), extorsão (arts. 243 e 244), chantagem (art. 245), estelionato (art. 251), abuso de pessoa (art. 252), peculato (arts. 303 e 304), falsificação (art. 311) e falsidade ideológica (art. 312). Os crimes de desrespeito a símbolo nacional (Brasil, 1969a, art. 161), a pederastia ou outro ato de libidinagem (art. 235), presumidamente, não foram recepcionados pela Constituição, haja vista que a pena é inferior a dois anos*. As causas administrativas e civis serão abordadas em capítulo próprio.

O Decreto-Lei n. 3.038, de 10 de fevereiro de 1941, prevê um instituto conhecido como *morte civil*, de constitucionalidade duvidosa, segundo o qual o militar indigno ou incompatível com o oficialato perderá seu posto e patente, "ressalvada à sua família o direito à percepção das suas pensões, como se houvesse falecido" (Brasil, 1941a, art. 7º).

Por fim, a Lei Complementar n. 64, de 18 de maio de 1990, estabelece que são inelegíveis "os que forem declarados indignos do oficialato, ou com ele incompatíveis, pelo prazo de oito anos" (Brasil, 1990a, art. 1º, I, "f"). O Tribunal Regional Eleitoral de Santa Catarina afastou a inelegibilidade por indignidade ou incompatibilidade de candidato militar a prefeito condenado em ação cível ao ressarcimento de verbas públicas. Entendeu a Corte pela impossibilidade de interpretação extensiva para condenação pela Justiça Eleitoral pela indignidade ou incompatibilidade para com o oficialato por se tratar

---

* Decreto-Lei n. 3.038/1941: "Art. 1º Ficará sujeito à declaração de indignidade para o oficialato, o militar que for condenado a qualquer pena, pela prática dos seguintes crimes: I – vilipêndio, por ato ou palavra, em lugar público aberto ou exposto ao público, à Nação Brasileira, ou à Bandeira, ou às Armas do Brasil, ou à letra ou hino nacional; II – traição e cobardia; III – roubo; IV – peculato; V – furto; VI – estelionato; VII – falsidade documental. Parágrafo único. Igualmente sujeito à declaração de incompatibilidade para o oficialato será o militar que se corromper moralmente pela prática de atos contrários à natureza. Art. 2º Ficará sujeito à declaração de incompatibilidade para com o oficialato o militar que for condenado a qualquer pena por crime previsto no decreto-lei 431 de 18 de maio de 1938. Parágrafo único. Igualmente sujeito à declaração de incompatibilidade para com o oficialato será o militar: I – que se filiar a partido, centro, agremiação ou junta de existência proibida pela lei; II – que corromper subordinado pela prática do ato contrário ao pudor individual" (Brasil, 1941a).

de instituto exclusivo de oficiais das Forças Armadas e policiais militares, cuja competência para declaração depende de ação própria na Justiça Militar (Santa Catarina, 1996).

A perda de posto, patente e condecorações (Brasil, 1969a, arts. 98, I, e 99) é consequência da indignidade para o oficialato como se fosse uma "pena acessória de outra pena acessória". Haverá demissão de ofício sem direito a qualquer remuneração ou indenização. O militar receberá o certificado de isenção do serviço militar (Brasil, 1980a, art. 118; Brasil, 1964, art. 28, "b").

A exclusão das Forças Armadas é aplicada às praças condenadas a pena privativa de liberdade por mais de dois anos (Brasil, 1969a, arts. 98, IV, e 102) A Lei do Serviço Militar prevê que a expulsão da praça ocorrerá por condenação transitada em julgado resultante da prática de crime doloso comum ou militar (Brasil, 1964, art. 31, § 3º, "a").

O Estatuto dos Militares, em caráter penal, pune desta forma:

> *Art. 125. A exclusão a bem da disciplina será aplicada* ex officio *ao Guarda-Marinha, ao Aspirante a Oficial ou às praças com estabilidade assegurada:*
> *I – quando assim se pronunciar o Conselho Permanente de Justiça, em tempo de paz, ou Tribunal Especial, em tempo de guerra, ou Tribunal Civil após terem sido essas praças condenadas, em sentença transitada em julgado, à pena restritiva de liberdade individual superior a 2 (dois) anos ou, nos crimes previstos na legislação especial concernente à segurança do Estado, a pena de qualquer duração; [...]* (Brasil, 1980a)

Para ilustrar, cabe destacar que o Superior Tribunal Militar aplicou a pena acessória de exclusão das Forças Armadas a uma praça condenada por calúnia e difamação na internet por meio de campanha com expressiva projeção no tempo e que acarretou sérios dissabores à vida pessoal e profissional dos ofendidos, bem como à própria Marinha do Brasil em várias postagens (Brasil, 2017c).

A perda da função pública (Brasil, 1969a, art. 98, V) no Código Penal Militar tem a natureza jurídica de pena acessória, enquanto no Código Penal comum é um efeito da condenação. A seguir, o Quadro 3.6 apresenta um comparativo para evidenciar outras diferenças.

Quadro 3.6 – Perda da função pública ou do mandato eletivo

Código Penal Militar (art. 103) Função pública	**Código Penal (art. 92) Função pública ou mandato eletivo**
Abuso de poder ou violação de dever inerente à função pública	Abuso de poder ou violação de dever inerente à função pública com condenação superior a um ano
Crimes de outra natureza com pena superior a dois anos	Crimes de outra natureza com pena superior a quatro anos
Aplica-se também ao militar da reserva ou reformado que exerce função pública	

Fonte: Born, 2011b, p. 125.

A inabilitação para o exercício de função pública será aplicada pelo prazo de dois a vinte anos. O termo inicial é o fim do cumprimento da pena privativa de liberdade ou da substituída ou a extinção da pena maior de quatro anos de reclusão nos crimes de abuso de poder e violação do dever militar ou inerente à função pública (Brasil, 1969a, arts. 98, VI, e 103). O Superior Tribunal Militar deixou de reconhecer essa pena acessória no caso de não haver "qualquer relação entre as atribuições inerentes ao posto militar e aquelas próprias do cargo público que o acusado assumiu após a prática delitiva" (Brasil, 2018d).

A suspensão do poder familiar, da tutela ou da curatela aparece no Código Penal Militar como "suspensão do pátrio poder, tutela ou curatela" (Brasil, 1969a art. 98, VII). No entanto, nesta obra, preferimos adotar a terminologia de *poder familiar*, utilizada no Código Civil de 2002 – Lei n. 10.406, de 10 de janeiro de 2002 (Brasil, 2002d, arts. 1.630 a 1.633). Isso porque, durante o casamento e a união estável, compete o poder familiar tanto ao pai quanto à mãe e, na ausência ou impedimento de um deles, o outro o exercerá com exclusividade (Brasil, 2002d, art. 1.631). Não há registros de aplicação dessa pena acessória na jurisprudência militar.

O Código Penal Militar dispõe que "o condenado a pena privativa de liberdade por mais de dois anos, seja qual for o crime praticado, fica suspenso do exercício do pátrio poder, tutela ou curatela, enquanto dura a execução da pena, ou da medida de segurança imposta em substituição" (Brasil, 1969a, art. 105).

A suspensão do poder familiar é um efeito da condenação no Código Penal comum, que prevê "a incapacidade para o exercício do poder familiar, da tutela ou da curatela nos crimes dolosos sujeitos à pena de reclusão cometidos contra outrem igualmente titular do mesmo poder familiar, contra filho, filha ou outro descendente ou contra tutelado ou curatelado" (Brasil, 1940, art. 92, II).

O Código Civil prevê o seguinte: "suspende-se igualmente o exercício do poder familiar ao pai ou à mãe condenados por sentença irrecorrível, em virtude de crime cuja pena exceda a dois anos de prisão" (Brasil, 2002d, art. 1.637, parágrafo único).

A Constituição estabelece que a suspensão dos direitos políticos decorrerá, entre outras causas, da condenação criminal transitada em julgado, enquanto durarem seus efeitos (Brasil, 1988, art. 15, III). O Código Penal Militar expressa que "durante a execução da pena privativa de liberdade ou da medida de segurança imposta em substituição, ou enquanto perdura a inabilitação para função pública, o condenado não pode votar, nem ser votado" (Brasil, 1969a, art. 106). Nesse sentido, decidiu o Tribunal Regional Eleitoral do Rio Grande do Sul que "constitui causa de inelegibilidade, pelo prazo de três anos* após o cumprimento da pena, a condenação criminal, com sentença transitada em julgado, pela prática de crime militar que lesou o patrimônio da União" (Rio Grande do Sul, 2000b). A absolvição imprópria, isto é, a aplicação de medida de segurança, é reconhecida pela jurisprudência como causa que autoriza a suspensão dos direitos políticos:

> *Registro de candidato. Indeferimento. Absolvição imprópria. Inimputável. Aplicada medida de segurança, consistente em tratamento ambulatorial. Suspensão dos direitos políticos. Recurso improvido.* (São Paulo, 2000)

> *Hipótese prevista no artigo 15, III, da Constituição, é de suspensão de direitos políticos, cuja extensão temporal tem a dimensão do período da pena privativa de liberdade, ou da pena restritiva de direitos imposta, ou da duração*

---

* A Lei Complementar n. 135, de 4 de junho de 2010 (Lei da Ficha Limpa), alterou a Lei Complementar n. 64/1990 e aumentou o prazo de inelegibilidade de três para oito anos.

da medida de segurança, visto que a pena de multa se extingue com o efetivo pagamento (Código Penal, artigos 32 a 49), tendo como termo a quo a data do trânsito em julgado da condenação. (Santa Catarina, 2000)

Para arrematar, cabe observar que, nos casos de condenação ou absolvição imprópria, mesmo que a sentença ou o acórdão não aplique pena acessória, o condenado ou destinatário da medida de segurança sofrerá a suspensão automática dos direitos políticos como efeito constitucional da condenação.

3.5.3 Medidas de segurança

As pessoas sujeitas às medidas de segurança são os civis, os militares e assemelhados, os condenados a pena privativa de liberdade por tempo superior a dois anos, os que perderam a função, posto ou patente, os excluídos das Forças Armadas, os inimputáveis em virtude de doença mental, de desenvolvimento mental incompleto ou retardado (Brasil, 1969a, art. 111).

O Código Penal Militar divide as medidas de segurança em pessoais e patrimoniais. As pessoais são subdivididas em pessoais detentivas com a internação em manicômio judiciário ou estabelecimento psiquiátrico e as não detentivas, que são a cassação de licença para direção de veículos motorizados, o exílio local e a proibição de frequentar determinados lugares. As patrimoniais são a interdição de estabelecimento ou sede de sociedade ou associação e o confisco (Brasil, 1969a, art. 110).

As medidas de segurança previstas no Código Penal Militar são distintas das constantes no Código Penal comum.

Quadro 3.7 – Penas acessórias

Espécie	Modalidade	Código Penal Militar (art. 110)	Código Penal (arts. 26 e 97)
Pessoais	Detentivas	Internação	Internação
	Não detentivas	Cassação da habilitação para dirigir	É um efeito da condenação
		Exílio local	Não há
		Proibição de frequentar estabelecimentos	É um efeito da condenação
Patrimoniais		Interdição de estabelecimentos ou associações	Não há
		Confisco	

Fonte: Born, 2011b, p. 118.

É possível a aplicação provisória de medidas de segurança, mas a aplicação depende de perícia médica para os doentes mentais (Brasil, 1969b, art. 274). O despacho que decretar a perícia será irrecorrível, mas é possível a revogação, a substituição ou a modificação pelo magistrado nos casos dos doentes mentais e toxicômanos (Brasil, 1969b, art. 273). Aplicam-se subsidiariamente as normas relativas à execução da sentença (Brasil, 1969b, art. 275).

A medida de segurança pessoal detentiva prevê que a internação será realizada entre um a três anos e poderá ser estendida por tempo indeterminado de acordo com a averiguação anual da perícia anual. A desinternação será sempre condicional e poderá ser restabelecida de acordo com o estado do indivíduo ou se este voltar a praticar fato indicativo de persistência de sua periculosidade antes do decurso de um ano (Brasil, 1969a, art. 112). A pena privativa de liberdade poderá ser substituída por medida de segurança e vice-versa, aplicando-se também aos ébrios habituais e aos toxicômanos (Brasil, 1969a, art. 113).

A medida de segurança não detentiva de cassação da licença para dirigir se aplica aos crimes instrumentalizados pela direção de veículos motorizados. A restrição terá a duração de, no mínimo, um ano a partir do fim da execução da pena privativa de liberdade, medida de segurança detentiva, ou da data da suspensão, livramento ou desinternação condicionais. Na realidade, não se trata de uma cassação, mas de uma suspensão da habilitação, uma vez que poderá ser revogada antecipadamente e ser determinada mesmo em caso de absolvição do réu em razão da inimputabilidade (Brasil, 1969a, art. 115). No Código Penal comum, é uma pena principal (Brasil, 1940, art. 47, III). Não há registros de aplicação dessa medida de segurança na jurisprudência.

A medida de segurança não detentiva de exílio local consiste na vedação de que o condenado fixe residência ou permaneça na localidade, município ou comarca em que o crime foi praticado por, pelo menos, um ano. Deverá ser cumprida imediatamente após a cessação ou suspensão condicional da pena privativa de liberdade (Brasil, 1969a, art. 166). A jurisprudência não registra a aplicação de tal medida, haja vista que, pela natureza jurídica de desterro interno, não foi recepcionada por dispositivo constitucional protegido por cláusula pétrea que proíbe a pena de banimento (Brasil, 1988, art. 5º, XLVII, "a").

A medida de segurança não detentiva de proibição de frequentar determinados lugares consiste no impedimento do condenado ao acesso a lugares que favoreçam seu retorno à atividade criminosa. O prazo será de, pelo menos, um ano, com início imediato a partir da cessação ou suspensão condicional da pena privativa de liberdade (Brasil, 1969a, art. 117).

No Código Penal comum, é uma pena principal (Brasil, 1940, art. 47, IV).

A medida de segurança patrimonial de interdição de estabelecimento, sociedade ou associação será aplicada por, no mínimo, quinze dias e, no máximo, seis meses se a empresa ou entidade servir como meio ou pretexto para a prática de infração penal. A interdição é efetivada no impedimento de se exercer nesse ou em outro local o mesmo comércio ou indústria, ou a atividade social (Brasil, 1969a, art. 118). A jurisprudência não aplicou essa medida a réu algum, haja vista que se presume que essa norma não foi recepcionada pela Constituição, que permite a aplicação de sanções e medidas penais às pessoas jurídicas somente nos crimes ambientais (Brasil, 1988, art. 225, § 7º).

A última medida de segurança patrimonial é o confisco dos instrumentos e produtos do crime, desde que se constituam corpo de delito pela fabricação, alienação, uso, porte ou detenção. Também se aplica a armas que pertençam às Forças Armadas ou sejam de uso exclusivo de militares e estejam sendo utilizadas por pessoa não autorizada ou em seu poder (Brasil, 1969a, art. 119). Um exemplo de aplicação dessa medida é o confisco da arma usada para ameaças efetivadas por acusado após a ocorrência do fato (Brasil, 2001c).

3.5.4 Prescrição

O Código Penal Militar prevê os mesmos prazos de prescrição da pretensão punitiva das penas principais do Código Penal comum, com exceção da pena de morte. Os prazos são regulados pelo máximo da pena privativa de liberdade cominada e escalonada em trinta anos, se a pena é de morte; em vinte anos, se o máximo da pena é superior a doze; em dezesseis anos, se o máximo da pena é superior a oito e não excede a doze; em doze anos, se o máximo da pena é superior a quatro e não excede a oito; em oito anos, se o máximo da pena é superior a dois e não excede a quatro; em quatro anos, se o máximo da pena é igual a um ano ou, sendo superior, não excede a dois; e em dois anos, se o máximo da pena é inferior a um (Brasil, 1969a, art. 125).

Nos casos de deserção, embora decorrido o prazo da prescrição, a punibilidade só se extingue quando a praça atinge a idade de 45 anos e, se oficial, de 60 anos (Brasil, 1969a, art. 132). Caso o acusado já esteja respondendo ao processo, serão observados os prazos prescricionais gerais (Brasil, 2003d).

Para o Superior Tribunal Militar,

> *O sistema do Código Penal Militar configura duas hipóteses para a questão da prescrição, em caso de delito de deserção, a saber: a primeira se refere ao trânsfuga, ou seja, aquele que permanece no estado de deserção. A ele é aplicável a norma especial do art. 132, do Código Penal Militar, da qual é destinatário específico. Nessa situação, só usufruirá da extinção da punibilidade ao atingir os limites de idade; e – a segunda é dirigida ao militar que deserta e posteriormente é reincorporado, em decorrência de sua apresentação voluntária ou captura. A este é aplicável a norma geral alusiva à prescrição ínsita no art. 125, do Código Penal Militar.* (Brasil, 2003f)

A Corte dispõe ainda que

> *A regra do art. 132 do Código Penal Militar é aplicável ao militar que permanece no estado da deserção. Se, entretanto, apresentou-se ou foi capturado antes de completar a idade prevista no dispositivo, cessa a condição de desertor e o prazo prescricional começa a fluir, de acordo com as regras do art. 125. Os §§ 4º e 5º dispõem,*

taxativamente, sobre os casos de suspensão e interrupção da prescrição, os quais não incluem a hipótese de uma nova deserção do agente. (Brasil, 2002j)

A contagem do prazo de prescrição na deserção tem início na data da captura ou apresentação e não do nono dia de ausência, momento em que o militar efetivamente assume a condição de desertor (Brasil, 2002i). É um crime permanente, e a contagem da prescrição não terá início antes de cessada a permanência (Brasil, 2002g).

A insubmissão é outro delito que tem uma regra especial de prescrição, uma vez que começa a correr a partir do dia em que o insubmisso atinge os 30 anos de idade (Brasil, 1969a, art. 131).

O Superior Tribunal Militar, reiteradamente, decide que

> *é pacífico o entendimento no sentido de que o delito do art. 183, do CPM, constitui-se em crime instantâneo de efeitos permanentes e tratando-se de menor, a época do crime, aplica-se-lhe a regra de redução prevista no art. 129, do CPM. A contagem do prazo prescricional, no crime de insubmissão, inicia-se no dia em que o insubmisso completa trinta anos de idade.* (Brasil, 1996d)

A Corte ainda decidiu que

> *A contagem do prazo prescricional no crime de insubmissão inicia-se na data em que o insubmisso atinge a idade de trinta anos. 'In caso', não foi possível precisar a data de nascimento dos ora pacientes. Porém, chegou-se a classe a que pertenciam, 1959, donde, na melhor das hipóteses, se conclui que a contagem do prazo prescricional deve se iniciar em 01.01.1989, findando em 01.01.1991, visto que os pacientes eram menores na época da consumação do delito. Ordem, a unanimidade,*

concedida, pela ocorrência da extinção da punibilidade pela prescrição, ex vi *do art. 123, inc. IV, c/c os arts. 125, inc. VI, 129 e 131, todos do Código Penal Militar.* (Brasil, 1991d)

As penas acessórias de reforma ou suspensão de exercício do posto, graduação, cargo ou função prescrevem em quatro anos e as demais são imprescritíveis (Brasil, 1969a, arts. 127 e 130).

Os prazos de prescrição poderão ser suspensos na pendência de questão prejudicial discutida em outra ação, se o agente estiver cumprindo a pena no estrangeiro ou se for condenado ou preso por outro motivo (Brasil, 1969a, art. 125, § 4º, e art. 126, § 3º, primeira parte).

O Código Penal comum estabelece que ficará suspenso o curso do prazo prescricional se o acusado, citado por edital, deixar de comparecer e não constituir defensor. Nesse caso, o juiz determinará a produção antecipada das provas urgentes e, se pertinente, decretará prisão preventiva (Brasil, 1940, art. 366).

No processo penal militar, essa regra é inaplicável, conforme a jurisprudência do Superior Tribunal Militar:

> *A Lei 9.271/96 não contempla alterações na lei processual militar e nem poderia ser aplicada por analogia por tratar-se de norma híbrida e mais gravosa ao réu.* (Brasil, 2003c)

> *É inadmissível a aplicação subsidiária do Código de Processo Penal comum, em detrimento do Código de Processo Penal Militar, quando este último prevê, expressamente, idêntica norma processual para a solução do caso concreto. Estando a matéria normalizada no Código de Processo Penal Militar, não há porque [sic] socorrer-se de legislação processual penal comum. Autonomia do Direito.* (Brasil, 2003g)

Essa posição foi ratificada pela Primeira Turma do Supremo Tribunal Federal nos seguintes termos:

> *A Turma negou provimento a recurso ordinário em habeas corpus em que a Defensoria Pública da União pleiteava a aplicação subsidiária, ao processo penal militar, da regra do artigo 366 do Código de Processo Penal ("Se o acusado, citado por edital, não comparecer, nem constituir advogado, ficarão suspensos o processo e o curso do prazo prescricional..."). No caso, o paciente fora denunciado pela suposta prática do crime de ingresso clandestino em área de administração militar (Código Penal Militar, artigo 302) e tivera sua revelia decretada em virtude de diversas tentativas frustradas de citá-lo. Considerou-se ausente, no caso, fundamento legal para justificar a aplicação da suspensão prevista no processo penal comum ao processo penal militar. Tendo em conta o caráter excepcional e os pressupostos de interpretação analógica do Código de Processo Penal Militar, entendeu-se que não existiria omissão a ensejar a incidência da legislação comum. Ademais, salientou-se, que a pretensão implicaria situação desfavorável ao paciente, quanto à interrupção do prazo prescricional, uma vez que esta hipótese não estaria prevista na legislação castrense. Rejeitou-se, ainda, a aplicação do princípio da insignificância, porquanto esta, como causa supralegal de exclusão da tipicidade, exige a presença cumulativa dos seguintes requisitos: a) a mínima ofensividade da conduta do agente; b) a nenhuma periculosidade social da ação; c) o reduzidíssimo grau de reprovabilidade do comportamento e d) a inexpressividade da lesão jurídica provocada. Nesse sentido, asseverou-se que não se revelariam suficientes para caracterizar a insignificância do delito apenas a pequena potencialidade lesiva da infração e o perigo concreto para a Administração Militar.*
> (Brasil, 2007)

Os prazos se interrompem com a instauração do processo, a sentença condenatória, o início ou continuação do cumprimento da pena e a reincidência (Brasil, 1969a, art. 125, § 5º, e art. 126, § 3º, parte final).

Por fim, a prescrição da execução da pena privativa de liberdade ou da medida de segurança é regulada pelo período fixado na sentença, sendo contada nos mesmos períodos estabelecidos para a prescrição geral (Brasil, 1969a, art. 125). Esses prazos são aumentados em um terço se o condenado é criminoso habitual ou por tendência (Brasil, 1969a, art. 126).

3.6 Aplicação e dosimetria da pena

O conselho permanente ou especial de justiça ou o magistrado, conforme a competência, após a análise da materialidade, da autoria, da tipicidade, da antijuridicidade, da culpabilidade e da punibilidade, se o acusado for culpado, passará a analisar a proporcionalidade da pena com as circunstâncias que serão doravante apresentadas.

3.6.1 Circunstâncias judiciais

A análise das circunstâncias judiciais deve atender ao princípio da necessidade e da suficiência. O magistrado precisa abordar individualmente cada circunstância, devendo, para isso, evitar a utilização de expressões vagas como *personalidade normal, culpabilidade, a do próprio tipo penal, circunstâncias: desfavoráveis*.

As circunstâncias judiciais são as listadas no Quadro 3.8.

Quadro 3.8 – Circunstâncias judiciais

Código Penal Militar (art. 69)	Código Penal (art. 59)
Gravidade de crime	Culpabilidade
Antecedentes	
Personalidade de réu	
Intensidade do dolo ou grau da culpa	Conduta social
Extensão do dano ou perigo de dano	Consequências do crime
Meios empregados	Comportamento da vítima
Circunstâncias de tempo e lugar	Circunstâncias
Modo de execução	
Motivos determinantes	
Atitude de insensibilidade	
Indiferença ou arrependimento após o crime	

Fonte: Born, 2011b, p. 127.

Em se tratando de fato posterior ao crime não considerado como reincidência, uma vertente doutrinária classifica como maus antecedentes qualquer envolvimento do agente com algum inquérito ou ação penal. Em sentido oposto, outra vertente somente identifica como maus antecedentes as condenações definitivas que já não geram reincidência (condenações além de cinco anos atrás). Passagens por atos infracionais previstos no Estatuto da Criança e do Adolescente (ECA) não valem como antecedentes.

3.6.2 Circunstâncias legais

O cálculo das agravantes e das atenuantes segue, em regra, critérios semelhantes aos do Código Penal comum. Quando a lei não determina o valor da agravação ou da atenuação, a pena deve ser fixada entre um quinto e um terço, resguardados os limites da pena cominada ao delito, isto é, não podem ultrapassar a pena máxima nem ser decrescida abaixo da mínima (Brasil, 1969a, art. 73).

Mesmo que o Ministério Público tenha opinado pela absolvição, o juiz pode proferir sentença condenatória por conduta articulada na denúncia, além de reconhecer qualquer agravante objetiva, mesmo que arguida (Brasil, 1969a, art. 437, "b").

No concurso entre as circunstâncias agravantes e atenuantes, a pena deve se aproximar das circunstâncias preponderantes. Prioritariamente, são analisados os motivos determinantes do crime, a personalidade do agente e a reincidência (Brasil, 1969a, art. 75, *caput*, primeira parte). Havendo equivalência entre umas e outras, é como se não tivessem ocorrido (Brasil, 1969a, art. 75, *caput*, parte final).

As circunstâncias legais agravantes incidem na aplicação da pena quando crimes são cometidos: por reincidência; por motivo fútil ou torpe; para facilitar ou assegurar a execução, a ocultação, a impunidade ou a vantagem de outro crime; depois de embriagar-se, exceto se a embriaguez for decorrente de caso fortuito, engano ou força maior, considerando-se que o civil também responderá se a embriaguez for preordenada (*actio libera in causa*); por traição, emboscada, surpresa ou mediante outro recurso insidioso que dificultou ou tornou impossível a defesa da vítima; com emprego de veneno, asfixia, tortura, fogo, explosivo ou qualquer outro meio dissimulado ou cruel, ou de que podia resultar perigo comum; contra ascendente, descendente, irmão ou cônjuge; com abuso de poder ou violação de dever inerente a cargo, ofício, ministério ou profissão; contra criança, velho ou enfermo; quando o ofendido estava sob imediata proteção da autoridade; encontrando-se em serviço (somente militar); em situação de incêndio, naufrágio, encalhe, alagamento, inundação ou qualquer calamidade pública, ou de desgraça particular do ofendido; por emprego de arma, material ou instrumento de serviço para o fim procurado (somente militar); em auditório da Justiça Militar ou local onde tenha sede sua administração; em país estrangeiro (somente militar); por quem promove ou organiza a cooperação no crime ou dirige a atividade dos demais agentes; por quem coage outrem à execução do crime; por quem instiga ou determina a cometer o crime alguém sujeito à sua autoridade ou não punível em virtude de condição ou qualidade pessoal; e por quem executa o crime, ou nele participa, mediante paga ou promessa de recompensa (Brasil, 1969a, arts. 53, § 2º, e 70).

As circunstâncias legais atenuantes são: ser o agente menor de 21 ou maior de 70 anos; ser meritório seu comportamento anterior; ter o agente cometido o crime por motivo de relevante valor social ou moral; quando procurado, por sua espontânea vontade e com eficiência, logo após o crime, evitar-lhe ou minorar-lhe as consequências, ou ter, antes do julgamento, reparado o dano; ter cometido o crime sob a influência de violenta emoção, provocada por ato injusto da vítima; e ter confessado espontaneamente, perante a autoridade, a autoria do crime, ignorada ou imputada a outrem (Brasil, 1969a, art. 72).

3.6.3 Causas de aumento (majorantes) e de diminuição (minorantes)

No concurso entre as causas de aumento e diminuição, o órgão prolator pode limitar-se a um só aumento ou a uma só diminuição, prevalecendo, todavia, a causa que mais aumente ou diminua (Brasil, 1969a, art. 76). O Conselho ou o magistrado não fica restrito aos limites da pena cominada ao crime, mas somente à pena máxima permitida de reclusão de um ano a trinta anos e detenção de trinta dias a quinze anos (Brasil, 1969a, arts. 58 e 76). Na tentativa punível (Brasil, 1969a, art. 30, parágrafo único), a pena será diminuída de um terço a dois terços.

Síntese

O Direito Penal Militar apresenta um tratamento especial em relação ao Direito Penal comum. Primeiramente, somente se consideram crime militar, em tempo de paz, as condutas tipificadas no Código Penal Militar praticadas, em regra, por militares contra militares, militares contra civis e civis em prejuízo da instituição e da ordem militar. Ao contrário do Código Penal comum, o Código Penal Militar adota a teoria causalista da ação, pela qual o órgão julgador vai analisar a intenção do agente somente na terceira fase da condenação, a culpabilidade. Existem alguns tipos penais que são propriamente militares (somente presentes no Código Penal Militar) e outros que são impropriamente militares, os quais são os mesmos tipificados na legislação penal comum, mas dotados de maior rigor em relação à obediência hierárquica e à disciplina. Naquela categoria, os crimes tradicionalmente militares são a deserção e a insubmissão, e nesta se encontra o tipo de entorpecentes. O Direito Penal Militar tipifica a pena de morte em tempo de guerra e as penas acessórias em tempo de paz.

Questões para revisão

1) "A prescrição, por sua vez, é a perda do poder de punir do Estado, causada pelo decurso do tempo fixado em lei [...]" (Assis, 2018, p. 400).

   Com base nos ensinamentos do autor citado, considere as seguintes assertivas:

   I. Os prazos gerais de prescrição do Código Penal Militar, com exceção da pena de morte, são idênticos aos do Direito Penal comum.
   II. Nos casos de deserção, embora decorrido o prazo da prescrição, a punibilidade só se extingue quando a praça atinge a idade de 45 anos e, se oficial, de 60 anos.
   III. Nenhuma pena é imprescritível no Código Penal Militar.
   IV. Nos casos de insubmissão, os prazos de prescrição começam a ocorrer a partir do dia em que o insubmisso atinge 30 anos de idade.

   Agora, marque a alternativa verdadeira:
   a. Apenas as assertivas II e III estão corretas.
   b. Apenas as assertivas II, III e IV estão corretas.
   c. Apenas as assertivas I, II e IV estão corretas.
   d. Apenas as assertivas II e IV estão corretas.

2) Com relação à teoria da pena aplicada pelo Código Penal Militar, considere as assertivas a seguir e indique se são verdadeiras (V) ou falsas (F):
( ) O estado de necessidade está previsto somente na antijuridicidade.
( ) O estado de necessidade está previsto somente na culpabilidade.
( ) O estado de necessidade está previsto na antijuridicidade e na culpabilidade.
( ) A intenção do agente (dolo e culpa) é aferida na tipicidade subjetiva.
Agora, marque a sequência correta:
a. V, F, F, V.
b. F, F, V, F.
c. F, V, F, V.
d. F, F, V, V.

3) O Código Penal Militar prevê as penas principais e as acessórias. Quais das penas a seguir são as principais?
a. Impedimento e reforma.
b. Impedimento e perda da função pública.
c. Perda do posto ou patente e reforma.
d. Exílio local e confisco.

4) A Constituição da República prevê, no art. 5º, XLVII, "a", "que não haverá penas de morte, salvo em caso de guerra declarada, nos termos do art. 84, XIX" (Brasil, 1988). A autorização da aplicação da pena capital pelo Brasil fere as convenções internacionais de direitos humanos?

5) O que são as causas putativas de antijuridicidade no Direito Penal Militar?

Questões para reflexão

1) Qual é a natureza jurídica da suspensão dos direitos políticos no Direito Penal Militar?
2) Como é aplicado o princípio da insignificância no Direito Penal Militar?

Para saber mais

O leitor desta obra poderá se aprofundar no tema fazendo uma leitura do Código Penal Militar, da jurisprudência do Superior Tribunal Militar e dos tribunais de justiça militar de Minas Gerais, Rio Grande do Sul e São Paulo, dos livros de autores especializados, principalmente de Jorge Cesar de Assis, e do Portal Jus Militaris (www.jusmilitaris.com.br).

ASSIS, J. C. **Código de Processo Penal Militar anotado.** 5. ed. Curitiba: Juruá, 2020.

O professor Jorge Cesar de Assis tem uma obra completa, que serve como um guia do Direito Penal Militar, com anotações da jurisprudência.

IV

Conteúdos do capítulo:

» Ação penal militar e suas modalidades.
» Funções essenciais da Justiça Militar.
» Foro militar.
» Continência e conexão.
» Prerrogativa de foro ou função.
» Desaforamento.
» Foro do lugar da infração: domicílio ou residência do réu, prevenção, sede do lugar de serviço, especialização das auditorias, distribuição, disposições especiais do Código de Processo Penal Militar.
» Prisões provisórias: prisão em flagrante delito e decisão fundamentada, prisão temporária, prisão provisória e prisão preventiva.
» Julgamento e sentença.

Processo penal militar

» Recursos e execução penal militar: disposições gerais e recursos, recursos em sentido estrito, apelação, embargos infringentes ou de nulidade, embargos de declaração, agravo, agravo de instrumento, remessa necessária e correição parcial.
» Execução penal militar: suspensão condicional da pena, livramento condicional e prescrição executória.

Após o estudo deste capítulo, você será capaz de:

1. interpretar o Código de Processo Penal Militar;
2. comparar alguns institutos do processo penal militar com o Código de Processo Penal comum e a Lei de Execução Penal;
3. compreender o procedimento de julgamento e a elaboração de uma sentença com a dosimetria e os requisitos da aplicação da pena;
4. identificar os requisitos e os pressupostos para a aplicação das prisões e liberações temporárias e condicionais;
5. analisar as formas de execução penal.

4.1 Contextualização

A segurança externa e interna do Brasil tem um sistema judicial próprio que é aplicado aos integrantes das Forças Armadas, das polícias militares e da Brigada Militar do Rio Grande do Sul.

Isso ocorre porque a carreira militar apresenta peculiaridades em comparação com a dos servidores civis, em razão da observância dos princípios da hierarquia, da obediência e da disciplina.

Contudo, ao mesmo tempo que as condutas ilícitas dos militares estão sujeitas a sanções tipificadas no Código Penal Militar, a Constituição garante a todos os acusados o contraditório e a ampla defesa.

Este capítulo é destinado ao estudo dos meios de defesa judicial, das condições para a condenação ou absolvição dos réus militares e dos benefícios dos condenados pela Justiça Militar previstos no Código de Processo Penal Militar.

4.2 Ação penal militar

O Direito Processual Penal Militar prevê que os crimes militares estão sujeitos à ação penal pública incondicionada; à ação penal condicionada à representação; e a ação penal privada subsidiária da pública. Não há previsão de tipos penais de ação puramente privada.

4.2.1 Modalidades de ação penal militar

As ações previstas no Código de Processo Penal Militar, em regra, são públicas incondicionadas. Assim, a partir do momento da identificação no inquérito policial militar de materialidade e indícios de autoria, o Ministério Público obrigatoriamente deverá ajuizar a ação penal.

Na jurisdição militar, não há a ação penal puramente privada, haja vista que o Código Penal Militar tipifica apenas delitos de interesse público.

Conforme salienta o Superior Tribunal Militar,

> *Legislação Processual Penal Militar não contempla a ação penal privada. Os crimes a que aludem os embargantes estão previstos no Código Penal Militar e, assim como os demais inseridos no citado Codex, são de ação pública incondicionada, cuja competência para propô-la é do Ministério Público Militar.* (Brasil, 2010d)

No entanto, será possível o recebimento de ação privada quando for subsidiária da pública nas circunstâncias em que estiver presente a justa causa* e o Ministério Público Militar não promoveu a denúncia nem requereu o arquivamento nos prazos exigidos pela legislação processual militar (Brasil, 1988, art. 5º, LIX). Na condução de processos nessas condições, haverá a aplicação subsidiária do Código de Processo Penal comum (Brasil, 1969b, art. 3º).

O Superior Tribunal Militar traz o seguinte julgado:

> *Da análise dos requisitos necessários e condicionantes ao exercício regular do direito de Ação Penal, observa-se que no caso específico da Ação Penal Privada Subsidiária da Pública, a inércia do órgão ministerial reveste-se de condição especial da ação. II – A inércia não se confunde com a necessidade de aprofundamento da investigação, quando o titular da Ação Penal considera necessárias diligências para a completa elucidação dos fatos objeto da Representação.* (Brasil, 2019m)

O Código Penal Militar prevê a ação penal pública condicionada à representação nos crimes contra a segurança externa

---

* Materialidade e indícios de autoria.

do Brasil*. Nesses delitos, se o agente for militar ou assemelhado, a atribuição para o oferecimento da denúncia será do procurador-geral militar, que dependerá da requisição do Ministro da Defesa. Na conduta de entendimento para gerar conflito ou divergência com o Brasil (Brasil, 1969a, art. 141) praticada por civil sem coautoria de militar, a ação penal ficará dependente da requisição do Ministro da Justiça (Brasil, 1969b, art. 31, *caput*). O procurador-geral militar, sempre que ajuizar ação pública condicionada, será obrigado a apresentar o relatório dos fatos ao procurador-geral da República (Brasil, 1969b, art. 31, parágrafo único).

Esta é a visão do Superior Tribunal Militar:

> *Para instauração da* persecutio criminis *basta que a proposta acusatória apresente um mínimo de suporte probatório e aponte indícios suficientes e autoria. A fase de admissibilidade da demanda não é a mais apropriada para avaliação do elemento subjetivo relacionado à vontade do agente, nem sobre a eficiência e o poder ofensivo da arma utilizada, que só a sentença de mérito, como resultado da discussão da matéria probante, poderá aferir.* (Brasil, 2001e)

A Súmula n. 12 do Superior Tribunal Militar fixa, como condições de procedibilidade para o delito de deserção, que as praças sem estabilidade não podem ser processadas sem a aquisição do *status* de militar efetivada pela reinclusão, ao

---

* Código Penal Militar: hostilidade contra país estrangeiro (art. 136); provocação a país estrangeiro (art. 137); ato de jurisdição indevida (art. 138); violação de território estrangeiro (art. 139); entendimento para empenhar o Brasil à neutralidade ou à guerra (art. 140); e entendimento para gerar conflito ou divergência com o Brasil (art. 141).

passo que as praças com estabilidade dependem da reversão ao serviço ativo (Brasil, 1997e).

Durante o processo, os acusados oficiais ou graduados devem ser conduzidos necessariamente por outro militar de hierarquia superior, e as praças sem graduação devem ser escoltadas por graduando ou uma praça mais antiga.

4.2.2 Funções essenciais da Justiça Militar

O Ministério Público Militar é o órgão ao qual a Constituição conferiu a atribuição de promover a ação penal militar, bem como atuar como *custos legis* na Justiça Militar (Brasil, 1988, art. 128, I, "c").

O procurador-geral de Justiça Militar é a autoridade superior do Ministério Público Militar e atua perante o Superior Tribunal Militar. O vice-procurador-geral é designado entre os subprocuradores militares que atuam como substitutos (Brasil, 1993b, art. 122).

Os subprocuradores são designados para oficiar junto ao Superior Tribunal Militar ou, mediante permissão do Conselho Superior, nos demais órgãos jurisdicionais militares (Brasil, 1993b, art. 140).

Os procuradores militares atuam perante os conselhos permanentes e especiais e os juízes federais da Justiça Militar. Os procuradores substitutos são denominados de *promotores militares* (Brasil, 1993b, art. 143).

Na circunstância em que o procurador ou promotor interpretar que os fatos e as provas indicados no inquérito ou nas peças de informação não contêm a justa causa* para o ajuizamento da

---

* Materialidade e indícios de autoria.

denúncia, requererá o arquivamento ao juiz federal da Justiça Militar (Brasil, 1969b, art. 397).

Caso não haja concordância do juízo militar, a decisão quanto ao cabimento do arquivamento do inquérito policial será da atribuição da Câmara de Coordenação e Revisão do Ministério Público Militar (Brasil, 1993b, art. 136, IV)*.

A Câmara de Coordenação e Revisão é composta por dois membros indicados pelo Conselho Superior do Ministério Público e por um membro indicado pelo procurador-geral militar, tendo as atribuições de:

» manifestar-se quanto ao cabimento de arquivamento do inquérito policial militar não acatado pelo órgão judicial;
» dirimir conflitos quanto à distribuição dos inquéritos; e
» resolver sobre as atribuições entre os órgãos do Ministério Público Militar (Brasil, 1993b, arts. 134 e 136).

O juiz nomeará um defensor para o acusado que não tiver um defensor constituído por insuficiência econômica, que lhe prestará assistência constitucional jurídica e judiciária gratuita. O réu tem, a qualquer tempo, o direito de substituí-lo por outro defensor de sua confiança (Brasil, 1988, art. 5º, LXXIV; Brasil, 1969b, art. 71, § 2º).

Para o Superior Tribunal Militar,

> *A competência funcional para nomear defensor dativo ao acusado que não o tiver é do Presidente do Conselho de Justiça, não do Juiz-Auditor (artigo 29, III, da Lei de Organização Judiciária Militar). Entretanto, a qualquer*

---

* A parte final do *caput* do art. 397 do Código de Processo Penal Militar, que determinava o envio e a decisão do arquivamento para o procurador-geral, foi revogada tacitamente pelo art. 136, IV, da Lei Complementar n. 75/1993, que atribui à Câmara de Coordenação e Revisão do Ministério Público Militar a manifestação sobre o arquivamento do inquérito policial (Brasil, 1993b).

tempo, o réu tem o direito de constituir outro advogado, de sua confiança (artigo 71, parágrafo segundo, do Código de Processo Penal Militar), cujos honorários advocatícios, porventura cobrados, correrão as suas expensas. 2. É de cunho obrigatório, enquanto possível, o patrocínio da defesa de praças pela Defensoria Pública junto a Justiça Militar da União "devendo preferir a qualquer outro" (artigo 71, parágrafo quinto, Código de Processo Penal Militar). Deferida a correição parcial, nos termos requeridos pelo Ministério Público Militar. (Brasil, 1996c)

O dispositivo do Código de Processo Penal Militar que atribuía aos advogados de ofício a defesa obrigatória das praças previstas foi tacitamente derrogado pela Constituição de 1988 no capítulo que cria e organiza a Defensoria Pública da União (Brasil, 1988, arts. 134 e 135; Brasil, 1969b, art. 71, § 5º). Na Justiça Militar, os defensores públicos federais de segunda categoria atuam perante os juízes e conselhos militares (Brasil, 1994a, art. 20) e os de categoria especial, no Superior Tribunal Militar (Brasil, 1994a, art. 22; Brasil, 2019n, art. 33).

4.3 Foro militar

O foro militar é a determinação de qual juízo ou conselho militar é competente para processar e julgar os militares e civis que tenham cometido os crimes previstos no Código Penal Militar.

Assim, a ação penal militar será ajuizada perante o juízo ou conselho conforme a ordem indicada na primeira coluna do Quadro 4.1, que se diferencia da observada no processo penal comum.

Quadro 4.1 – Fixação do foro

Código de Processo Penal Militar (arts. 85 a 87)		Código de Processo Penal (art. 69)
Modificação de competência	Continência e conexão (art. 87, "a")	Lugar da infração (I)
	Prerrogativa de função (art. 87, "b")	Domicílio ou residência do réu (II)
	Desaforamento (art. 87, "c")	Natureza da infração (III)
Competência de modo geral	Lugar da infração (art. 85, I, "a")	Distribuição (IV)
	Domicílio ou residência do réu (art. 85, I, "b")	Conexão e continência (V)
	Prevenção (art. 85, I, "c")	Prevenção (VI)
Competência de modo especial	Sede do lugar de serviço (art. 85, II)	Prerrogativa de função (VII)
Competência por circunscrição judiciária	Especialização das auditorias (art. 86, "a")	
	Distribuição (art. 86, "b")	
	Disposição especial do Código de Processo Penal Militar (art. 86, "c")	

As três primeiras competências especificadas na primeira coluna ("Modificação de competência") têm preferência sobre as demais por determinação do art. 87 do Código de Processo Penal Militar: "Não prevalecem os critérios de competência indicados nos artigos anteriores [...]" (Brasil, 1969b).

4.3.1 Continência e conexão

A continência e a conexão são institutos que identificam a prática de mais de um delito ou de corréus.

A continência se evidencia "quando duas ou mais pessoas forem acusadas da mesma infração" e "na hipótese de uma única pessoa praticar várias infrações em concurso" (Brasil, 1969b, art. 92).

O Código de Processo Penal Militar define:

> *Art. 99. Haverá conexão:*
>
> *a) se, ocorridas duas ou mais infrações, tiverem sido praticadas, ao mesmo tempo, por várias pessoas reunidas ou por várias pessoas em concurso, embora diverso o tempo e o lugar, ou por várias pessoas, umas contra as outras;*
>
> *b) se, no mesmo caso, umas infrações tiverem sido praticadas para facilitar ou ocultar as outras, ou para conseguir impunidade ou vantagem em relação a qualquer delas;*
>
> *c) quando a prova de uma infração ou de qualquer de suas circunstâncias elementares influir na prova de outra infração.* (Brasil, 1969b)

Conforme as normas de continência e conexão, sempre que houver conflito ou concurso de competência, a auditoria especializada prevalecerá em relação a uma auditoria cumulativa ou mista* (Brasil, 1969b, art. 101, I). Se o conflito ou concurso

---

* As auditorias cumulativas são os órgãos de "jurisdição mista, cabendo-lhes conhecer dos feitos relativos à Marinha, Exército e Aeronáutica (Brasil, 1992d, art.11, § 2º)". As auditorias especializadas julgam os delitos praticados por apenas uma ou duas forças armadas. A Justiça Militar da União tem quatro auditorias especializadas na Primeira Circunscrição Militar (Rio de Janeiro), três na Terceira (Porto Alegre, Bagé e Santa Maria) e duas na Segunda (São Paulo) e na Décima Primeira (Brasília).

ocorrer entre duas circunscrições cumulativas, o processo e o julgamento serão da competência da auditoria do local onde tiver sido cometido o delito com a pena mais grave (Brasil, 1969b, art. 101, II, "a"). Quando as diversas infrações tiverem a mesma pena, a auditoria competente será aquela em que houver ocorrido o maior número de delitos (Brasil, 1969b, art. 101, II, "b").

Segundo o Superior Tribunal Militar,

> 1. A alteração legislativa promovida na Lei 13.774, de 19 de dezembro de 2018, deve ser aplicada de forma imediata, não dependendo de convocação do Conselho Permanente de Justiça para decidir acerca da mudança de competência. 2. O Superior Tribunal Militar, em recentes decisões, firmou entendimento jurisprudencial majoritário de que deve ser considerada a situação do acusado (civil ou militar), para fixação da competência, no momento da prática do delito. 3. A Exposição de Motivos da Lei 13.774/2018 deixa claro que a alteração legislativa teve como objetivo retirar da esfera de competência dos conselhos de Justiça o julgamento de réus civis que não estariam sujeitos à hierarquia e à disciplina militares. (Brasil, 2003j)

As ações serão separadas sempre que houver conflito entre a competência da Justiça penal comum ou da infância e da juventude e a da Justiça Militar (Brasil, 1969b, art. 102, "a" e "b"). Como exemplo, o Superior Tribunal Militar determinou a separação de processos em caso de ação em face de militar que provocou acidente de trânsito conduzindo viatura militar que resultou em lesões corporais a colegas de fardas e civis (Brasil, 1991e).

De acordo com o Código de Processo Penal Militar (Brasil, 1969b, art. 101, parágrafo único), "a separação do processo, no concurso entre a jurisdição militar e a civil, não quebra a conexão para o processo e julgamento, no seu foro, do militar da ativa, quando este, no mesmo processo, praticar em concurso crime militar e crime comum".

Quadro 4.2 – Separação obrigatória e facultativa das ações penais militares

Separação de processo	
Obrigatória (Código de Processo Penal Militar, art. 105)	**Facultativa (Código de Processo Penal Militar, art. 106)**
Um dos acusados foragidos e não revel.	Situação de tempo e lugares diferentes.
Defensores de dois ou mais acusados não acordarem na suspeição de juiz de Conselho de Justiça.	Excessivo número de acusados para não lhes prolongar a prisão.
	Motivo reputado pelo juiz como relevante.
	Cabe reexame necessário sem efeito suspensivo para o Superior Tribunal Militar.

Em processo reunido por continência ou conexão, esse juízo prolator continuará competente para as demais infrações, mesmo que tenha absolvido parcialmente o réu ou tenha desclassificado um ou alguns delitos (Brasil, 1969b, art. 104). Se um dos corréus estiver foragido e não for possível julgá-los à revelia, os julgamentos serão realizados em separado. O mesmo procedimento será realizado "se os defensores de dois ou mais acusados não acordarem na suspeição de juiz de Conselho de Justiça, superveniente para compô-lo, por ocasião do julgamento" (Brasil, 1969b, art. 105). Por fim, a divisão dos feitos poderá ser efetivada quando os crimes forem praticados em período de tempo ou local diferente, quando houver um número excessivo de acusados ou quando suceder outro motivo distinto para evitar o prolongamento das prisões. Dessa decisão cabe recurso de ofício* com efeito meramente devolutivo para o Superior Tribunal Militar ou o Tribunal de Justiça Militar (Minas Gerais, Rio Grande do Sul e São Paulo), mas o processo na auditoria seguirá regularmente (Brasil, 1969b, art. 106).

4.3.2 Prerrogativa de foro ou função

A prerrogativa de foro consiste na determinação constitucional e legal de que determinados militares sejam processados e julgados originariamente por instâncias superiores. A prerrogativa de foro ou função, por vezes, é tratada como privilégio de função, entendimento a que, a princípio, esta obra não se filia. A fixação de competência para os militares de alta patente, na verdade, é uma proteção ao Estado, por se considerar que o graduado é um instrumento do exercício do poder público (prerrogativa) e não um benefício ou prêmio pessoal ao acusado (privilégio).

A Constituição da República prevê alguns crimes de responsabilidade ligados ao Presidente da República como comandante supremo das Forças Armadas, sujeito ao processo de *impeachment*, com a perda do cargo e a inabilitação, por oito anos, para o exercício de função pública (Brasil, 1988, art. 46, parágrafo único, e art. 85, IV).

---

* Recurso de ofício ou remessa *ex officio* ocorre quando se exige do Conselho ou do magistrado o envio da ação com a decisão para a ratificação ou confirmação do Superior Tribunal Militar ou do Tribunal de Justiça Militar, independentemente de recurso pelas partes. O Código de Processo Penal Militar prevê essa exigência nos arts. 106, §§ 1º e 2º; 154, parágrafo único; 654; e 696.

A lei que define os crimes de responsabilidade e regula o respectivo processo de julgamento prevê:

> *Art. 5º São crimes de responsabilidade contra a existência política da União:*
>
> *1. entreter, direta ou indiretamente, inteligência com governo estrangeiro, provocando-o a fazer guerra ou cometer hostilidade contra a República, prometer-lhe assistência ou favor, ou dar-lhe qualquer auxílio nos preparativos ou planos de guerra contra a República;*
>
> *[...]*
>
> *3. cometer ato de hostilidade contra nação estrangeira, expondo a República ao perigo da guerra, ou comprometendo-lhe a neutralidade;*
>
> *4. revelar negócios políticos ou militares, que devam ser mantidos secretos a bem da defesa da segurança externa ou dos interesses da Nação;*
>
> *5. auxiliar, por qualquer modo, nação inimiga a fazer a guerra ou a cometer hostilidade contra a República;*
>
> *[...]*
>
> *8. declarar a guerra, salvo os casos de invasão ou agressão estrangeira, ou fazer a paz, sem autorização do Congresso Nacional;*
>
> *9. não empregar contra o inimigo os meios de defesa de que poderia dispor;*
>
> *10. permitir o Presidente da República, durante as sessões legislativas e sem autorização do Congresso Nacional, que forças estrangeiras transitem pelo território do país, ou, por motivo de guerra, nele permaneça temporariamente; [...]* (Brasil, 1950)

A lei ainda tipifica como crime de responsabilidade contra o livre exercício dos direitos políticos, individuais e sociais "incitar militares à desobediência à lei ou infração à disciplina" (Brasil, 1950, art. 7º, 7) e como crime de responsabilidade contra a existência política da União "revelar negócios políticos ou militares, que devam ser mantidos secretos a bem da defesa da segurança externa ou dos interesses da Nação" (Brasil, 1950, art. 5º, 4).

Quadro 4.3 – Competência por prerrogativa de foro ou função de militares da União

Acusados	Competência originária por prerrogativa de função
Ministro da Defesa, comandantes das Forças Armadas e ministros do Superior Tribunal Militar, por crimes comuns e de responsabilidade.	Supremo Tribunal Federal (Constituição, art. 102, I, "c")
Ministro da Defesa e comandantes das Forças Armadas por crimes de responsabilidade conexos aos praticados pelo Presidente da República como comandante supremo das Forças Armadas.	Senado (Constituição, art. 52, II, e parágrafo único).
Ministro da Defesa e comandantes das Forças Armadas em *habeas corpus*, *habeas data* e mandado de segurança.	Superior Tribunal de Justiça (Constituição, art. 104, I, "b" e "c")
Oficiais-generais	Superior Tribunal Militar (Lei 8.457/1992, art. 6º, I)
Demais oficiais	Conselho Especial de Justiça (Lei 8.457/1992, art. 27, I)
Praças, praças especiais e civis.	Conselho Permanente de Justiça (Lei 8.457/1992, art. 27, II)

A Constituição dos estados pode estabelecer prerrogativas de foro para o Tribunal de Justiça Militar (Minas Gerais, Rio Grande de Sul e São Paulo) ou o Tribunal de Justiça comum nas demais unidades da Federação, de acordo com a patente dos oficiais das polícias e bombeiros militares.

A Constituição de Minas Gerais prevê a competência originária do Tribunal de Justiça comum e não do Tribunal de Justiça Militar para processar e julgar os juízes do Tribunal de Justiça Militar, o Comandante-Geral da Polícia Militar e o do Corpo de Bombeiros Militar nos crimes comuns e nos de responsabilidade (Minas Gerais, 1989, art. 106, I, "b").

A Constituição de São Paulo também fixa a competência do Tribunal de Justiça comum para processar e julgar os juízes do Tribunal de Justiça Militar e os juízes de direito do juízo militar nas infrações penais comuns e nos crimes de responsabilidade (São Paulo, 1989, art. 74). As ações movidas contra o Comandante-Geral da Polícia Militar por crimes militares são da competência do Tribunal de Justiça Militar (São Paulo, 1989, art. 81, I).

A Constituição do Rio Grande do Sul não apresenta quaisquer disposições relativas à competência para o processo e o julgamento do Comandante-Geral por crime comum ou de responsabilidade. Assim, residualmente recairá no Conselho Especial de Justiça. Nessa linha segue a maioria das cartas estaduais. Porém, em certas circunstâncias, o Comandante-Geral poderá ser julgado por se encontrar em cargo com *status* de secretário de Estado.

Com relação ao Distrito Federal, há uma situação inusitada. A Constituição da República prevê a competência da União para organizar e manter a Polícia Militar e o Corpo de Bombeiros Militar (Brasil, 1988, art. 21, XIV, com redação determinada pela Emenda Constitucional n. 104/2019). Por outro lado, embora se trate de órgão federal, a Lei Orgânica do Distrito Federal estabelece que cabe ao governador "exercer o comando superior da Polícia Militar e do Corpo de Bombeiros Militar do Distrito Federal, e promover seus oficiais" (Distrito Federal, 1993, art. 100, V). Também fixa os crimes de responsabilidade a que estão sujeitos os comandantes da Polícia Militar e do Corpo de Bombeiros Militar*. Como os policiais e bombeiros militares do Distrito Federal são servidores da União, o Supremo Tribunal Federal, em controle de constitucionalidade, declarou a inconstitucionalidade dos demais dispositivos da Lei Orgânica do Distrito Federal que fixavam a autonomia da Polícia e do Corpo de Bombeiros Militares e os direitos e deveres dos militares (Brasil, 2009g). A Lei de Organização Judiciária do Distrito Federal e dos Territórios prevê apenas a competência do Tribunal de Justiça para originariamente processar e julgar as representações por indignidade para o oficialato (Brasil, 2008b, art. 8º, I, "m"). Consequentemente, os comandantes distritais não têm prerrogativa de foro por ausência de previsão na Constituição da República, na Lei Orgânica

---

* Lei Orgânica do Distrito Federal: "Art. 101-A. São crimes de responsabilidade os atos dos Secretários de Estado do Distrito Federal, dos dirigentes e servidores da administração pública direta e indireta, do Procurador-Geral, dos comandantes da Polícia Militar e do Corpo de Bombeiros Militar e do Diretor-Geral da Polícia Civil que atentarem contra a Constituição Federal, esta Lei Orgânica e, especialmente, contra: I – a existência da União e do Distrito Federal; II – o livre exercício dos Poderes Executivo e Legislativo e das outras autoridades constituídas; III – o exercício dos direitos políticos, individuais e sociais; IV – a segurança interna do País e do Distrito Federal; V – a probidade na administração; VI – a lei orçamentária; VII – o cumprimento das leis e decisões judiciais. § 1º A recusa em atender a convocação da Câmara Legislativa ou de qualquer das suas comissões constitui igualmente crime de responsabilidade. [...]" (Distrito Federal, 1993).

do Distrito Federal ou na Lei de Organização Judiciária do Distrito Federal e dos Territórios e devem ser julgados pelos Conselhos Especiais de Justiça (Brasil, 2008b).

4.3.3 Desaforamento

O desaforamento ocorre quando o Superior Tribunal Militar ou o Tribunal de Justiça Militar determina a mudança de uma auditoria militar (foro natural) prevista no julgamento para uma outra, que seja preferencialmente próxima, onde não existam os motivos que determinaram tal alteração.

No Código de Processo Penal comum, o desaforamento poderá ser fundamentado no interesse da ordem pública se a imparcialidade do júri tiver sido duvidosa ou se houver a necessidade de resguardar a segurança do réu (Brasil, 1941b, art. 427).

O Código de Processo Penal Militar prevê:

> *Art. 109. O desaforamento do processo poderá ocorrer:*
> *a) no interesse da ordem pública, da Justiça ou da disciplina militar;*
> *b) em benefício da segurança pessoal do acusado;*
> *c) pela impossibilidade de se constituir o Conselho de Justiça ou quando a dificuldade de constituí-lo ou mantê-lo retarde demasiadamente o curso do processo.*
> (Brasil, 1969b)

Nesse instituto, o Superior Tribunal Militar já reconhece a plausibilidade do desaforamento em situação na qual a auditoria tenha justificado a impossibilidade de formação do Conselho Especial de Justiça em razão do número insuficiente de oficiais superiores aos réus para compor esse colegiado (Brasil, 2018i).

O Superior Tribunal Militar também apresentou o seguinte precedente:

> *A alteração trazida à Lei 8.457/92 – LOJM (Lei de Organização Judiciária Militar) – pela Lei 13.774/2018 – não autoriza, em caráter monocrático, o processo e o julgamento pelo juiz federal da Justiça Militar de agente a quem é imputada a prática de crime militar quando, à época dos fatos, já ostentava a condição de oficial da reserva não remunerada. As circunstâncias, de caráter pessoal, distinguem-no do civil "puro". O oficial da reserva das Forças Armadas (remunerada ou não) mantém, em igual patamar àquele do serviço ativo, no que concerne aos parâmetros definidores de competência em sede processual militar, via de regra, as prerrogativas e as obrigações inerentes ao oficialato, sendo detentor de carta patente. A jurisdição do Conselho Especial de Justiça, na Justiça Militar União, consolida o princípio do juiz natural, na hipótese. Compete ao Juiz Presidente e aos pares (oficiais de posto mais elevado ao do acusado), assumida a função de juiz militar, a apreciação de fatos que, em tese, profanaram os valores, a ética, a austeridade e o decoro exigíveis do oficialato. (Brasil, 2019l)*

O desaforamento será requerido perante o Superior Tribunal Militar:
- » pelo Ministro da Defesa ou pelos comandantes da Marinha, do Exército, da Aeronáutica, de Região Militar, Distrito Naval ou Zona Aérea, ou por autoridades que lhe forem superiores;
- » pelos Conselhos de Justiça ou pelo juiz federal da Justiça Militar; ou
- » mediante representação do Ministério Público ou do acusado (Brasil, 1969b, art. 109, § 1º).

Em nosso entendimento, nos estados e no Distrito Federal, por simetria, o desaforamento deverá ser requerido perante o Tribunal de Justiça Militar ou comum, pelo Secretário de Segurança Pública, pelo Comandante-Geral da Polícia Militar, pelos conselhos de justiça ou pelo juiz de direito do juízo militar.

O pedido deverá ser sempre fundamentado, e o procurador-geral militar deverá ser sempre ouvido quando não for o proponente do pedido de desaforamento (Brasil, 1969b, art. 104, § 2º). Nos casos de requisição pelos conselhos, pelo magistrado, por representação do Ministério Público ou pelo réu, o Superior Tribunal Militar ou o Tribunal de Justiça Militar ou comum deverá ouvir comandantes ou autoridades que lhe forem superiores (Brasil, 1969b, art. 104, § 3º). O Tribunal, se deferir o requerimento, designará a auditoria onde tramitará a ação penal e, no caso de indeferimento, o pedido poderá ser renovado se estiver presente um motivo superveniente devidamente fundamentado (Brasil, 1969b, art. 104, §§ 4º e 5º).

4.3.4 Foro do lugar da infração

Quando o delito militar for praticado no Brasil, a competência será determinada pelo lugar do cometimento da infração. Em caso de tentativa, considera-se praticado o delito no lugar do último ato de execução (Brasil, 1969b, art. 88).

O Código Penal Militar adotou um sistema misto que inclui a teoria da atividade e a teoria da ubiquidade em relação ao local do cometimento do crime militar, conforme pode ser verificado no Quadro 4.4.

Quadro 4.4 – Teorias relativas ao lugar da ação ou da omissão

Modalidade	Código Penal (art. 6º)	Código Penal Militar (art. 6º)
Ação (teoria da ubiquidade)	Local da ação ou onde ocorreu ou deveria produzir o resultado	Local da ação ou onde ocorreu ou deveria produzir o resultado
Omissão (teoria da atividade)		Lugar onde deveria realizar-se a ação omitida

Quando um crime militar for cometido a bordo de navio ou embarcação sob o comando militar ou militarmente ocupado, a competência para o processo e o julgamento da ação penal militar será da auditoria da circunscrição do porto nacional, dos lagos ou rios fronteiriços do cometimento do delito. A competência será da Primeira Auditoria da Marinha, no Rio de Janeiro, se a infração for praticada em águas territoriais brasileiras (Brasil, 1969b, art. 89).

Para o Superior Tribunal Militar,

> *Competência. Artigo 89, do Código de Processo Penal Militar. Navio de guerra que se encontra em zona econômica exclusiva, dentro de 100 milhas da costa, quando da ocorrência de evento delituoso. Competência para processar e julgar o agente é de uma das auditorias de marinha da Primeira Circunscrição Judiciária Militar.* (Brasil, 1989c)

A competência para o processo e o julgamento de infrações cometidas a bordo de aeronave militar ou militarmente ocupada no espaço aéreo nacional é da auditoria da circunscrição do pouso após a prática do delito. A competência será da auditoria da decolagem se a aterrissagem ocorrer em lugar remoto ou se as diligências se tornarem difíceis ou onerosas.

Por fim, a competência será da auditoria mais próxima da decolagem se na circunscrição houver duas ou mais auditorias e se tanto o local da decolagem quanto o da aterrissagem ocorrerem em locais remotos ou de difíceis ou onerosas instruções (Brasil, 1969b, art. 90).

O processo e o julgamento dos delitos militares fora do território nacional são da competência da Décima Primeira Circunscrição (Distrito Federal) (Brasil, 1969b, art. 91). Se os crimes forem praticados parcialmente no território brasileiro com a execução iniciada no exterior e consumada no Brasil, a competência será da auditoria de onde o resultado foi produzido ou devia produzir. No entanto, se a execução for iniciada no Brasil e consumada no exterior, a competência será da auditoria do último ato praticado ou da execução (Brasil, 1969b, art. 92). Pela extraterritorialidade incondicionada*, o Código Penal Militar brasileiro é aplicado fora do território nacional, mesmo que o réu esteja respondendo na Justiça estrangeira ou por ela tenha sido julgado. Nesse caso, haverá a detração da pena, ou seja, se a sanção aplicada no Brasil for superior à imposta pela Justiça de outro país, o tempo cumprido será descontado do período a cumprir no Brasil (Brasil, 1969a, arts. 7º e 8º).

O juiz federal da Justiça Militar da Segunda Auditoria da Décima Primeira Circunscrição Judiciária Militar (Distrito Federal) recebeu a denúncia oferecida pelo Ministério Público Militar contra um militar da Força Aérea Brasileira pela prática do crime de tráfico internacional de entorpecentes. O segundo-sargento da comitiva presidencial foi preso em

---

* A extraterritorialidade incondicionada consiste na situação em que o acusado da prática de crime militar no exterior será novamente julgado no Brasil, independentemente do julgamento efetuado no estrangeiro.

flagrante na Espanha depois de desembarcar da aeronave da Presidência da República portando trinta e nove quilos de cocaína pura, avaliada pela perícia em 1,4 milhão de euros, o que equivalia, no câmbio de julho de 2019, a aproximadamente 6,5 milhões de reais. Segundo a denúncia, o tráfico internacional de drogas não está tipificado no Código Penal Militar, mas a conduta se configura na hipótese de delito de natureza militar por extensão praticado nas circunstâncias previstas pelo art. 9º, II, "e", do Código Penal Militar, com redação dada pela Lei n. 13.491/2017 (Brasil, 2020, em trâmite e sem julgamento). Na Justiça da Espanha, em Sevilla, o sargento aceitou a uma pena de seis anos de prisão e de pagamento de multa de dois milhões de euros, o que equivale a nove e meio milhões de reais (Martín-Arroyo, 2020).

4.3.5 Domicílio ou residência do réu

A competência pelo foro da residência ou do domicílio do acusado apenas será fixada se for desconhecido o lugar onde ocorreu a infração (Brasil, 1969b, art. 93).

O Código Civil define que "o domicílio da pessoa natural é o lugar onde ela estabelece a sua residência com ânimo definitivo" (Brasil, 2002d, art. 70). Também determina que, em caso de duas ou mais residências, poderá ser considerada qualquer uma delas como domicílio (art. 71). Se o acusado não tiver uma residência habitual, será considerado como domicílio o lugar onde for encontrado (art. 73). A mudança de domicílio ocorre com a transferência manifestamente intencional de mudança de residência (art. 74).

O Superior Tribunal Militar, em julgado, fixou o juízo da provável ocorrência do delito de falsificação de documento, apesar de se ter identificado o município em que ocorreu o uso do documento falso, por considerar que "não sendo possível definir o *locus delicti*, a competência regular-se-á pelo domicílio do indiciado" (Brasil, 2008c).

4.3.6 Prevenção

O foro será fixado pela prevenção quando houver a concorrência da competência entre duas ou mais auditorias e recairá naquela em que o magistrado ou o Conselho tiver precedido, antes ou depois do oferecimento da denúncia, na prática de algum ato ou medida no processo (Brasil, 1969b, art. 94). A prevenção será fixada quando o delito for cometido na fronteira entre as circunscrições ou se os limites territoriais das jurisdições forem incertos (Brasil, 1969b, art. 95, "a" e "b"). Ainda se evidencia em crime permanente* ou continuado** cuja conduta tenha se estendido entre duas ou mais circunscrições (Brasil, 1969b, art. 95, "c").

---

* Crime permanente é aquele cuja ocorrência se protrai no tempo. O Código de Processo Penal Militar define que "nas infrações permanentes, considera-se o agente em flagrante delito enquanto não cessar a permanência" (Brasil, 1969b, art. 244, parágrafo único). Assim, trata-se da deserção em que a conduta tem início após oito dias da ausência sem licença do militar da unidade em que presta serviço ou deva permanecer (Brasil, 1969a, art. 187) e termina com a apresentação, prisão ou "quando o desertor atinge a idade de quarenta e cinco anos, e, se oficial, a de sessenta" (Brasil, 1969a, art. 132).

** Crime continuado ocorre "quando o agente, mediante mais de uma ação ou omissão, pratica dois ou mais crimes da mesma espécie e, pelas condições de tempo, lugar, maneira de execução e outras semelhantes, devem os subsequentes ser considerados como continuação do primeiro" (Brasil, 1969a, art. 80).

Esta última situação pode ser exemplificada com a seguinte decisão do Superior Tribunal Militar:

> *Recurso Inominado. Exceção de incompetência. Venda de provas e de gabaritos. Violação do dever funcional com o fim de lucro. Conexão. O delito, em tese, praticado pelo Recorrente (venda de provas e gabaritos do Concurso para o Curso de Formação de Sargento do Exército) tem ligação com as vendas de provas e gabaritos realizadas, em tese, no Rio de Janeiro, Minas Gerais e São Paulo, por outros denunciados. Aplicado a regra da conexão, o juízo competente é o do lugar onde ocorreu o maior número de infrações. No caso, sendo o maior número de ações típicas ocorrido no Rio de Janeiro, recai na 4ª Auditoria da 1ª Circunscrição Judiciária Militar a competência para apreciar o feito. Recurso improvido. Decisão unânime.* (Brasil, 2003i)

Por fim, a competência pela prevenção pode ocorrer quando o acusado não tiver residência fixa ou residir em mais de uma, ou a infração tiver sido praticada por corréus com residências distintas* (Brasil, 1969b, art. 95, "d").

4.3.7 Sede do lugar de serviço

A competência pela sede do local de serviço ocorre quando não é possível determinar o local da infração e pode recair na unidade, serviço, navio, força ou órgão onde estiver lotado ou prestando serviço. O foro é válido tanto para o militar ou assemelhado quanto para servidor lotado em organização militar (Brasil, 1969b, art. 96).

---

* Código Civil: "Art. 71. Se, porém, a pessoa natural tiver diversas residências, onde, alternadamente, viva, considerar-se-á domicílio seu qualquer delas" (Brasil, 2002d).

O Código Civil prevê:

> *Art. 72. É também domicílio da pessoa natural, quanto às relações concernentes à profissão, o lugar onde esta é exercida.*
>
> *Parágrafo único. Se a pessoa exercitar profissão em lugares diversos, cada um deles constituirá domicílio para as relações que lhe corresponderem.* (Brasil, 2002d)

Por fim, o Código Civil estabelece que o militar tem domicílio necessário (obrigatório) no lugar onde servir ou na sede do comando de subordinação no caso de integrar a Marinha ou a Aeronáutica (Brasil, 2002d, art. 76).

No entanto, as normas de domicílio do Código Civil são aplicáveis às relações contratuais e judiciais e apenas subsidiariamente ao Código de Processo Penal Militar.

4.3.8 Especialização das auditorias

Quando a demanda de ações é muito grande, a competência das auditorias é dividida na circunscrição para o processo e o julgamento dos crimes praticados pelos militares do Exército, da Marinha e da Aeronáutica.

No âmbito do Poder Judiciário Militar da União, a Primeira Circunscrição, com sede no Rio de Janeiro, tem quatro auditorias; a Terceira tem três, com sedes em Porto Alegre, Bagé e Santa Maria; por fim, a Segunda, em São Paulo (capital), e a Décima Primeira, em Brasília, têm duas auditorias militares cada uma (Brasil, 1992d, art. 11, § 2°).

4.3.9 Distribuição

A distribuição será estabelecida quando houver duas ou mais auditorias com a mesma competência na circunscrição e não tiver ocorrido a prevenção, ou seja, quando nenhum magistrado tiver despachado na ação ou medida judicial (Brasil, 1969b, art. 98). Ocorrerá também em grau de recursos entre os relatores do Superior Tribunal Militar ou do Tribunal de Justiça Militar ou comum. Nesse caso, logo após a distribuição, os autos subirão conclusos ao procurador-geral e, depois, ao relator e ao revisor (Brasil, 1969b, art. 535).

No recurso de reclamação, a distribuição será para o relator do processo principal e, quando não estiver em exercício, a competência será distribuída por sorteio (Brasil, 1969b, art. 586).

4.3.10 Disposições especiais do Código de Processo Penal Militar

O Código de Processo Penal Militar, em disposição especial, na exceção contida no art. 82, prevê que "o foro militar é especial, e, exceto nos crimes dolosos contra a vida praticados contra civil, a ele estão sujeitos, em tempo de paz" (Brasil, 1969b).

Isso ocorre porque, entre as pessoas sujeitas ao foro militar, nos crimes definidos em lei contra as instituições militares, figuram:

> *a) os militares em situação de atividade e os assemelhados na mesma situação;*
>
> *b) os militares da reserva, quando convocados para o serviço ativo;*

c) *os reservistas, quando convocados e mobilizados, em manobras, ou no desempenho de funções militares;*

d) *os oficiais e praças das Polícias e Corpos de Bombeiros, Militares, quando incorporados às Fôrças Armadas;* (Brasil, 1969b, art. 82, I)

O Código também prevê que:

nos crimes funcionais contra a administração militar ou contra a administração da Justiça Militar, os auditores, os membros do Ministério Público, os advogados de ofício e os funcionários da Justiça Militar. (Brasil, 1969b, art. 82, II)

Para o Superior Tribunal Militar,

1. A competência do júri quando a vítima for civil faz referência às justiças militares dos estados, e não à justiça militar da União. 2. A Lei Complementar nº 97/1999, alterada pela Lei Complementar nº 136/2010, modificou a "organização, preparo e emprego" das Forças Armadas, estendendo o caráter de atividade militar para fins de aplicação do artigo 124 da Constituição Federal, que trata da competência da Justiça Militar da União, considerando crime militar os possíveis delitos ocorridos no cumprimento de atividades subsidiárias. (Brasil, 2016d)

Por fim, outra exceção é a regra que autoriza a realização da oitiva de testemunhas que residem fora do juízo processante pelo juiz ou conselho do lugar de sua residência (Brasil, 1969b, art. 359). Nesse caso, será expedida carta precatória ao juiz criminal da auditoria de residência ou ao juiz de direito da comarca onde não houver (Brasil, 1969b, art. 360).

4.4 Prisões provisórias

O Código Penal Militar estabelece como modalidades de prisão provisória a prisão em flagrante, a prisão temporária e a prisão provisória. As decisões relativas ao relaxamento dessas prisões têm prazos próprios previstos no Código de Processo Penal Militar, como será visto nos próximos tópicos.

4.4.1 Prisão em flagrante delito e decisão fundamentada

A Constituição da República prevê que "ninguém será preso senão em flagrante delito ou por ordem escrita e fundamentada de autoridade judiciária competente, salvo nos casos de transgressão militar ou crime propriamente militar, definidos em lei" (Brasil, 1988, art. 5º, LXI).

Assim, a detenção ou prisão efetivada por autoridade militar em decorrência da prática de crimes propriamente militares ou infração disciplinar militar prescinde do flagrante delito ou de ordem judicial. Contudo, a prisão deve ser imediatamente comunicada à autoridade judicial militar competente (Brasil, 1969b, art. 18).

Para o Superior Tribunal Militar,

> *A Constituição da República preconiza o tratamento diferenciado que deve ser dispensado aos agentes de crimes militares, sobretudo nos seus artigos 122, 123 e 124, ao consagrar uma Justiça Militar própria para julgá-los, de acordo com uma codificação processual e material especialmente orientada para tutelar bens jurídicos próprios da Caserna; e, com iguais traços de especialidade, dispõe*

no seu artigo 5º, LXI, que *"ninguém será preso senão em flagrante delito ou por ordem escrita e fundamentada de autoridade judiciária competente, salvo nos casos de transgressão militar ou crime propriamente militar, definidos em lei"* (sem grifo no original). Na esteira natural dessa excepcionalidade, o Código de Processo Penal Militar estabelece regramento particularmente orientado para o rito da Deserção, tendo em conta não só as suas elementares tipificadoras, como também a sua objetividade jurídica. (Brasil, 2015e)

Qualquer cidadão tem a faculdade e os militares têm a obrigação de dar voz e prender quem estiver em flagrante delito no crime de insubmissão ou deserção (Brasil, 1969b, art. 243). Trata-se de crimes permanentes, e os insubmissos ou desertores continuam em estado de flagrância enquanto não forem incorporados ou não ocorrer a prescrição das penas (Brasil, 1969b, art. 244, parágrafo único).

Nos crimes instantâneos, o flagrante do delito ocorre enquanto o agente "está cometendo o crime"; "acaba de cometê-lo"; "é perseguido logo após o fato delituoso em situação que faça acreditar ser ele o seu autor"; ou "é encontrado, logo depois, com instrumentos, objetos, material ou papéis que façam presumir a sua participação no fato delituoso" (Brasil, 1969b, art. 244, "a" a "d").

O detido deve ser apresentado ao comandante; ao oficial de dia, de serviço ou de quarto; ao comandante; ou à autoridade judiciária. Na lavratura do ato de prisão em flagrante, assinado por todos, devem ser ouvidos o condutor e as testemunhas, e o indiciado deve ser inquirido sobre os fatos que lhe foram imputados e as circunstâncias (Brasil, 1969b, art. 245, *caput*). A ausência de testemunhas não impede a lavratura do auto, bastando a assinatura de duas pessoas que acompanharam a apresentação (Brasil, 1969b, art. 244, § 2º). Em se tratando de adolescentes, o inimputável precisa ser apresentado imediatamente ao juizado da infância e da juventude competente (Brasil, 1969b, art. 244, § 1º).

A autoridade determinará o recolhimento à prisão se as suspeitas forem fundadas. Nesse caso, serão realizados o imediato exame de corpo de delito, a busca e apreensão dos instrumentos do delito e as diligências necessárias para esclarecimento dos fatos. (Brasil, 1969b, art. 246). O detido receberá um documento denominado de *nota de culpa*, assinada pela autoridade, com o motivo da prisão, o nome do condutor e os das testemunhas, e passará recibo (Brasil, 1969b, art. 247, *caput* e § 1º).

O Código de Processo Penal Militar prevê ainda:

Remessa do auto de flagrante ao juiz

Art. 251. O auto de prisão em flagrante deve ser remetido imediatamente ao juiz competente, se não tiver sido lavrado por autoridade judiciária; e, no máximo, dentro em cinco dias, se depender de diligência prevista no art. 246.

Passagem do preso à disposição do juiz

Parágrafo único. Lavrado o auto de flagrante delito, o preso passará imediatamente à disposição da autoridade judiciária competente para conhecer do processo.
(Brasil, 1969b)

Se a autoridade judiciária ou militar não identificar as hipóteses que autorizam o flagrante, se constatar a ausência de materialidade ou se houver dúvidas quanto à autoria, poderá decretar o relaxamento da prisão. Caso verifique que a conduta está tipificada na legislação penal comum, encaminhará o preso à autoridade judiciária civil competente (Brasil, 1969b art. 247, *caput* e § 2º).

Para o Superior Tribunal Militar,

> A prisão [...] para conformar-se à ordem constitucional deve estar amparada por suporte fático justificado no caso concreto. A eficiência do Estado-Juiz ao motivar decisão judicial revela-se condição sine qua non para a legitimidade e perpetuação da constrição, o que não ocorreu na hipótese vertente. (Brasil, 2018j)

A autoridade judicial poderá conceder a liberdade provisória ao indiciado quando for constatada a materialidade do fato e quando houver indicativos de que o autor praticou o delito acobertado por excludentes de antijuridicidade* ou pelas exculpantes de erro de direito, coação irresistível, obediência hierárquica, estado de necessidade como excludente de culpabilidade ou coação física ou material (Brasil, 1969b, art. 253; Brasil, 1969a, arts. 35, 38, 39, 40 e 42).

Em síntese, no relaxamento da prisão, a autoridade judiciária concede a liberdade no caso de o fato praticado não estar tipificado como crime (ausência de materialidade) ou quando há indícios de que o indiciado não é o autor do delito. No caso da liberdade provisória, o fato típico ocorreu (materialidade) e o indiciado é o suposto autor, mas há evidências de que cometeu o crime movido pelas causas de antijuridicidade ou algumas excludentes de culpabilidade.

---

* Código Penal Militar: "Art. 42. Não há crime quando o agente pratica o fato: I – em estado de necessidade; II – em legítima defesa; III – em estrito cumprimento do dever legal; IV – em exercício regular de direito. Parágrafo único. Não há igualmente crime quando o comandante de navio, aeronave ou praça de guerra, na iminência de perigo ou grave calamidade, compele os subalternos, por meios violentos, a executar serviços e manobras urgentes, para salvar a unidade ou vidas, ou evitar o desânimo, o terror, a desordem, a rendição, a revolta ou o saque" (Brasil, 1969a).

O segundo ponto é que a Constituição não exige a ordem escrita e fundamentada de autoridade judicial para crimes propriamente ou infrações disciplinares militares. Entretanto, essa detenção apenas poderá ser realizada por outro militar de posto, graduação ou antiguidade superior ao do detido (Brasil, 1969b, art. 223);

Para o Superior Tribunal Militar,

> *Configurado o reconhecimento do legislador constitucional pela índole especial da jurisdição militar ao estabelecer, no inciso LXI, parte final, do artigo 5º, da referida Carta Política, a possibilidade de prisão no caso de crime propriamente militar definido em lei, independentemente de ordem judicial.* (Brasil, 2003e)

A expressão *propriamente* empregada na Constituição não permite identificar quais são os crimes militares atingidos (Brasil, 1969a, art. 9º).

Essa análise foi realizada no Capítulo 3, no qual foram adotados os conceitos de:

» crimes propriamente ou puramente militares como aqueles em que somente o militar pode figurar como sujeito ativo;
» crimes tipicamente militares como aqueles que não apresentam similar previsão na lei penal comum e que têm civis no polo ativo; e
» crimes impropriamente ou acidentalmente militares.

A Constituição estabelece no capítulo da segurança pública que "às polícias civis, dirigidas por delegados de polícia de carreira, incumbem, ressalvada a competência da União, as funções de polícia judiciária e a apuração de infrações penais, exceto as militares" (Brasil, 1988, art. 144, § 4º).

Neste ponto, o Estatuto dos Militares – Lei n. 6.880, de 9 de dezembro de 1980 – prevê:

Art. 74. *Somente em caso de flagrante delito o militar poderá ser preso por autoridade policial, ficando esta obrigada a entregá-lo imediatamente à autoridade militar mais próxima, só podendo retê-lo, na delegacia ou posto policial, durante o tempo necessário à lavratura do flagrante.*

§ 1º Cabe à autoridade militar competente a iniciativa de responsabilizar a autoridade policial que não cumprir ao disposto neste artigo e a que maltratar ou consentir que seja maltratado qualquer preso militar ou não lhe der o tratamento devido ao seu posto ou graduação.

§ 2º Se, durante o processo e julgamento no foro civil, houver perigo de vida para qualquer preso militar, a autoridade militar competente, mediante requisição da autoridade judiciária, mandará guardar os pretórios ou tribunais por força federal. (Brasil, 1980a)

O Código de Processo Penal Militar autoriza a lavratura da prisão em flagrante pela autoridade civil ou pela autoridade militar da organização militar mais próxima sempre que for realizada em lugar não sujeito à administração militar (Brasil, 1969b, art. 250).

4.4.2 Prisão temporária

A prisão temporária pode ser decretada por até trinta dias para a condução do inquérito policial militar, devendo a autoridade judicial ser devidamente comunicada. Esse período pode ser prorrogado por mais vinte dias por requisição fundamentada de comandante da região, do distrito naval ou da zona aérea (Brasil, 1969b, art. 18).

Quadro 4.5 – Prazos de prisão temporária

Código de Processo Penal Militar	Legislação processual comum
Trinta dias, prorrogáveis por mais vinte dias a pedido do comandante da região, distrito naval ou zona aérea (art. 18, *caput*).	Cinco dias, prorrogáveis por mais cinco dias a requerimento do Ministério Público ou da representação da autoridade policial (Lei n. 7.960/1989, art. 2º).
	Trinta dias, prorrogáveis por mais trinta dias a requerimento do Ministério Público ou da representação da autoridade policial (Lei n. 8.072/1990, art. 2º, § 3º).

A autoridade judicial ou o Conselho de Justiça militar pode, de ofício, a requerimento do Ministério Público ou mediante representação do encarregado do inquérito policial militar, decretar prisão preventiva em qualquer fase da investigação ou do processo. A decretação depende, como *fumus boni iuris*, dos indícios de materialidade com a indicação de prova do fato delituoso e indícios suficientes de autoria (Brasil, 1969b, art. 254).

Após a temporária, poderão ser requeridas pelo encarregado do inquérito policial militar a preventiva e a menagem (Brasil, 1969b, art. 18, parágrafo único).

4.4.3 Prisão preventiva

O juiz ou o Conselho, em qualquer fase da ação penal, pode decretar a prisão preventiva, de ofício ou por requerimento do Ministério Público ou da representação do encarregado do inquérito policial militar* (Brasil, 1969b, art. 254).

---

* Código de Processo Penal Militar: "Art. 8º Compete à Polícia judiciária militar: [...] d) representar a autoridades judiciárias militares acerca da prisão preventiva e da insanidade mental do indiciado" (Brasil, 1969b).

No Superior Tribunal Militar ou nos tribunais de justiça militares, tanto em instância originária quanto em grau de recurso, pode ser ordenada pelo relator (Brasil, 1969b, art. 254, parágrafo único, e art. 491, "b").

Os requisitos para a determinação da prisão preventiva, no processo penal militar e comum, são os arrolados no Quadro 4.6.

Quadro 4.6 – Requisitos da prisão preventiva

Requisitos	Prisão preventiva	
	Código de Processo Penal Militar (arts. 254 e 255)	Código de Processo Penal (art. 312)
Fumus boni iuris	Prova do fato delituoso (materialidade)	Prova do fato delituoso (materialidade)
	Indícios suficientes da autoria	Indícios suficientes da autoria
Periculum in mora	Garantia da ordem pública*	Garantia da ordem pública
	Conveniência da instrução criminal	Conveniência da instrução criminal
	Segurança para aplicação da lei penal militar	Segurança para aplicação da lei penal
	Periculosidade do indiciado ou acusado	Garantia da ordem econômica
	Manutenção dos princípios da hierarquia de disciplina	

---

* Para o Superior Tribunal Militar, "para que se coadune com o requisito subjetivo autorizador da prisão preventiva com o fito de garantir a ordem pública, urge a presença de crime gravíssimo ou possível constatação de comprovada intranquilidade no seio da comunidade" (Brasil, 2019j).

Os requisitos para a prisão preventiva devem ser demonstrados e fundamentados na requisição e na decisão que decretar ou denegar a prisão preventiva (Brasil, 1969b, art. 256). Mesmo que estejam presentes os requisitos autorizadores, não poderá ser decretada se, "por qualquer circunstância evidente dos autos, pela profissão, condições de vida ou interesse do indiciado ou acusado, [se] presumir que este não fuja, nem exerça influência em testemunha ou perito, nem impeça ou perturbe, de qualquer modo, a ação da justiça" (Brasil, 1969b, art. 257, *caput*). Para o Superior Tribunal Militar, também não se justifica a manutenção da prisão preventiva se o paciente for primário e de bons antecedentes ou na situação em que, se fosse condenado, não seria preso (Brasil, 2019i). Essa corte reafirma também que

> *Por ocasião da audiência de custódia, denota-se plenamente admissível o questionamento sobre a vida do preso, sua inserção social, emprego e residência, pois, aspectos subjetivos, sopesados pelo magistrado na aferição dos riscos sociais e da necessidade ou não da prisão, são ponderações feitas sobre a pessoa e não detidamente acerca do fato criminoso.* (Brasil, 2019k)

A decisão denegatória nessa situação, a qualquer tempo, poderá ser revogada se supervenientemente essas situações se apresentarem (Brasil, 1969b, art. 257, parágrafo único). Também não poderá ser decretada em nenhuma situação se o juiz, o Conselho ou o relator verificar pelas provas dos autos que o agente possivelmente tenha praticado o delito sob por excludentes de antijuridicidade* ou pelas exculpantes de erro de direito, coação irresistível, obediência hierárquica, estado de necessidade como excludente de culpabilidade ou coação física ou material (Brasil, 1969b, art. 258; Brasil, 1969a, arts. 35, 38, 39, 40 e 42).

Para o Superior Tribunal Militar,

> *O melhor entendimento doutrinário segue a linha de que a prisão cautelar deve estar obrigatoriamente comprometida com a instrumentalização do processo criminal. Trata-se de medida de natureza excepcional, que não pode ser utilizada como cumprimento antecipado de pena, na medida em que o juízo que se faz, para sua decretação, não é de culpabilidade, mas sim de periculosidade. Mostra-se demasiadamente pernicioso ao primado da presunção da inocência fazer qualquer antecipação de análise de mérito em momento embrionário da persecução penal.* (Brasil, 2019h)

A autoridade judiciária, no curso da ação, poderá revogar a prisão preventiva se desaparecerem os motivos para que subsista ou decretá-la novamente se estas causas sobrevierem, mas o Ministério Público deverá ser ouvido em caso de prorrogação (Brasil, 1969b, art. 259).

---

* Código Penal Militar: "Art. 42. Não há crime quando o agente pratica o fato: I – em estado de necessidade; II – em legítima defesa; III – em estrito cumprimento do dever legal; IV – em exercício regular de direito. Parágrafo único. Não há igualmente crime quando o comandante de navio, aeronave ou praça de guerra, na iminência de perigo ou grave calamidade, compele os subalternos, por meios violentos, a executar serviços e manobras urgentes, para salvar a unidade ou vidas, ou evitar o desânimo, o terror, a desordem, a rendição, a revolta ou o saque" (Brasil, 1969b).

Caberá recurso em sentido estrito da decisão que decretar, não decretar ou revogar a prisão preventiva (Brasil, 1969b, arts. 491, "b", e 516, "h")

4.5 Julgamento e sentença

O presidente do Conselho de Justiça, no início da sessão de julgamento colegiado, deve ordenar a leitura da denúncia e do eventual aditamento pelo secretário (escrivão), bem como do exame de corpo de delito, das perícias, do interrogatório do réu e de peças solicitadas pelos magistrados, pelo Ministério Público ou pelas partes (Brasil, 1969b, art. 432).

Quadro 4.7 – Ordem de preferência de julgamento

Ordem de preferência	
Código de Processo Penal Militar (art. 384)	**Código de Processo Penal (art. 429 – Júri)**
Acusados presos	Acusados presos
Acusados com mais tempo de prisão	Acusados com mais tempo de prisão
Os de prioridade de processo entre os soltos e os revéis	Os pronunciados há mais tempo

Em seguida, deve ser dada a palavra para a sustentação das alegações, nesta ordem, ao procurador ou promotor militar, ao assistente da acusação e ao defensor ou defensores. Cada parte terá o tempo de três horas com direito a uma hora de réplica e tréplica, tempo reduzido pela metade aos assistentes* (Brasil, 1969b, art. 433, *caput*, §§ 1º a 3º).

O Código de Processo Penal Militar prevê que o Conselho de Justiça deve deliberar em sessão secreta, momento em que os juízes militares recebem do juiz federal da Justiça Militar ou do juiz de direito do juízo militar esclarecimentos sobre as questões de direito relacionadas ao fato *sub judice* (Brasil, 1969b, art. 434). Essa sessão não poderá ser interrompida por causas estranhas ao processo, salvo se ocorrer a moléstia de algum magistrado, quando então haverá a designação de nova data (Brasil, 1969b, art. 436).

A previsão de sessões secretas conflita com a Constituição no seguinte dispositivo:

Art. 93. [...]

IX – todos os julgamentos dos órgãos do Poder Judiciário serão públicos, e fundamentadas todas as decisões, sob

---

* Código de Processo Penal Militar: "Art. 433. [...] § 4º O advogado que tiver a seu cargo a defesa de mais de um acusado terá direito a mais uma hora, além do tempo previsto no § 1º, se fizer a defesa de todos em conjunto, com alteração, neste caso, da ordem prevista no preâmbulo do artigo. Acusados excedentes a dez. § 5º Se os acusados excederem a dez, cada advogado terá direito a uma hora para a defesa de cada um dos seus constituintes, pela ordem da respectiva autuação, se não usar da faculdade prevista no parágrafo anterior. Não poderá, entretanto, exceder a seis horas o tempo total, que o presidente do Conselho de Justiça marcará, e o advogado distribuirá, como entender, para a defesa de todos os seus constituintes. Uso da tribuna. § 6º O procurador, o assistente ou seu procurador, o advogado e o curador desenvolverão a acusação ou a defesa, da tribuna para êsse fim destinada, na ordem que lhes tocar. Disciplina dos debates. § 7º A linguagem dos debates obedecerá às normas do art. 429, podendo o presidente do Conselho de Justiça, após a segunda advertência, cassar a palavra de quem as transgredir, nomeando-lhe substituto *ad hoc*. Permissão de apartes. § 8º Durante os debates poderão ser dados apartes, desde que permitidos por quem esteja na tribuna, e não tumultuem a sessão" (Brasil, 1969b).

pena de nulidade, podendo a lei limitar a presença, em determinados atos, às próprias partes e a seus advogados, ou somente a estes, em casos nos quais a preservação do direito à intimidade do interessado no sigilo não prejudique o interesse público à informação. (Brasil, 1988)

Para o Supremo Tribunal Federal, "embora o Código de Processo Penal Militar preveja a sessão secreta para o julgamento pelo conselho de justiça (art. 434), a nova carta política isso proíbe, mas pode ser limitada a presença as próprias partes e a seus advogados, ou somente a estes (art. 93, IX, da Constituição)" (Brasil, 1989d).

Para o Superior Tribunal Militar,

> *Habeas corpus – impetração embasada no artigo 93, inciso IX, da Constituição, formulada pela Defensoria Pública, objetivando anular julgamento realizado em sessão secreta. Esclarecimentos da autoridade judicante apontada como coatora no sentido de que houve interesse público na realização de sessão secreta de julgamento e que as partes estiveram presentes. Inexistência de lei ordinária regulamentando as disposições constitucionais que excepcionam as possibilidades de sessões secretas de julgamento nos órgãos do poder judiciário. Orientação jurisprudencial da excelsa corte reconhecendo inexistência de nulidade desde que presentes as partes e seus advogados ou somente estes. Necessidade de bom senso dos presidentes dos conselhos de justiça de só realizar julgamento em sessão secreta quando plenamente justificável o interesse público. Conhecido do pedido e denegada a ordem por falta de amparo legal. Unânime.* (Brasil, 1995c)

As sentenças proferidas pelos conselhos de justiça deverão conter:

» o nome e a qualificação do réu, seu posto ou graduação, ou a profissão, se for réu civil;
» o relatório contendo a acusação e a defesa;
» a indicação dos fatos e da motivação que fundamentam a condenação ou a absolvição;
» a referência expressa dos dispositivos legais em que o réu estiver incurso;
» a data e as assinaturas dos juízes que formaram o Conselho de Justiça, iniciando-se pelo presidente e seguindo-se a ordem de hierarquia (Brasil, 1969b, art. 438).

Nas decisões, "se qualquer dos juízes deixar de assinar a sentença, será declarado, pelo auditor, o seu voto, como vencedor ou vencido" (Brasil, 1969b, art. 438, § 1º).

A sentença será redigida pelo juiz presidente do Conselho, mesmo que discorde dos fatos, dos fundamentos ou da conclusão. Nessa situação, tanto o juiz togado quanto os juízes militares, após a assinatura, poderão justificar o voto parcial ou integralmente vencido (Brasil, 1969b, art. 438, § 2º).

No processo penal militar existe uma peculiaridade, que é o voto médio. Este será considerado quando não se puder constituir maioria para a aplicação da pena em razão da diversidade de voto. Nesse caso, será entendido que "o juiz que tiver votado por pena maior, ou mais grave, terá virtualmente votado por pena imediatamente menor ou menos grave" (Brasil, 1969b, art. 435, parágrafo único).

Nesse ponto, reconheceu o Superior Tribunal Militar:

Apelação. Deserção. Dosimetria. Diversidade de votos. Voto médio. Aplicação do art. 435, parágrafo único, do Código de Processo Penal Militar. Prescrição. Extinção da punibilidade. Materialidade, autoria e culpabilidade comprovadas. Crime de deserção caracterizado pelo conjunto probatório composto por confissão e provas documentais, não se vislumbrando os requisitos legais exigidos para caracterizar a excludente de culpabilidade. Inobservância do disposto no art. 435, parágrafo único, do Código de Processo Penal Militar, pelo fato de não haver prevalecido o voto mais favorável ao Condenado, tendo em vista que o mencionado dispositivo tem aplicação nos casos de divergência de votos no julgamento, o que se verificou na hipótese sub examine. Logo, a pena de 6 (seis) meses de detenção é a que prevalece, uma vez que se deve conjugar a maioria da condenação com a maioria da apenação mais branda. Apelo provido. Decisão unânime. Declarada a extinção da punibilidade pela prescrição da pretensão punitiva retroativa à Sentença condenatória. Decisão por maioria. (Brasil, 2015b)

Nas sentenças condenatórias, o Conselho de Sentença deve mencionar os fatos, a autoria e tudo o que deva ser considerado para a fixação proporcional da pena, bem como as circunstâncias agravantes e atenuantes. Além disso, havendo condenação, deve determinar as penas principais e acessórias a serem aplicadas e, se couber, as medidas de segurança (Brasil, 1969b, art. 440).

A absolvição deve ser fundamentada na parte expositiva da sentença e apenas pode ser motivada pela ausência de materialidade, autoria, tipicidade, provas da prática do delito, assim como pela presença de circunstância excludente da ilicitude ou da culpabilidade (Brasil, 1969b, art. 439).

O juiz presidente pode efetuar a leitura do veredito na sessão de julgamento ou intimar o Ministério Público, o réu e seu defensor para proclamar o resultado em audiência pública em oito dias (Brasil, 1969b, art. 443). Caso não tenha sido efetuada na sessão, a intimação da sentença condenatória será realizada ao defensor constituído, público ou dativo, ou ao réu preso de forma pessoal (Brasil, 1969b, art. 445). Para o Código de Processo Penal Militar, "a intimação da sentença condenatória a réu solto ou revel far-se-á após a prisão, e bem assim ao seu defensor ou advogado que nomear por ocasião da intimação, e ao representante do Ministério Público" (Brasil, 1969b, art. 446, *caput*).

A sentença condenatória recorrível terá como efeitos a prisão ou a manutenção do réu na prisão e o lançamento de seu nome no rol dos culpados (Brasil, 1969b, art. 449). A apelação em razão de sentença absolutória terá, em regra, efeito meramente devolutivo, mantendo o réu imediatamente em liberdade. No entanto, terá efeito suspensivo "se a acusação versar sobre crime a que a lei comina pena de reclusão, no máximo, por tempo igual ou superior a vinte anos, e não tiver sido unânime a sentença absolutória" (Brasil, 1969b, art. 532).

4.6 Recursos e execução penal militar

O Código de Processo Penal Militar fixa uma série de recursos à disposição do réu quanto ao Ministério Público Militar e seus procedimentos. Esse diploma prevê recurso em sentido estrito, apelação, embargos infringentes, embargos de declaração, correição parcial, indignidade ou incompatibilidade com o oficialato, recursos inominados, agravo simples e agravo de instrumento.

4.6.1 Recursos: disposições gerais

Nos recursos interpostos contra as sentenças dos conselhos de justiça, são legitimados para recorrer o réu o procurador ou defensor do réu e o Ministério Público (Brasil, 1969b, art. 511, *caput*). A legitimidade do assistente se restringe a arrazoar os recursos interpostos pelo Ministério Público (Brasil, 1969b, art. 65).

Na distribuição dos autos, o relator será ministro civil quando se tratar de ação penal originária, ou seja, quando se tratar de foro por prerrogativa de função e a competência de primeiro grau for do Superior Tribunal Militar. O relator será um ministro militar nos recursos contra sentenças relativas a ações penais que julgarem crimes de insubmissão e de deserção; processos de representação para declaração de indignidade ou incompatibilidade com o oficialato; e os oriundos dos Conselho de Justificação. Se houver a previsão de revisor, este será civil se o relator for militar e vice-versa (Brasil, 2019n, art. 37). Os recursos que exigem revisores são a apelação; os embargos de nulidade e infringentes; a revisão criminal; a representação para declaração de indignidade ou de incompatibilidade com o oficialato; e os decorrentes de Conselho de justificação. Não há previsão de revisor para os recursos em sentido estrito (Brasil, 2019n, art. 13).

O Código de Processo Penal Militar prevê que "não se admitirá, entretanto, recurso da parte que não tiver interesse na reforma ou modificação da decisão" (Brasil, 1969b, art. 511, parágrafo único)*.

---

* Para o Superior Tribunal Militar, "não deve ser conhecida a apelação que se restringe tão somente a retornar matéria relacionada à competência da Justiça Militar da União, já apreciada no Superior Tribunal Militar, em sede de Recurso em Sentido Estrito, deixando de esboçar tese referente ao mérito recursal" (Brasil, 2012a).

Para o Superior Tribunal Militar,

> *Uma vez reconhecida a atipicidade da conduta, com a consequente absolvição do acusado, a consideração do fato como infração disciplinar, tanto pelo juízo a quo quanto por esta Corte, não interfere na discricionariedade da autoridade administrativa militar, a qual caberá o seu enquadramento, apuração e eventual aplicação da pena. Se o réu foi absolvido com base na atipicidade da conduta, nos termos do art. 439, alínea "b", do Código de Processo Penal Militar, resta evidente a falta de interesse do recurso interposto, impedindo o seu conhecimento para excluir, tão somente, a parte que considerou a conduta como infração disciplinar, conforme se extrai da redação do parágrafo único do art. 511 do mesmo Código Processual Castrense. Decisão unânime.* (Brasil, 2009e)

O Código de Processo Penal Militar permite a fungibilidade recursal. Assim, se o recorrente, por dúvida ou erro, interpuser um recurso por outro, se estiver de boa-fé, não será prejudicado, e o juiz militar togado ou o relator do Tribunal mandará processá-lo conforme o rito do recurso cabível (Brasil, 1969b, art. 514).

No entanto, para o Superior Tribunal Militar, não é possível a fungibilidade de correição parcial em recurso e vice-versa (Brasil, 2019n, art. 153):

> *Da decisão, que não decreta prisão preventiva, o recurso cabível é o em sentido estrito, de acordo com o art. 516, h, do Código de Processo Penal Militar. Requerida correição parcial para atacar a decisão, não pode ser aplicado o princípio da fungibilidade em razão da correição parcial não ser recurso.* (Brasil, 2002h)

Os recursos nos tribunais militares admitem também o efeito extensivo quando na sentença atacada se reconhecer o concurso de agentes, mesmo que interposto por apenas um dos réus; a decisão favorável aproveitará todos os corréus, desde que fundamentada em motivos sem caráter exclusivamente pessoais (Brasil, 1969b, art. 515).

Os recursos em espécie previstos no Código de Processo Penal Militar são os arrolados no Quadro 4.8.

Quadro 4.8 – Recursos judiciais militares em espécie

Recurso	Prazo		Efeito	Rito
Recurso em sentido estrito (Código de Processo Penal Militar, arts. 516 a 525)	Três dias	Cinco dias	Devolutivo Suspensivo: competência, extinção da ação penal, concessão do livramento condicional	Recurso em sentido estrito
Apelação (Código de Processo Penal Militar, arts. 526 a 537)	Cinco dias	Dez dias	Suspensivo Devolutivo: medida de segurança, reincidentes e de maus antecedentes e suspensão da pena	Apelação
Embargos infringentes (Código de Processo Penal Militar, arts. 538 a 549)	Cinco dias	Cinco dias	Não previsto	Apelação
Embargos de declaração (Código de Processo Penal Militar, arts. 538 a 549)	Cinco dias	×	Não previsto	

(continua)

(Quadro 4.8 – conclusão)

Recurso	Prazo		Efeito	Rito
Correição parcial (Código de Processo Penal Militar, art. 498)	Cinco dias	×	Não previsto	Recurso em sentido estrito
Incompatibilidade ou indignidade com o oficialato (Lei n. 5.836/1972)	×	×	Não previsto	Revisão
Recursos inominados (Regimento Interno, art. 116, § 3º)	Três dias	Cinco dias	Não previsto	Recurso em sentido estrito
Agravo (Regimento Interno, art. 118)	Cinco dias	×	Devolutivo	Agravo
Agravo de instrumento (Regimento Interno, art. 135)	Cinco dias	×	Devolutivo	Agravo

4.6.2 Recurso em sentido estrito

Os recursos em sentido estrito serão cabíveis das decisões ou sentenças que:

» não reconhecerem a materialidade em razão da inexistência do crime militar em tese;
» indeferirem o requerimento de arquivamento ou de devolução do inquérito policial militar para autoridade militar encarregada;
» absolverem o réu por inimputabilidade*;

---

* Código Penal Militar: Art. 48, *caput*: "não é imputável quem, no momento da ação ou da omissão, não possui a capacidade de entender o caráter ilícito do fato ou de determinar-se de acôrdo com esse entendimento, em virtude de doença mental, de desenvolvimento mental incompleto ou retardado" (Brasil, 1969b).

- » negarem o recebimento da denúncia ou do aditamento;
- » concluírem pela incompetência da Justiça Militar, do juiz federal da Justiça Militar, do juiz de direito do juízo militar ou do Conselho de Justiça;
- » julgarem procedente a exceção que não seja a de suspeição;
- » julgarem improcedentes os exames periciais ou de corpo de delito;
- » decretarem, denegarem ou revogarem a prisão preventiva;
- » concederem ou denegarem a menagem;
- » deferirem ou indeferirem o pedido de reconhecimento ou de outra causa extintiva da punibilidade;
- » concederem, negarem ou revogarem o livramento condicional ou a suspensão condicional da pena;
- » anularem total ou parcialmente a instrução criminal;
- » decidirem acerca das penas unificadas;
- » decretarem ou denegarem a aplicação de medida de segurança; e
- » deixarem de receber a apelação ou outro recurso (Brasil, 1969b, art. 516, *caput*).

Quadro 4.9 – Recurso em sentido estrito

Código de Processo Penal Militar (art. 516)	Código de Processo Penal (art. 581)
Prazo: três dias (art. 518) Razões: cinco dias (art. 519)	Prazo: cinco dias (art. 586) Razões: dois dias (art. 588)
Efeito suspensivo Competência, extinção da ação penal, concessão do livramento condicional	Efeito suspensivo Perda da fiança, concessão de livramento condicional, denegação da apelação ou julgá-la deserta, unificação das penas
Não receber a denúncia ou seu aditamento	Não receber a denúncia ou a queixa
Incompetência da Justiça Militar	Incompetência do juízo

(continua)

(Quadro 4.9 – conclusão)

Código de Processo Penal Militar (art. 516)	Código de Processo Penal (art. 581)
Julgar procedentes as exceções, salvo de suspeição	Julgar procedentes as exceções, salvo de suspeição
Absolvição de inimputável por incapacidade de entender a ilicitude do fato em virtude de doença mental, desenvolvimento mental incompleto ou retardado	Absolvição por excludentes de antijuridicidade
Decretar ou não ou revogar a prisão preventiva	Indeferir ou revogar prisão preventiva
Indeferir o pedido de reconhecimento da prescrição ou de outra causa extintiva da punibilidade	Indeferir o pedido de reconhecimento da prescrição ou de outra causa extintiva da punibilidade
Conceder, negar ou revogar o livramento condicional ou a suspensão condicional da pena	Conceder, negar ou revogar o livramento condicional ou a suspensão condicional da pena
Anular total ou parcialmente o processo da instrução criminal	Anular total ou parcialmente o processo da instrução criminal
Decidir sobre a unificação das penas	Decidir sobre a unificação das penas
Decretar ou não medida de segurança	Agravo em execução (Lei de Execução Penal, art. 175)
Reconhecimento da inexistência do crime militar	Conceder, negar, arbitrar, cassar ou julgar inidônea ou quebrada a fiança ou perdido seu valor
Indeferir o pedido de arquivamento	Conceder liberdade provisória ou relaxar a prisão em flagrante
Julgar improcedentes os exames periciais	Decidir sobre incidente de falsidade
Decretar a prescrição ou julgar, por outro modo, extinta a punibilidade	Ordenar a suspensão do processo em virtude de questão prejudicial
Conceder ou negar a menagem	Conceder ou negar o *habeas corpus*
	Pronúncia e impronúncia

O prazo para interposição é de três dias a partir da intimação da decisão, da publicação ou da leitura em audiência pública (Brasil, 1969b, art. 518). Os recursos terão efeito meramente devolutivo quando interpostos contra decisões que decidirem matérias relativas à competência, extinguirem a ação penal ou concederem o livramento condicional. Nos demais objetos, terão efeitos devolutivo e suspensivo (Brasil, 1969b, art. 516, parágrafo único). Após a publicação do julgamento, os autos baixarão à instância originária para cumprimento (Brasil, 1969b, art. 525).

4.6.3 Apelação

A apelação é admissível, especificamente, contra sentença condenatória ou absolutória e, residualmente, contra decisões em que não seja cabível o recurso em sentido estrito (Brasil, 1969b, art. 526, *caput*). Segundo o Código de Processo Penal Militar, também, "quando cabível a apelação, não poderá ser usado o recurso em sentido estrito, ainda que somente de parte da decisão se recorra" (Brasil, 1969b, art. 526, parágrafo único).

São legitimados para apelar somente o Ministério Público, o réu ou seu defensor (Brasil, 1969b, art. 530).

Os recorrentes absolvidos terão o direito de recorrer em liberdade quando a pena abstrata for inferior a vinte anos, independentemente da unanimidade ou maioria na decisão atacada (Brasil, 1969b, arts. 441, § 1º, e 532). O recorrente que estiver foragido somente poderá apelar se se recolher à prisão, exceto se sua primariedade e os bons antecedentes forem reconhecidos na sentença condenatória; nesse caso, a concessão da liberdade não é uma faculdade do juiz* (Brasil, 1969b, art. 527; Brasil, 1969a, art. 594; Brasil, 1997d, primeira parte). Em se tratando de revel, apenas será aplicável a prisão se a sentença condenatória denegar a apelação em liberdade (Brasil, 1997d, parte final). O recurso será sobrestado se a fuga ocorrer depois de o recorrente ter apelado (Brasil, 1969b, art. 528), diferentemente do observado no Direito Penal comum, que pune os fugitivos com a deserção do recurso (Brasil, 1969b, art. 595).

Os autos terão vista do procurador-geral e depois seguirão ao relator e ao revisor (Brasil, 1969b, art. 535, *caput*). É facultativa a sustentação oral pelo tempo de vinte minutos (Brasil, 1969b, art. 524).

Por fim, se o Tribunal mantiver a condenação, o presidente comunicará imediatamente a decisão ao juízo originário, a fim de que se expeça o mandado de prisão e se proceda a outras medidas cabíveis. Em caso de absolvição, a comunicação será a mais rápida possível ao juízo de origem, para que providencie imediatamente a soltura do absolvido (Brasil, 1969b, art. 536).

4.6.4 Embargos infringentes ou de nulidade

Os embargos infringentes ou de nulidade podem, primeiramente, ser interpostos em razão de acórdãos não unânimes proferidos pelo Superior Tribunal Militar em apelação ou recurso em sentido estrito (Brasil, 2019n, art. 119, I e II). Depois, são cabíveis também em razão de acórdãos unânimes ou por

---

* Nesse sentido, julgou o Superior Tribunal Militar: "a jurisprudência é pacífica no sentido de que, preenchendo o réu os requisitos objetivos da primariedade e de bons antecedentes e, ainda, estando solto na data do julgamento, tem o direito subjetivo de recorrer em liberdade. Não se trata de mera faculdade do juiz. Concedida a ordem para que o paciente possa apelar em liberdade, se por 'al' não estiver preso (Brasil, 1997c).

maioria decididos em processos originários de conselhos de justificação ou de ação penal originária ou representação para declaração de indignidade ou incompatibilidade com o oficialato (Brasil, 2019n, art. 119, III). Os embargos apenas serão admissíveis na parte em que não houve unanimidade, se houver divergência quanto à classificação do crime ou à quantidade ou natureza da pena (Brasil, 1969b, art. 539, parágrafo único). Embora sejam julgamentos colegiados, não é possível a interposição de embargos das sentenças proferidas pelos conselhos de justiça (Brasil, 1969b, art. 538, *caput*, parte final).

A apelação dispõe de um procedimento próprio que prevê o prazo de cinco dias para propositura, impugnação e sustentação, independentemente de intimação (Brasil, 1969b, art. 535, *caput* e § 2º, e art. 547). Na distribuição, será designado um novo relator (Brasil, 1969b, art. 540, § 1º).

4.6.5 Embargos de declaração

Os embargos de declaração são cabíveis para o saneamento de ambiguidade, obscuridade, contraditoriedade ou omissão de acórdão do Superior Tribunal Militar (Brasil, 1969b, art. 542, *caput*; Brasil, 1969a, art. 382).

Devem ser opostos em cinco dias (Brasil, 1969b, art. 535, *caput*) exclusivamente contra acórdãos do Superior Tribunal Militar (Brasil, 1969b, art. 538, parte final). No Código de Processo Penal comum, esse prazo é de dois dias (Brasil, 1941b, art. 382).

4.6.6 Agravo

O agravo terá cabimento contra decisão do relator ou do magistrado que não receber os embargos e o despacho do relator que causar prejuízos ao recorrente (Brasil, 2019n, art. 118).

Tem efeito meramente devolutivo, e o relator poderá reconsiderar o ato denegatório ou submeter o agravo ao plenário com o seu voto computado (Brasil, 2019n, art. 118, § 2°).

O prazo genérico é de cinco dias, e o especial é de três dias quando a causa é o não recebimento dos embargos.

4.6.7 Agravo de instrumento

O agravo de instrumento será cabível contra decisão que não admitir ou não der seguimento a recurso extraordinário para o Supremo Tribunal Federal. O prazo para interposição é de cinco dias (Brasil, 2019n, art. 135).

4.6.8 Recurso de ofício ou remessa necessária

O recurso de ofício ou remessa necessária ocorre quando o Conselho de Justiça é obrigado a submeter a própria decisão à instância superior.

Será cabível, em tempo de paz, quando ocorrer uma decisão de separação facultativa de processos (Brasil, 1969b, art. 106, § 1°) ou o reconhecimento da exceção da coisa julgada levantada pelo réu (Brasil, 1969b, art. 154, parágrafo único).

Em tempo de guerra, será cabível quando houver a rejeição da denúncia (Brasil, 1969b, art. 682), a sentença aplicar a pena privativa de liberdade superior a oito anos ou for proferida sentença absolutória da pena de morte ou que não aplique a pena máxima (Brasil, 1969b, art. 696).

4.6.9 Correição parcial

A correição parcial tem cabimento para o Código de Processo Penal Militar "a requerimento das partes, para o fim de ser corrigido erro ou omissão inescusáveis, abuso ou ato tumultuário, em processo, cometido ou consentido por juiz, desde que, para obviar tais fatos, não haja recurso previsto neste Código" (Brasil, 1969b, art. 498; e Brasil, 2019n, art. 152, I).

O recurso seguirá o procedimento do recurso em sentido estrito, e o relator ouvirá a parte adversa com as razões e a sustentação (Brasil, 2019n, art. 154, § 1º). O prazo é de cinco dias, e a interposição deve ser feita em petição fundamentada (Brasil, 2019n, art. 498, § 2º). Não cabe a fungibilidade da correição que tenha sido indevidamente interposta, e nenhum recurso pode ser convertido em correição parcial (Brasil, 2019n, art. 153).

4.6.10 Execução penal militar

Os militares condenados a mais de dois anos cumprirão a pena em penitenciária militar ou, na sua falta, em penitenciária civil (Brasil, 1969a, art. 61). Se a condenação for menor que dois anos, caberá a suspensão condicional da pena ou a conversão em prisão, a ser cumprida em recinto de estabelecimento militar (pelos oficiais) ou em estabelecimento penal militar (pelas praças), separado dos que cumprem apenas sanção disciplinar e dos condenados a mais de dois anos (Brasil, 1969a, art. 59).

Os civis e os militares que cumprirem as penas em penitenciárias civis terão direitos aos benefícios da lei penal comum (Brasil, 1969a, arts. 61 e 62).

4.6.11 Suspensão condicional da pena

A decisão que conceder a suspensão condicional fixará ao condenado as condições e as regras a serem observadas durante o prazo do benefício. Este terá início a partir da audiência em que o beneficiário tiver tido a ciência da concessão. O beneficiário receberá um documento em que constarão, também, a pena acessória e a consignação das condições de cumprimento e das normas de conduta. O Conselho de Justiça, a qualquer momento, *ex officio* ou a requerimento do Ministério Público, poderá acrescentar outras condições além das especificadas na decisão. A fiscalização do cumprimento das condições ficará sob a responsabilidade da entidade perante a qual o beneficiário deverá comparecer. Este deverá, também, comunicar periodicamente ao juízo executante a ocupação, os salários ou proventos de que vive, as economias que conseguiu realizar e as dificuldades materiais ou sociais. A instituição fiscalizadora deverá informar imediatamente ao juízo ou ao representante do Ministério Público Militar qualquer conduto ou fato com potencial de revogar o benefício, a prorrogação do prazo ou a modificação das condições (Brasil, 1969b, art. 608).

Quadro 4.10 – Causas de suspensão condicional da pena

Suspensão condicional da pena	
Pena (Código de Processo Penal Militar, art. 606)	Dois anos
Período de prova (Código de Processo Penal Militar, art. 606)	Dois a seis anos

(continua)

(Quadro 4.10 – conclusão)

Suspensão condicional da pena	
Pena (Código de Processo Penal Militar, art. 606)	Dois anos
Requisitos (Código de Processo Penal Militar, art. 606; Código de Processo Penal comum, art. 77)	Inexistência de condenação a pena privativa de liberdade
	Antecedentes, personalidade, motivos e circunstâncias
Condições (Código de Processo Penal Militar, art. 608, § 1º, e art. 626; Código de Processo Penal comum, art. 78, §§ 1º e 2º, e art. 59)	Obrigatórias Ocupação lícita, não se ausentar ou mudar sem prévia autorização, não portar armas, não frequentar determinados lugares
	Frequência a cursos profissionalizantes ou de instrução escolar
	Prestação de serviços à comunidade
	Atender encargos de família
	Submeter-se a tratamento médico

A suspensão condicional, em tempo de paz, não é extensiva às penas acessórias; de reforma; à suspensão do exercício do posto, graduação ou função; às medidas de segurança não detentivas (Brasil, 1969b, art. 606, parágrafo único); e às aplicadas a réus estrangeiros (Brasil, 1942, arts. 1º e 2º).

Em tempo de guerra, não são beneficiados os condenados pela prática de crimes de segurança nacional; aliciação e incitamento; violência contra oficial superior, serviço, sentinela, vigia ou plantão; desrespeito a superior; desacato; insubordinação; insubmissão; deserção; desrespeito a símbolo nacional; despojamento desprezível a uniformes, insígnias, condecorações; pederastia; e entorpecentes (Brasil, 1969b, art. 617).

Com relação à revogação da suspensão condicional, para fins didáticos, apresentamos o Quadro 4.11, a seguir.

Quadro 4.11 – Suspensão condicional da pena

	Código de Processo Penal Militar	Código de Processo Penal (art. 86)
Obrigatória (Código de Processo Penal Militar, art. 614, *caput*; Código de Processo Penal comum, art. 81, *caput*)	Condenação irrecorrível a pena privativa de liberdade	
	Não reparação do dano sem justificativa	Não reparação do dano sem justificativa ou frustração, embora solvente, da execução da pena de multa
	Punição disciplinar militar grave	Não cumprimento da prestação de serviços à comunidade ou da limitação do final de semana
Facultativa (Código de Processo Penal Militar, art. 614, § 1º; Código de Processo Penal comum, art. 81, § 1º)	Descumprimento das obrigações da sentença	
	Não observância das penas acessórias	
	Condenação a pena não privativa de liberdade.	Condenação por crime culposo ou contravenção, a pena privativa de liberdade ou restritiva de direitos

As penas acessórias serão comunicadas à autoridade administrativa ou civil e figurarão na folha de antecedentes e no rol dos culpados (Brasil, 1969b, art. 604). Se a suspensão condicional da pena for concedida por instância superior, a audiência poderá ser presidida por um membro do tribunal ou pelo juiz designado pelo acórdão que estabelecerá as condições (Brasil, 1969b, art. 604).

4.6.12 Livramento condicional

O livramento condicional será realizado em data previamente agendada pela autoridade que presidirá a sessão de concessão. A sentença será lida ao beneficiário pela autoridade judiciária. O liberando será cientificado das condições impostas na sentença que concede o livramento e declarará se aceita os termos. A cópia do termo será enviada à auditoria onde tramitou o processo (Brasil, 1969b, art. 639).

Quadro 4.12 – Livramento condicional da pena

	Código de Processo Penal Militar	**Código de Processo Penal**
Requisitos (Código de Processo Penal Militar, art. 618; Código de Processo Penal comum, art. 83)	Livramento etário Cumprimento de um terço da pena. Se for réu primário, de metade da pena	Primário e bons antecedentes: cumprimento mínimo de um terço da pena
	Reincidente ou condenado por revolta, motim, aliciamento, incitamento violência contra superior ou militar. Cumprimento de no mínimo dois terços da pena	Reincidente: metade da pena Crime hediondo: cumprimento mínimo de dois terços da pena
	Reparação do dano	Reparação do dano
	Boa conduta na execução da pena e adaptação ao trabalho	Comportamento satisfatório, bom desempenho no trabalho e aptidão para prover licitamente a própria subsistência
	Condições atinentes à sua personalidade, ao meio social e à sua vida pregressa que permitam supor que não vai mais delinquir	Violência e grave ameaça Condições pessoais que façam presumir que o liberado não voltará a delinquir

(continua)

(Quadro 4.12 – conclusão)

	Código de Processo Penal Militar	Código de Processo Penal
Normas obrigatórias para o cumprimento (Código de Processo Penal Militar, art. 626; Lei de Execução Penal, art. 132, § 1º)	Tomar ocupação em prazo razoável, comunicando periodicamente sua ocupação.	
	Não se ausentar do território do juízo sem prévia autorização	
	Não portar armas	Recolher-se em habitação no horário fixado
	Não frequentar determinados lugares	
	Não mudar de habitação sem aviso à autoridade	
Revogação obrigatória (Código de Processo Penal Militar, art. 631; Código de Processo Penal comum, art. 86)	Condenação a pena privativa de liberdade por crime ou contravenção	Condenação a pena privativa de liberdade por crime cometido anteriormente
Revogação facultativa (Código de Processo Penal Militar, art. 632; Código de Processo Penal comum, art. 86)	Descumprimento das obrigações da sentença	
	Condenação a pena não privativa de liberdade em contravenção	Condenação a pena privativa de liberdade por crime culposo ou contravenção ou restritiva de direitos
	Pena disciplinar militar grave	

O livramento revogado não poderá ser concedido novamente e não se descontará na pena o tempo em que esteve solto o condenado se a revogação for resultante de condenação de infração penal cometida anteriormente à concessão do benefício (Brasil, 1969a, art. 94). Segundo o Código de Processo Penal Militar, "Se o livramento for revogado por motivo de infração penal anterior a sua vigência, computar-se-á no tempo da pena o período em que esteve solto, sendo permitida, para a concessão do novo livramento, a soma do tempo das duas penas" (Brasil, 1969b, art. 633). O liberado estará sujeito ao pagamento de custas e taxas penitenciárias, podendo receber a isenção em caso de insolvência (Brasil, 1969b, art. 628).

4.6.13 Prescrição executória

A prescrição da execução da pena privativa de liberdade ou da medida de segurança será regulada pelo período estabelecido na sentença e será fixada no tempo previsto no art. 125 do Código Penal Militar*. A prescrição corre a partir:

» do trânsito em julgado da sentença condenatória ou da revogação da suspensão condicional da pena;

» do livramento condicional ou da interrupção da execução, exceto se o período da interrupção se computar na pena.

A prescrição da execução terá sua contagem suspensa se o condenado estiver preso por outro motivo e será interrompida pelo começo ou continuação do cumprimento da pena, ou se o acusado for reincidente (Brasil, 1969a, art. 126).

---

* Código Penal Militar: "Art. 125. A prescrição da ação penal, salvo o disposto no § 1º deste artigo, regula-se pelo máximo da pena privativa de liberdade cominada ao crime, verificando-se: I – em trinta anos, se a pena é de morte; II – em vinte anos, se o máximo da pena é superior a doze; III – em dezesseis anos, se o máximo da pena é superior a oito e não excede a doze; IV – em doze anos, se o máximo da pena é superior a quatro e não excede a oito; V – em oito anos, se o máximo da pena é superior a dois e não excede a quatro; VI – em quatro anos, se o máximo da pena é igual a um ano ou, sendo superior, não excede a dois; VII – em dois anos, se o máximo da pena é inferior a um ano" (Brasil, 1969a).

Síntese

Os integrantes das Forças Armadas e das polícias e bombeiros militares que cometem atos ilícitos tipificados no Código Penal Militar estão sujeitos a processo e julgamento pela Justiça Militar da União ou dos estados, conforme o caso.

Os órgãos competentes para o processo e o julgamento estão previstos na Constituição e na Lei de Organização Judiciária da União e dos estados, e o foro está previsto no Código de Processo Penal Militar.

Os mecanismos de defesa estão previstos no Código de Processo Penal Militar, que também contempla as formas de execução penal e os benefícios da liberdade condicional, a suspensão da pena e o livramento condicional.

As sentenças devem observar o princípio da proporcionalidade da pena, fazendo a aplicação e a dosimetria justa da pena, bem como assegurar o segundo grau de jurisdição.

A execução penal militar deve estabelecer meios de reintegração dos condenados à vida civil e afastar aqueles sentenciados por crimes graves da carreira militar pelas ações de indignidade e incompatibilidade com o oficialato.

Questões para revisão

1) Com relação à ação penal na Justiça Militar, considere os seguintes itens:
   I. Ação penal pública incondicionada.
   II. Ação penal pública condicionada.
   III. Ação penal privada.
   IV. Ação penal privada subsidiária da pública.

Agora, marque a alternativa que indica a(s) espécie(s) de ação penal admitida(s) no processo penal militar:
a. Apenas o item I está correto.
b. Apenas os itens I e II estão corretos.
c. Apenas os itens I, II e IV estão corretos.
d. Apenas os itens II e IV estão corretos.

2) Quanto à separação de processos na Justiça Militar, marque a alternativa correta:
a. Quando um delito militar for cometido em coautoria por um militar das Forças Armadas e um adolescente estudante de colégio militar, este será julgado pelo Estatuto da Criança e do Adolescente, ao passo que aquele será julgado pelo Código Penal Militar. A competência para o processo e o julgamento de ambos os réus é unificado na Justiça Militar.
b. Haverá a separação obrigatória dos processos para não prolongar a prisão dos réus sempre que for excessivo o número de acusados. São da competência do Supremo Tribunal Federal o processo e o julgamento dos oficiais-generais.
c. São da competência do Superior Tribunal Militar o processo e o julgamento do Ministro da Defesa, de comandantes das Forças Armadas e dos ministros do Superior Tribunal Militar por crimes comuns e de responsabilidade.
d. São da competência do Senado o processo e o julgamento do Ministro da Defesa e de comandantes das Forças Armadas por crimes de responsabilidade conexos aos praticados pelo Presidente da República como comandante supremo das Forças Armadas.

3) A partes podem recorrer das decisões dos conselhos de justiça e dos juízes militares. Qual espécie de recurso deve ser proposta pelo próprio conselho prolator da sentença ao tribunal de apelação?
   a. Recurso de ofício ou remessa necessária.
   b. Recurso em sentido estrito.
   c. Apelação.
   d. Correição parcial.

4) Defina *desaforamento* e indique as situações em que ele pode ocorrer no processo penal militar.

5) O que significa o voto médio nas sessões de julgamento pelos conselhos militares?

Questões para reflexão

1) Nas sessões de julgamento dos conselhos de justiça, o Código de Processo Penal Militar prevê uma fase secreta. Esse dispositivo foi recepcionado pela Constituição de 1988?

2) No processo penal militar, é possível a fungibilidade de recursos interpostos na espécie inadequada?

Para saber mais

BRASIL. Decreto-Lei n. 1.002, de 21 de outubro de 1969. **Diário Oficial da União**, Poder Executivo, Brasília, DF, 21 out. 1969. Disponível em <http://www.planalto.gov.br/ccivil_03/decreto-lei/Del1002.htm>. Acesso em: 6 out. 2021.

LOUREIRO NETO, J. S. **Direito Penal Militar**. 5. ed. São Paulo: Atlas, 2010.

LOUREIRO NETO, J. S. **Processo Penal militar**. 6. ed. São Paulo: Atlas, 2010.

O conhecimento do processo penal militar depende de aprofundamento, principalmente para quem vai prestar concursos para os cargos da Justiça Militar e do Ministério Público Militar. Por isso, é aconselhável a leitura atenta da lei e das obras aqui indicadas. O Código de Processo Penal Militar descreve os procedimentos e a organização da Justiça Militar concebida pelo legislador do período de governos militares. Pela doutrina citada nas duas obras referenciadas, é possível verificar a evolução do Direito Penal e Processual Penal Militar.

V

Conteúdos do capítulo:

» Estatuto dos Militares. Disposições disciplinares.
» Disciplina do Exército. Prerrogativas e atribuições para a aplicação das sanções. Sanções disciplinares. Aplicação da sanção disciplinar. Recursos administrativos.
» Disciplina da Marinha. Prerrogativas e atribuições para a aplicação das sanções. Sanções disciplinares. Aplicação da sanção disciplinar. Recursos administrativos.
» Disciplina da Aeronáutica. Prerrogativas e atribuições para a aplicação das sanções. Sanções disciplinares. Recursos administrativos.
» Competência do Poder Judiciário para apreciar as demandas decorrentes de decisões disciplinares.
» Restrições de acesso ao Poder Judiciário.
» Regulamentos disciplinares dos estados e do Distrito Federal.

Direito Disciplinar Militar

Após o estudo deste capítulo, você será capaz de:

1. identificar as fontes normativas que disciplinam a conduta dos integrantes das Forças Armadas e das polícias e bombeiros militares;
2. entender as normas gerais previstas no Estatuto dos Militares e os conflitos aparentes com a Constituição;
3. detalhar os regulamentos disciplinares do Exército, da Marinha e da Aeronáutica com as atribuições, os procedimentos e as sanções;
4. analisar o acesso ao Poder Judiciário contra as sanções disciplinares aplicadas.

5.1 Contextualização

Os princípios constitucionais de obediência, hierarquia e disciplina impõem uma uniformização de comportamentos e o rígido cumprimento de deveres, uma vez que os militares são preparados para garantir a segurança externa do Brasil e uma guerra não permite entendimentos divergentes de comando.

Por isso, os integrantes das Forças Armadas e as polícias e bombeiros militares como forças auxiliares do Exército estão sujeitos a regulamentos muito mais rigorosos do que os aplicados aos servidores civis.

Por outro lado, os militares também são destinatários dos direitos fundamentais e têm a garantia de um procedimento justo na apuração de suas eventuais faltas.

No âmbito da União, as normais legais disciplinares estão previstas no Estatuto dos Militares – Lei n. 6.880, de 9 de dezembro de 1980 (Brasil, 1980a) –, que define a disciplina como a rigorosa observância e o acatamento integral das leis e dos atos normativos que fundamentam as organizações militares, por meio da coordenação de seu funcionamento harmônico e regular e pelo cumprimento do dever individual dos integrantes desses organismos (Brasil, 1980a, art. 14, § 2º).

Sempre que houver conflito ou cumulação entre um crime previsto no Código Penal Militar e uma contravenção ou transgressão militar nos regulamentos disciplinares militares, será aplicada apenas a sanção tipificada como crime (Brasil, 1980a, art. 42, § 2º).

O Estatuto dos Militares estabelece limites às sanções disciplinares fixando que os decretos que regulamentam a aplicação administrativa devem prever, no máximo, o impedimento e a detenção ou prisão máxima de trinta dias (Brasil, 1980a, art. 47, § 1º).

As sanções específicas previstas no regulamento de cada força armada podem ser comparadas no Quadro 5.1.

Quadro 5.1 – Sanções disciplinares aplicadas nas Forças Armadas

	Marinha	**Exército**	**Aeronáutica**
Sanções		Advertência	
	Impedimento	Impedimento	Proibição do uso de uniformes
	Serviço extraordinário	Repreensão	Repreensão
	Prisão simples	Detenção	Detenção
	Prisão rigorosa	Prisão	Prisão
	Licenciamento	Licenciamento	Licenciamento
	Exclusão	Exclusão	Exclusão

(continua)

(Quadro 5.1 – conclusão)

	Marinha	Exército	Aeronáutica
Recursos	Pedido de reconsideração	Pedido de reconsideração	Pedido de reconsideração
	Recurso	Recurso	Representação
	Revisão *ex officio*		
	Relevação		

Para a aplicação das sanções por transgressões disciplinares, o Estatuto dos Militares prevê a existência dos conselhos de justificação, com a atribuição de processar os oficiais, e os conselhos de disciplina, referentes às praças (Brasil, 1980a).

Os conselhos de justificação têm a atribuição de processar os oficiais com indicativo de incapacidade para a permanência no serviço ativo, bem como os oficiais na reserva remunerada ou reformados com a presunção de incapacidade para o *status* de militar na situação de inatividade.

Trata-se de um ato complexo, haja vista que a atribuição para o processo é dos conselhos de justificação e a competência para o julgamento desses oficiais, em tempo de paz, é originária do Superior Tribunal Militar (Brasil, 1980a, art. 48).

Para o Superior Tribunal Militar,

> *Natureza administrativa do Conselho de Justificação. É pacífica a jurisprudência do egrégio Supremo Tribunal Federal a respeito da natureza administrativa das decisões proferidas em conselhos de justificação. [...] Independência das instâncias penal e administrativa. A doutrina e a jurisprudência são acordes em reconhecer a independência entre as instâncias penal e administrativa. "... O ilícito administrativo não se confunde com o ilícito penal, assentando cada qual em fundamentos e normas diversas...." (Hely Lopes Meirelles). Indignidade para o oficialato. Perda do posto e patente.*

> *Se o comportamento irregular do oficial justificante fere a ética e o dever militares, afetando a honra pessoal, o pundonor militar e o decoro da classe, há de ser o mesmo considerado culpado, incapaz de permanecer na ativa e indigno do oficialato, com a consequente perda de seu posto e patente.* (Brasil, 1997b)

Os conselhos de disciplina têm a atribuição de processar as praças estáveis com indício de incapacidade de permanência no serviço ativo, bem como as praças da reserva remunerada ou reformadas presumidamente incapazes de permanecer na inatividade. A atribuição para o julgamento das praças, em instância final, é do Ministro da Defesa, que pode delegar a atividade julgadora para os comandantes do Exército, da Marinha e da Aeronáutica. O Conselho de Disciplina deve aplicar as normas comuns às três Forças Armadas (Brasil, 1980a, art. 49).

A Constituição da República traz a garantia de que "aos litigantes, em processo judicial ou administrativo, e aos acusados em geral são assegurados o contraditório e ampla defesa, com os meios e recursos a ela inerentes" (Brasil, 1988, art. 5º, LV).

O Estatuto dos Militares, regulamentando esse direito fundamental na seara castrense, garante aos militares que supostamente tenham sido prejudicados ou se sentido ofendidos pelas decisões proferidas em atos administrativos ou disciplinares de superior hierárquico a possibilidade de interposição de recursos administrativos instrumentado pelo pedido de reconsideração, queixa, representação ou recurso, conforme fixado nos regulamentos de cada força armada (Brasil, 1980a, art. 51, *caput*). O pedido de reconsideração, a queixa e a representação não podem ser ajuizados coletivamente (Brasil, 1980a, art. 51, § 2º).

O prazo para interposição de recurso administrativo é de quinze dias da comunicação oficial da decisão, se a consequência é a inclusão em quota compulsória ou na composição de quadro de acesso, e de cento e vinte dias nas demais situações (Brasil, 1980a, art. 51, § 1º).

Neste capítulo, vamos abordar as transgressões disciplinares, o procedimento, o julgamento e os recursos cabíveis, inclusive no Poder Judiciário.

5.2 Disciplina do Exército

O Regulamento Disciplinar do Exército (R-4) foi editado pelo Decreto n. 4.346, de 26 de agosto de 2002 (Brasil, 2002b). A seguir, examinaremos algumas de suas características.

5.2.1 Prerrogativas e atribuições para a aplicação das sanções

O Regulamento traz a previsão de que a atribuição para a aplicação de sanção disciplinar é definida de acordo com o cargo e não pelo grau hierárquico (Brasil, 2002b, art. 10, *caput*).

O Presidente da República, como comandante supremo, o Ministro da Defesa e o Comandante do Exército, como autoridades superiores das Forças Armadas, têm a prerrogativa de aplicar originariamente, por avocação, ou em grau recursal quaisquer sanções decorrentes de transgressões disciplinares a todos os integrantes das Forças Armadas.

A aplicação de sanção é originariamente delegada pelo Regulamento para o chefe do Estado-Maior do Exército, dos órgãos de direção setorial e de assessoramento, comandantes militares de área e demais ocupantes de cargos privativos de oficial-general; chefes de estado-maior, chefes de gabinete, comandantes de unidade, demais comandantes cujos cargos sejam privativos de oficiais superiores e comandantes das demais organizações militares com autonomia administrativa; subchefes de estado-maior, comandantes de unidade incorporada, chefes de divisão, seção, escalão regional, serviço e assessoria; ajudantes-gerais, subcomandantes e subdiretores; e comandantes das demais subunidades ou de elementos destacados com efetivo menor que subunidade (Brasil, 2002b, art. 10, I e II).

Quadro 5.2 – Estrutura administrativa do Exército

Comando	Estrutura organizacional regional		
	Região Militar	Sede	Abrangência
Leste	1ª	Rio de Janeiro	Rio de Janeiro e Espírito Santo
	4ª DE*	Belo Horizonte	Minas Gerais
Sudeste	2ª	São Paulo	São Paulo
Sul	3ª	Porto Alegre	Rio Grande do Sul
	5ª DE	Curitiba	Paraná e Santa Catarina
Nordeste	6ª	Salvador	Bahia, Sergipe e Alagoas
	7ª DE	Recife	Pernambuco, Paraíba e Rio Grande do Norte
	10ª	Fortaleza	Ceará, Piauí e Maranhão
Amazônia	8ª DE	Belém	Pará e Amapá
	12ª	Manaus	Amazonas, Rondônia, Roraima e Acre
Oeste	9ª	Campo Grande	Mato Grosso do Sul e Mato Grosso
Planalto	11ª	Brasília	Distrito Federal, Goiás, Tocantins e oeste de Minas Gerais

* Divisão de Exército

A atribuição para a aplicação das penalidades disciplinares aos militares da reserva remunerada, reformados ou agregados recai sobre os comandantes da respectiva área onde os acusados residam ou exerçam suas atividades (Brasil, 2002b, art. 10, § 1º).

5.2.2 Sanções disciplinares

Os integrantes do Exército estão sujeitos às sanções disciplinares de advertência, impedimento disciplinar, repreensão, detenção, prisão disciplinar, licenciamento e exclusão a bem da disciplina (Brasil, 2002b, arts. 25 a 32).

O cumprimento da sanção tem início a partir da publicação e distribuição da nota da punição no boletim (Brasil, 2002b, art. 34, § 4º). O registro das sanções pode ser cancelado pela prestação superveniente de bons serviços e pelo conceito favorável do comandante. A reabilitação administrativa do militar punido é possível após:

» seis anos do cumprimento da prisão disciplinar;
» quatro anos da repreensão ou detenção disciplinar;
» dois anos do impedimento; e
» um ano da advertência (Brasil, 2002b, art. 59).

As autoridades sancionadoras ou superiores podem anular a punição em cinco dias após o cumprimento. O Comandante-Geral do Exército, em qualquer período, em decisão motivada pela ilegalidade ou pela injustiça, pode anular com efeito *ex nunc* a sanção aplicada (Brasil, 2002b, arts. 41 e 42).

Também será possível o perdão administrativo disciplinar com a dispensa do cumprimento quando se verificar, independentemente do tempo a cumprir, que foram atingidos os objetivos da sanção ou se o militar tiver cumprido a metade da punição disciplinar nas cerimônias de passagem de comando ou datas festivas militares (Brasil, 2002b, art. 45).

■ Aplicação da sanção disciplinar
Quando houver conflito entre um crime militar e uma contravenção disciplinar de mesma natureza, apenas a pena relativa ao crime será aplicada. Ao contrário, se houver a desclassificação do crime para transgressão disciplinar ou se a denúncia for rejeitada, a falta será apurada, apreciada e, se procedente, punida administrativamente. Ocorrendo a absolvição do réu por carência de materialidade ou autoria, não haverá a responsabilização na esfera cível e administrativa disciplinar. No processo disciplinar também vige o princípio *ne bis in idem*, ou seja, não haverá a aplicação de mais de uma sanção para uma única infração disciplinar (Brasil, 2002b, art. 14).

As sanções são graduadas em leves, médias e graves. As transgressões classificadas como graves ocorrem quando a conduta atinge a honra pessoal, o pundonor militar ou o decoro da classe (Brasil, 2002b, arts. 21 e 37). As transgressões leves são punidas, no mínimo, com a advertência e, no máximo, com o impedimento de dez dias. As médias são punidas com as sanções de repreensão até detenção militar. Por fim, no caso das graves, são aplicadas sanções que vão da prisão disciplinar até o licenciamento ou exclusão a bem da disciplina (Brasil, 2002b, art. 37).

As circunstâncias que devem ser consideradas na segunda fase da aplicação são a personalidade do transgressor; as causas que determinaram a conduta; a natureza dos fatos ou atos; e as consequências (Brasil, 2002b, art. 37).

As agravantes disciplinares que motivam o aumento da sanção são:
» o mau comportamento;
» a conexão de duas ou mais transgressões;
» a reincidência de transgressão, mesmo que a punição anterior tenha sido uma advertência;
» o conluio;
» o abuso de autoridade hierárquica ou funcional;
» a prática durante a execução de serviço, em presença de subordinado; com premeditação; e
» a prática na presença de tropa ou de público (Brasil, 2002b, art. 20).

As atenuantes são:
» o bom comportamento;
» a relevância de serviços prestados;
» a busca de evitar um mal maior;
» ação em defesa própria, em defesa de seus direitos ou de outrem, se não configurar em causa de justificação;
» a falta de prática do serviço (Brasil, 2002b, art. 19).

O Regulamento classifica o mau comportamento como agravante e o bom comportamento como atenuante, conforme a graduação das definições apresentadas no Quadro 5.3.

Quadro 5.3 – Comportamento militar

Classificação	Requisitos
Excepcional	Nove anos de "bom" e "ótimo" sem qualquer punição disciplinar. Dez anos de "bom" e "ótimo" após a condenação por crime culposo, independentemente de reabilitação. Quinze anos de "bom" e "ótimo" após a condenação por crime doloso, independentemente de reabilitação.

(continua)

(Quadro 5.3 – conclusão)

Classificação	Requisitos
Ótimo	Cinco anos de "bom" com uma punição disciplinar. Seis anos de "bom" após a condenação por crime culposo e uma punição disciplinar, independentemente de reabilitação. Oito anos de "bom" após a condenação por crime doloso e uma punição disciplinar, independentemente de reabilitação.
Bom	Dois anos com duas prisões disciplinares. Condenação criminal e cumprimento de prazos para melhoria de comportamento.
Insuficiente	Um ano com duas prisões disciplinares. Dois anos com mais de duas prisões. Condenação criminal e cumprimento de prazos para melhoria de comportamento.
Mau	Um ano com mais de duas prisões disciplinares. Condenação criminal e cumprimento de prazos para melhoria de comportamento. Praça com prisão superior a vinte dias.
Duas detenções disciplinares equivalem a uma prisão disciplinar.	
Uma detenção disciplinar equivale a duas repressões.	
Advertência e impedimento não são considerados no comportamento.	

O infrator poderá ser absolvido se a prática da transgressão for amparada por causas excludentes da antijuridicidade plenamente comprovadas, como a legítima defesa própria ou de outrem, o estado de necessidade, o estrito cumprimento do dever legal, em caso de perigo, necessidade urgente, calamidade pública e manutenção da ordem e da disciplina ou motivo de força maior.

Por fim, a absolvição poderá ser motivada pelas exculpantes plenamente comprovadas, como a obediência a ordem superior, a ignorância, desde que não atente contra os sentimentos de patriotismo, humanidade e probidade, e no caso de a ação ser meritória ou praticada no interesse do serviço, da ordem ou do sossego público (Brasil, 2002b, arts. 17 e 18).

5.2.3 Recursos administrativos

O Regulamento Disciplinar do Exército possibilita que o condenado interponha um pedido de reconsideração em cinco dias da publicação da decisão em boletim, cabendo exclusivamente ao comandante reconsiderar ou não a aplicação da sanção aplicada (Brasil, 2002b, art. 53).

Havendo a negação do pedido de reconsideração ou não reconsiderada a sanção, o sancionado poderá interpor recurso administrativo à autoridade superior, em cinco dias da ciência da punição. O recorrente poderá liminarmente ser afastado da subordinação direta da autoridade recorrida até o julgamento do recurso (Brasil, 2002b, art. 52).

5.3 Disciplina da Marinha

O Regulamento Disciplinar para a Marinha foi disciplinado pelo Decreto n. 88.545, de 26 de julho de 1983 (Brasil, 1983a).

5.3.1 Prerrogativas e atribuições para a aplicação das sanções

O Presidente da República, como comandante supremo das Forças Armadas, o Ministro da Defesa e o Comandante da Marinha, como autoridades superiores das Forças Armadas, têm a prerrogativa de aplicar quaisquer sanções disciplinares a todos os integrantes da Força (Brasil, 1983a, art. 19, "a").

As punições de licenciamento e de exclusão do serviço ativo e a de dispensa das atividades são impostas pelo Comandante da Marinha ou por autoridade delegada (Brasil, 1983a, art. 19,

§ 3º). Os almirantes podem delegar o poder disciplinar, total ou parcialmente, aos oficiais subordinados (Brasil, 1983a, art. 19, § 1º).

Os comandantes podem impor punições disciplinares aos seus comandados ou aos que estão sob sua ordem ou direção, conforme as atribuições previstas na ordenança geral para o serviço da armada (Brasil, 1983a, art. 19, "b" e § 2º).

Quadro 5.4 – Estrutura administrativa da Marinha

Estrutura organizacional regional		
Distrito Naval	**Sede**	**Abrangência**
1º	Rio de Janeiro	Rio de Janeiro, Espírito Santo e sudeste de Minas Gerais
2º	Salvador	Bahia, Sergipe e centro-norte-nordeste de Minas Gerais
3º	Natal	Rio Grande do Norte, Alagoas, Pernambuco, Paraíba e Ceará
4º	Belém	Pará, Maranhão, Piauí, Amazonas, Acre, Rondônia, Roraima e Amapá
5º	Rio Grande	Rio Grande do Sul, Paraná e Santa Catarina
6º	Ladário	Mato Grosso do Sul e Mato Grosso
7º	Brasília	Distrito Federal, Goiás e Tocantins
8º	São Paulo	São Paulo, sul e sudoeste de Minas Gerais
9º	Manaus	Amazonas

Os comandantes do distrito naval, respeitada a precedência hierárquica, podem aplicar sanções aos militares da reserva remunerada ou reformados de sua circunscrição (Brasil, 1983a, art. 19, § 6º).

A autoridade com poder disciplinar, em qualquer circunstância, tem o prazo de quarenta e oito horas para impor a pena, contadas do momento em que teve a ciência da prática da contravenção (Brasil, 1983a, art. 26).

5.3.2 Sanções disciplinares

O Regulamento Disciplinar para a Marinha contempla as sanções de impedimento (Brasil, 1983a, art. 22); serviço extraordinário compulsório (art. 23); prisão simples (art. 24); prisão rigorosa (art. 25); licenciamento de ofício do serviço ativo (art. 30); e exclusão de ofício do serviço ativo a bem da disciplina ou por conveniência do serviço, ou por incapacidade moral (art. 31).

■ Aplicação da sanção disciplinar
As sanções são graduadas em graves e leves, proporcionalmente ao dano causado à disciplina ou ao serviço em virtude da natureza intrínseca, das consequências e das circunstâncias (Brasil, 1983a, art. 8º).

No conflito entre um crime e uma infração militar, é aplicada apenas a sanção penal. Entretanto, se a Justiça desclassificar o crime, a transgressão deverá ser julgada pela autoridade superior ao infrator. A pena de prisão rigorosa superior a dez dias é parcelada com intervalos de cinco dias (Brasil, 1983a, art. 9º). Em caso de contravenções simultâneas não correlatas, as penas são impostas separadamente em concurso material (Brasil, 1983a, art. 29).

O infrator pode ser absolvido se praticou a conduta ao amparo de justificantes ou dirimentes, como a legítima defesa, o estado de necessidade, a força maior, o caso fortuito ou para evitar um mal maior ou dano ao serviço ou ordem pública (Brasil, 1983a, art. 12). A absolvição também pode ocorrer com a invocação das exculpantes de obediência ou ignorância comprovada da ordem de superior hierárquico.

O aumento da pena pode ocorrer no caso de estarem presentes agravantes como: o acúmulo de contravenções simultâneas e correlatas; a reincidência; o conluio; a premeditação; a ofensa à honra e ao pundonor militar; a prática que ocorrer durante o serviço ordinário ou com prejuízo do serviço ou colocar em risco a organização militar; os maus antecedentes militares; o abuso de autoridade hierárquica ou funcional; e a prática da conduta na presença do subordinado (Brasil, 1983a, art. 10).

Por fim, para a redução da pena, é possível considerar como atenuantes: os bons antecedentes militares; o tempo de serviço menor que seis meses; a prestação anterior de serviços reconhecidamente relevantes; o tratamento em serviço com rigor não autorizado; e a provocação (Brasil, 1983a, art. 11).

5.3.3 Recursos administrativos

A revisão de ofício, por avocação pela autoridade superior da cadeia de comando ou, após esse prazo, privativamente pelo Ministro da Defesa ou pelo Comandante da Marinha, poderá ser realizada em cento e vinte dias (Brasil, 1983a, arts. 38 e 51, "b").

O pedido de reconsideração poderá ser requerido em oito dias pelo transgressor ou por quem deu parte, se a autoridade sancionadora considerar que a decisão deprime o sancionado ou a dignidade de seu posto, contexto em que o pedido não pode ficar sem despacho. Em caso de denegação, poderá ser interposto um recurso de reconsideração em grau de recurso para o Ministro da Defesa (Brasil, 1983a, art. 42, parágrafo único, e art. 45).

Cabe recurso verbal ou por escrito por via hierárquica à autoridade superior à que impôs a pena para pedir sua anulação ou modificação. Por fim, ainda é cabível um novo recurso para o Ministro da Defesa. Cabe recurso para o Presidente da República das decisões originárias disciplinares julgadas pelo Ministro da Defesa (Brasil, 1983a, art. 46).

5.4 Disciplina da Aeronáutica

O Regulamento Disciplinar da Aeronáutica foi disciplinado pelo Decreto n. 76.322, de 22 de setembro de 1975 (Brasil, 1975).

5.4.1 Prerrogativas e atribuições para a aplicação das sanções

O Regulamento Disciplinar da Aeronáutica prevê que "o militar que encontrar subordinado hierárquico na prática de ato irregular deve adverti-lo; tratando-se de transgressão, deve levar o fato ao conhecimento da autoridade competente; tratando-se de crime, deve prendê-lo e encaminhá-lo à autoridade competente" (Brasil, 1975, art. 28).

Quadro 5.5 – Estrutura administrativa da Aeronáutica

Estrutura organizacional regional		
Órgão	Sede	Abrangência
COMAR* I	Belém	Pará, Amapá e Maranhão
COMAR II	Recife	Pernambuco, Piauí, Ceará, Rio Grande do Norte, Paraíba, Alagoas, Sergipe e Bahia

(continua)

(Quadro 5.5 – conclusão)

\multicolumn{3}{c}{Estrutura organizacional regional}
Órgão	Sede	Abrangência
COMAR III	Rio de Janeiro	Rio de Janeiro, Espírito Santo e Minas Gerais
COMAR IV	São Paulo	São Paulo e Mato Grosso do Sul
COMAR V	Canoas	Rio Grande do Sul, Paraná e Santa Catarina
COMAR VI	Brasília	Distrito Federal, Goiás, Mato Grosso e Tocantins
COMAR VII	Manaus	Amazonas, Rondônia, Roraima e Acre

*Comando da Aeronáutica. Departamento de Controle do Espaço Aéreo.

As sanções previstas pelo Regulamento são: o pagamento de indenização como compensação; a repreensão (Brasil, 1975, art. 19); a detenção (art. 20); a prisão (art. 21); a proibição do uso do uniforme (art. 25); o licenciamento a bem da disciplina (art. 26); e a exclusão a bem da disciplina (art. 28).

5.4.2 Aplicação da sanção disciplinar

O Regulamento Disciplinar da Aeronáutica, conforme a personalidade do transgressor e a conduta, classifica as circunstâncias em graves, médias e leves (Brasil, 1975, arts. 11 e 12). As transgressões graves são as definidas como as desonrosas; as ofensivas à dignidade militar; as atentatórias às instituições ou ao Estado; as que envolvem a indisciplina de voo; e as praticadas com negligência ou imprudência na manutenção ou operação de aeronaves ou viaturas com potencial de afetar a segurança, comprometer a saúde ou colocar em perigo vida humana.

O infrator poderá ser absolvido se praticar o delito amparado por causas de justificação, como a legítima defesa própria ou de outrem, o estado de necessidade, o caso fortuito ou de força maior ou o uso imperativo de meios violentos para compelir o subordinado a cumprir seu dever e nos casos de perigo, de necessidade urgente, de calamidade pública ou de manutenção da ordem e da disciplina (Brasil, 1975, art. 13, 1).

A transgressão poderá ser fundamentada, ainda, pela presença de exculpantes, como o desconhecimento da disposição ou da ordem transgredida, a prática de ação meritória no interesse do serviço, da ordem ou do bem público e a obediência a ordem superior (Brasil, 1975, art. 13, 1).

As sanções podem ser agravadas por: mau comportamento; reincidência na mesma transgressão; conexão de duas ou mais transgressões; conluio; premeditação ou má-fé; risco a vidas humanas; comprometimento da segurança de aeronaves, viaturas ou propriedade do Estado ou de particulares; presença no momento da conduta de subordinado, de tropa ou em público; e abuso de autoridade hierárquica ou funcional (Brasil, 1975, art. 13, 3).

A sanção também pode ser atenuada por: bom comportamento; relevância de serviços prestados; falta de prática do serviço; transgressão cometida por influência de fatores adversos; ocorrência de transgressão para evitar mal maior; e defesa dos direitos próprios ou do outrem (Brasil, 1975, art. 13, 2).

5.4.3 Recursos administrativos

Na Aeronáutica, é possível apresentar, em quinze dias da decisão sancionatória, um pedido de reconsideração no caso de a aplicação da sanção decorrer de ato injusto ou infringente que atinja direta ou indiretamente o infrator ou subordinado (Brasil, 1975, art. 58).

O Regulamento Disciplinar para a Aeronáutica também possibilita a interposição de representação, em cinco dias da ciência da aplicação, dirigida à autoridade hierárquica superior e sucessivamente até o Ministro da Defesa. O requerimento deve ser motivado pela injustiça da decisão ou pela infringência a regulamento que atinja direta ou indiretamente o suposto transgressor ou subordinado. É obrigatório o prequestionamento por meio do pedido de reconsideração, assim como a comunicação irretratável da representação ao recorrido (Brasil, 1975, art. 62).

5.5 Regulamentos disciplinares dos estados e do Distrito Federal

Os regulamentos disciplinares dos entes federativos estão disciplinados, em regra, por atos normativos materializados em decretos, embora em alguns estados sejam editados por leis complementares e ordinárias. O Distrito Federal e dois estados trazem a tutela das transgressões por aplicação direta do Regulamento Disciplinar do Exército, sem editar regulamento próprio.

a) Estados que adotam decretos

Em Alagoas, o Regulamento Disciplinar editado pelo Decreto n. 37.042, de 6 de novembro de 1996, fixa as sanções disciplinares, em ordem de gravidade crescente: advertência; repreensão; detenção; prisão; e licenciamento a bem da disciplina (Alagoas, 1996, art. 40).

O Amapá manteve o Decreto n. 36, de 17 de dezembro de 1981, que foi editado pela União no período em que tinha a natureza jurídica de território e prevê as seguintes punições aos policiais militares:

- » advertência;
- » repreensão;
- » detenção;
- » prisão e prisão em separado;
- » licenciamento e exclusão a bem da disciplina.

Também limita as punições disciplinares de detenção e prisão a trinta dias (art. 23).

No Acre, o Decreto n. 1.053, de 17 de agosto de 1999, estabelece o Regulamento Disciplinar da Polícia Militar (Acre, 1999).

No Amazonas, o Decreto n. 4.131, de 13 de janeiro de 1978, prevê as sanções disciplinares de: advertência; repreensão; detenção; prisão e prisão em separado; e licenciamento e exclusão a bem da disciplina (Amazonas, 1978, art. 22).

Na Bahia, as normas disciplinares estão previstas pelo Decreto n. 29.535, de 11 de março de 1983. Prevê as seguintes punições disciplinares, em ordem crescente de gravidade: advertência, repreensão; detenção; prisão; e licenciamento a bem da disciplina (Bahia, 1983, art. 22).

O Regulamento Militar do Espírito Santo – Decreto n. 254-R, de 11 de agosto de 2000 – tem a peculiaridade de fixar sanções principais e acessórias:

> *Art. 15. As sanções disciplinares a que estão sujeitos os militares estaduais da Polícia Militar e do Corpo de Bombeiros Militares, são as seguintes:*
> *I – advertência;*
> *II – repreensão;*
> *III – detenção;*
> *IV – reforma disciplinar;*
> *V – licenciamento a bem da disciplina;*
> *VI – exclusão a bem da disciplina;*
> *VII – demissão.*

Sanções acessórias

Parágrafo único. Poderão ser aplicadas cumulativamente com as sanções disciplinares deste artigo, as seguintes medidas administrativas acessórias:

I – multa;
II – cancelamento de matrícula em curso ou estágio;
III – afastamento do cargo, função, encargo ou comissão;
IV – movimentação da Organização Militar Estadual;
V – suspensão da folga, para prestação compulsória de serviço administrativo ou operacional à Organização Militar Estadual. (Espírito Santo, 2000)

Em Goiás, o Regulamento Disciplinar editado pelo Decreto n. 4.717, de 7 de outubro de 1996, fixa as sanções de: advertência ou admoestação; repreensão; detenção; prisão; transferência a bem da disciplina; licenciamento a bem da disciplina; e exclusão a bem da disciplina. Com relação à advertência, o referido regulamento prevê que não deve constar em ficha individual de informações (Goiás, 1996, art. 20).

No Mato Grosso, o Decreto n. 1.329 de 21 de abril de 1978, fixa as sanções de: advertência; repreensão; detenção; prisão e prisão em separado; e licenciamento e exclusão a bem da disciplina. A detenção e a prisão não podem ultrapassar trinta dias (Mato Grosso, 1978, art. 21).

No Mato Grosso do Sul, o Decreto n. 1.260, de 2 de outubro de 1981, estabelece como sanções disciplinares: advertência; repreensão; detenção; prisão e prisão em separado; e licenciamento e exclusão a bem da disciplina (Mato Grosso do Sul, 1981, art. 23).

Em Minas Gerais, o Decreto n. 23.085, de 10 de outubro de 1983, tipifica as seguintes sanções disciplinares, em ordem de gravidade crescente: advertência; repreensão; detenção;

prisão; reforma disciplinar; e exclusão disciplinar. A detenção e a prisão não podem ultrapassar trinta dias (Minas Gerais, 1983, art. 24).

Na Paraíba, o Decreto n. 8.962, de 11 de março de 1981, que editou o Regulamento Disciplinar, dispõe que as sanções disciplinares são: advertência; repreensão; detenção; prisão e prisão em separado; e licenciamento e exclusão a bem da disciplina (Paraíba, 1981, art. 23).

No Piauí, o Decreto n. 3.548, de 31 de janeiro de 1980, prevê como sanções disciplinares: advertência; repreensão; detenção; prisão e prisão em separado; e licenciamento e exclusão a bem da disciplina (Piauí, 1980, art. 23).

No Rio de Janeiro, o Regulamento Disciplinar foi editado pelo Decreto n. 6.579, de 5 de março de 1983, e prevê as seguintes punições disciplinares, em ordem de gravidade crescente: advertência; repreensão; detenção; prisão e prisão em separado; e licenciamento e exclusão a bem da disciplina. A detenção e a prisão não podem ultrapassar trinta dias (Rio de Janeiro, 1983, art. 23).

No Rio Grande do Sul, o Decreto n. 29.996, de 31 de dezembro de 1980, dispõe sobre o Regulamento Disciplinar da Brigada Militar. Como punições disciplinares, em ordem de gravidade crescente, prevê: advertência; repreensão; detenção; prisão e prisão em separado; e licenciamento e exclusão a bem da disciplina. A detenção e a prisão não podem ultrapassar trinta dias (Rio Grande do Sul, 1981, art. 23).

Em Santa Catarina, o Regulamento Disciplinar foi aprovado pelo Decreto n. 12.112, de 16 de setembro de 1980, e prevê que as punições disciplinares, segundo a classificação resultante do julgamento da transgressão, em ordem de gravidade crescente, são: advertência; repreensão; detenção; prisão e prisão em separado; e licenciamento e exclusão a bem da disciplina. A detenção e a prisão não podem ultrapassar trinta dias (Santa Catarina, 1980, art. 22).

No Rio Grande do Norte, o Regulamento Disciplinar aprovado pelo Decreto n. 8.336, de 12 de fevereiro de 1982, estabelece as sanções de: advertência; repreensão; detenção; prisão e prisão em separado; e licenciamento e exclusão a bem da disciplina (Rio Grande do Norte, 1982, art. 22).

Em Rondônia, o Decreto n. 13.255, de 12 de novembro de 2007, que aprova o Regulamento Disciplinar da Polícia Militar, prevê como sanções: repreensão; detenção; prisão; licenciamento a bem da disciplina; exclusão a bem da disciplina; e demissão *ex officio* (Rondônia, 2007, art. 41).

Em Tocantins, o Decreto n. 4.994, de 14 de fevereiro de 2014, autoriza a aplicação das sanções de: advertência; repreensão; detenção; prisão; e demissão (Tocantins, 2014, art. 105).

b) Estado que adota lei complementar

O estado de São Paulo dispõe de normatização própria com a edição da Lei Complementar n. 893, de 9 de março de 2001, que instituiu o Regulamento Disciplinar da Polícia Militar. Prevê como sanções disciplinares, independentemente do posto, graduação ou função: advertência; repreensão; permanência disciplinar; detenção; reforma administrativa disciplinar, demissão; expulsão; e proibição do uso do uniforme (São Paulo, 2001, art. 14).

c) Estados que adotam lei ordinária

No Ceará, a Lei n. 13.407, de 21 de novembro de 2003, que instituiu o Código Disciplinar da Polícia Militar do Ceará e do Corpo de Bombeiros Militar do Estado do Ceará, prevê como sanções disciplinares, independentemente do posto, graduação ou função: advertência; repreensão; permanência disciplinar; custódia disciplinar; reforma administrativa disciplinar; demissão; expulsão; e proibição do uso do uniforme e do porte de arma (Ceará, 2003, art. 14).

No Pará, a Lei n. 6.833, de 13 de fevereiro de 2006, que instituiu o Código de Ética e Disciplina da Polícia Militar do Pará, prevê as sanções de: repreensão; detenção disciplinar; prisão disciplinar; reforma administrativa disciplinar; licenciamento a bem da disciplina (para as praças sem estabilidade); exclusão a bem da disciplina (para as praças com estabilidade); e demissão (para os oficiais) (Pará, 2006, art. 39).

Em Pernambuco, a Lei n. 11.817, de 24 de julho de 2000, que dispõe sobre o Código Disciplinar dos Militares do Estado, prevê as seguintes sanções: repreensão; detenção; prisão; licenciamento a bem da disciplina; e exclusão a bem da disciplina (Pernambuco, 2000, art. 28, I a V). Apresenta como peculiaridade a aplicação, alternativa ou cumulativamente, das medidas administrativas de: cancelamento de matrícula em curso ou estágio; afastamento do cargo, função, encargo ou comissão; movimentação da Organização Militar Estadual; suspensão da folga, para prestação compulsória de serviço administrativo ou operacional à Organização Militar Estadual; e suspensão de pagamento, no soldo, dos dias faltados, injustificadamente, e interrupção compatível à contagem do tempo de serviço, conforme disposto em legislação própria (Pernambuco, 2000, art. 28, § 1º).

Em Roraima, a Lei n. 963, de 6 de fevereiro de 2014, que instituiu o Código de Ética e Disciplina dos Militares do Estado de Roraima, prevê as sanções de: advertência; repreensão; permanência disciplinar; detenção disciplinar; reforma administrativa disciplinar; licenciamento e exclusão a bem da disciplina (para as praças com ou sem estabilidade); e demissão (para os oficiais) (Roraima, 2014, art. 42).

d) Unidades da Federação que aplicam o Regulamento Disciplinar do Exército

Os policiais e bombeiros militares dos estados e do Distrito Federal ficam submetidos a normas semelhantes ou adotarão o Regulamento Disciplinar do Exército, adaptado às condições especiais de cada corporação (Brasil, 1969c, art. 18).

O Estatuto dos Policiais-Militares do Maranhão (Lei n. 6.513, de 30 de novembro de 1995), como não há um regulamento próprio, prevê que "são adotados na Polícia Militar do Maranhão, em matéria não regulada na legislação estadual, as leis e regulamentos em vigor no Exército Brasileiro, no que lhe for pertinente" (Maranhão, 1995, art. 166).

Por fim, o Paraná adota o Regulamento do Exército por determinação do Decreto n. 7.339, de 8 de junho de 2010, que estabelece: "na Polícia Militar do Paraná terá aplicação o Regulamento Disciplinar próprio ou aquele em vigor no Exército Brasileiro, com as alterações constantes deste regulamento" (Paraná, 2010a, art. 482). O estado ainda não editou um regulamento próprio.

5.6 Acesso ao Poder Judiciário

Pelos procedimentos disciplinares são julgados administrativamente os integrantes das Forças Armadas e os das polícias e bombeiros militares acusados pela prática de infrações dos regulamentos da organização militar a que pertencem.

Quando há suposta ilegalidade da sanção aplicada, é possível que o condenado recorra ao Poder Judiciário. Na sequência, veremos qual é o órgão competente para a apreciação da demanda judicial.

5.6.1 Competência do Poder Judiciário para apreciar as demandas decorrentes de decisões disciplinares

A Constituição exclui a competência da Justiça Militar da União para processar e julgar as demandas decorrentes da aplicação de sanções disciplinares militares, porque prevê que "à Justiça Militar compete processar e julgar os crimes militares definidos em lei" (Brasil, 1988, art. 124, *caput*).

Segundo o Tribunal Regional Federal da Quarta Região, "compete à Justiça Federal apreciar *habeas corpus* contra sanção imposta em procedimento administrativo militar – por não se tratar de crime militar – mas de mera infração administrativa" (Brasil, 2003l).

Com relação à Justiça Militar dos estados e do Distrito Federal, isso é pacífico, haja vista que a Constituição estabelece:

> *compete aos juízes de direito do juízo militar processar e julgar, singularmente, os crimes militares cometidos contra civis e as ações judiciais contra atos disciplinares militares, cabendo ao Conselho de Justiça, sob a presidência de juiz de direito, processar e julgar os demais crimes militares.* (Brasil, 1988, art. 125, § 5º)

5.6.2 Restrições de acesso ao Poder Judiciário

A Constituição e a legislação militar, em razão da especificidade da carreira militar, impõem algumas restrições de acesso ao Poder Judiciário na apreciação do mérito da aplicação das sanções previstas nos regulamentos militares.

A Constituição prevê que "ninguém será preso senão em flagrante delito ou por ordem escrita e fundamentada de autoridade judiciária competente, salvo nos casos de transgressão militar ou crime propriamente militar, definidos em lei" (Brasil, 1988, art. 5º, LXI). No capítulo referente às Forças Armadas, também disciplina que "não caberá *habeas corpus* em relação a punições disciplinares militares" (Brasil, 1988, art. 142, § 2º).

Para o Superior Tribunal de Justiça, "a proibição inserta no art. 142, § 2º, CF, é limitada ao exame do mérito, não alcançando o exame formal do ato administrativo-disciplinar, tido como abusivo e, por força da natureza, próprio da competência da Justiça Castrense" (Brasil, 2001b).

Dispõe o Tribunal Regional Federal da Primeira Região:

> *Assim, tem entendido a jurisprudência, [...] o controle judicial da punição disciplinar militar na via do habeas corpus restringe-se à sua legalidade (competência, forma, devido processo legal etc.), não se estendendo ao segmento de mérito, radicado na conveniência e na oportunidade da punição.* (Brasil, 2003k)

O Estatuto dos Militares determina que "o militar só poderá recorrer ao Judiciário após esgotados todos os recursos administrativos e deverá participar esta iniciativa, antecipadamente, à autoridade à qual estiver subordinado" (Brasil, 1980a, art. 51, § 3º). Esse dispositivo gera grande polêmica na doutrina e na jurisprudência quanto à recepção pela Constituição de 1988, segundo a qual "a lei não excluirá da apreciação do Poder Judiciário lesão ou ameaça a direito" (Brasil, 1988, art. 5º, XXXV) e "aos litigantes, em processo judicial ou administrativo, e aos acusados em geral são assegurados o contraditório e ampla defesa, com os meios e recursos a ela inerentes" (Brasil, 1988, art. 5º, LV).

Dispõe o Tribunal Regional Federal da Quarta Região:

> *O Decreto 90.608/1984, item 15 do Anexo 1, ao estabelecer que caracteriza infração disciplinar "recorrer ao judiciário sem antes esgotar todos os recursos administrativos" e o artigo 51, § 3º, do Estatuto dos Militares (Lei nº 6.880/1980), ao enunciar que "o militar só poderá recorrer ao Judiciário após esgotados todos os recursos administrativos e deverá participar esta iniciativa, antecipadamente, à autoridade à qual estiver subordinado", não foram recepcionados pela Magna Carta de 1988, onde é assegurado o direito de acesso ao Judiciário, sem a necessidade de esgotar previamente a via administrativa. (Brasil, 1998c)*

O Tribunal Regional Federal da Primeira Região, em sentido contrário, decidiu:

> *A norma do artigo 51, § 3º, da Lei nº 6.880/1980, não é incompatível com a do artigo 5º, XXXV, da vigente Carta Republicana, porque não veda ao militar o acesso à proteção jurisdicional, apenas a condiciona à prévia exaustão da via administrativa, além da antecipada participação da iniciativa a seu comandante, pois estando o militar sujeito à disciplina e à hierarquia, comprometido estará esse vínculo se, antes da possibilidade de reexame de seu pleito por seus superiores, de logo buscar a decisão*

judicial, a pretexto de uma açodada proteção a direito supostamente violado, que pode servir à desmoralização do comando. (Brasil, 1998b)

O Ministério da Defesa aprovou um parecer de sua consultoria jurídica afastando a aplicabilidade desse dispositivo:

> 27. Diante das razões expendidas, entendemos não ser possível infringência de sanção disciplinar decorrente da aplicação da norma do art 51, § 3º, da Lei 6.880/80 (Estatuto dos Militares), devendo prevalecer o princípio da inafastabilidade do Judiciário sobre a hierarquia e disciplina, o que faz com que reste não recepcionada a norma em estudo pela nova ordem constitucional, sendo esta a orientação a ser acatada uniformemente em todas as Três Forças.
>
> 28. Assim, os Comandos da Marinha, do Exército e da Aeronáutica quando cientificados de que um dos seus militares ingressou no Judiciário questionando ato, negócio ou qualquer outra relação jurídica, administrativa ou de qualquer outra natureza, estarão sujeitos a:
>
> a) reconhecer que o § 3º do art. 51 do Estatuto dos Militares não mais vigora, pois a nova ordem jurídica trazida pela Constituição Federal de 1988 não lhe confere validade, nem lhe recebeu, restando o texto abaixo como se não escrito fosse no Estatuto:
>
> b) absterem-se de aplicar qualquer sanção disciplinar fundada, direta ou indiretamente, no supracitado dispositivo do item 01, em combinação ou não com os Estatutos disciplinares das Forças, seja em função do não esgotamento dos recursos administrativos a serem julgados pelas Forças, seja em função da não comunicação prévia de medida judicial; [...]. (Brasil, 2006c)

No Supremo Tribunal Federal tramita uma ação de controle de constitucionalidade cujo objeto é a declaração de inconstitucionalidade do art. 51, § 3º, da Lei n. 6.880/1980, em que se identificou em decisão democrática a existência desse parecer (Brasil, 2012b). No entanto, a existência desse parecer ainda não teve o potencial de representar a perda de objeto da ação na qual o Procurador-Geral da República opina pelo conhecimento e procedência da ação (Brasil, 2009d).

Síntese

O Direito Disciplinar Militar, em razão dos princípios de hierarquia, obediência e disciplina, praticamente contempla a única possibilidade de prisão e detenção independentemente de ordem judicial.

Isso leva a jurisprudência e a doutrina a discutir os limites quanto aos fundamentos subjetivos que legitimam a autoridade militar para impor uma sanção de restrição da liberdade e a proporcionalidade da sanção aplicada. Nesse ponto, a restrição autorizada constituinte de afastar o *habeas corpus* para as prisões militares tem sido mitigada pelo Poder Judiciário para ilegalidades, mas não para o exame do mérito.

As virtudes e os defeitos dos regulamentos das Forças Armadas têm sido trasladadas para os regulamentos das polícias e bombeiros militares dos estados e do Distrito Federal, que, na maioria das unidades da Federação, remetem às normas do Regulamento Disciplinar do Exército ou as repetem, sem considerar as peculiaridades locais.

Assim, trata-se de uma área do Direito que necessita de uma atualização que promova uma reforma dos preceitos sancionatórios mais adequados aos direitos fundamentais, uma vez que a maioria dos regulamentos ainda contempla conceitos do período dos governos militares no Brasil.

Questões para revisão

1) Os regulamentos disciplinares determinam os órgãos que têm a atribuição de processar e julgar os militares por transgressões disciplinares. Quanto a essa matéria, considere as seguintes assertivas:
   I. A atribuição para processar e julgar os oficiais é dos conselhos de justificação.
   II. A atribuição para processar e julgar as praças é dos conselhos de disciplina.
   III. A atribuição para processar os oficiais é dos conselhos de justificação, e a das praças é dos conselhos de disciplina.
   IV. A atribuição para julgar os oficiais é do Superior Tribunal Militar.
   V. A atribuição para julgar as praças é do Ministro da Defesa, que pode delegá-la para o comandante da Força Armada.
   É correto o que se afirma apenas nas assertivas:
   a. I e II.
   b. III, IV e V.
   c. III e V.
   d. III e IV.

2) Quanto ao acesso ao Poder Judiciário em relação às sanções disciplinares, marque a alternativa correta:
   a. Não cabe *habeas corpus* em relação a punições disciplinares militares.
   b. Ninguém será preso senão em flagrante delito ou por ordem escrita e fundamentada de autoridade judiciária competente, inclusive nos casos de transgressão militar ou crime propriamente militar.
   c. A competência para o processo e o julgamento das ações originárias de decisões que aplicaram sanções disciplinares a militares das Forças Armadas é da Justiça Militar da União.
   d. A competência para o processo e o julgamento das ações originárias de decisões que aplicaram sanções disciplinares aos policiais e bombeiros militares é da Justiça comum dos estados.

3) Com relação aos recursos previstos nos regulamentos militares, podemos afirmar:
   I. O Regulamento do Exército possibilita que o condenado interponha um pedido de reconsideração, cabendo exclusivamente ao comandante reconsiderar ou não a aplicação da sanção aplicada.
   II. O Regulamento da Marinha prevê o pedido de reconsideração no caso de a autoridade sancionadora considerar que a decisão deprime o sancionado ou a dignidade de seu posto, não podendo o pedido ficar sem despacho.

III. Pelo Regulamento da Aeronáutica, é possível apresentar um pedido de reconsideração no caso de a aplicação da sanção decorrer de ato injusto ou infringente que atinja direta ou indiretamente o infrator ou subordinado.
IV. Aos litigantes, em processo administrativo, e aos acusados em geral são assegurados o contraditório e a ampla defesa, com os meios e recursos a ela inerentes.

É correto o que se afirma em:
a. I e II, apenas.
b. II e III, apenas.
c. III e IV, apenas.
d. I, II, III e IV.

4) Qual é o órgão do Poder Judiciário competente para processar e julgar as ações decorrentes da aplicação de sanções pela prática de transgressões disciplinares nas Forças Armadas?

5) Como são regulamentados os procedimentos disciplinares nos estados e no Distrito Federal?

Questões para reflexão

1) O Estatuto dos Militares exige que os condenados em processo administrativo militar esgotem todos os recursos administrativos antes de recorrerem ao Poder Judiciário e comuniquem antecipadamente à autoridade à qual estiverem subordinados que vão ajuizar a ação. Esse dispositivo foi recepcionado pela Constituição?

2) A Constituição prevê que "não caberá *habeas corpus* em relação a punições disciplinares militares" (Brasil, 1988, art. 142, § 2º). A restrição à utilização do *habeas corpus* pelos militares é absoluta ou existem hipóteses em que é possível a utilização desse remédio constitucional?

Para saber mais

ASSIS, J. C. **Curso de Direito Disciplinar Militar**: da simples transgressão ao processo administrativo. 5. ed. Curitiba: Juruá, 2018.

Essa obra é destinada aos integrantes das Forças Armadas e das polícias e bombeiros militares ou operadores e acadêmicos de Direito que pretendam aprofundar-se na matéria militar. São apresentadas, de forma pormenorizada, informações importantes acerca da prática do processo administrativo disciplinar aplicado aos militares.

VI

Conteúdos do capítulo:

» Direito humanitário no direito de guerra (*jus ad bellum*) e no direito na guerra (*jus in bello*).
» Proteção das vítimas da guerra em terra.
» Proteção das vítimas da guerra no mar.
» Proteção de civis em território próprio ou ocupado.
» Tratamento de prisioneiros de guerra.
» Proteção de vítimas em conflitos não internacionais ou sem caráter internacional.
» Tribunal Penal Internacional.

Após o estudo deste capítulo, você será capaz de:

1. compreender as quatro convenções e os três protocolos adicionais de Genebra de direito humanitário;
2. identificar as leis e os atos normativos de ratificação desses tratados;

Direito Humanitário Internacional

3. analisar a organização, o funcionamento e a competência do Tribunal Penal Internacional;
4. entender os conflitos entre o Estatuto de Roma e a jurisdição interna do Poder Judiciário brasileiro.

6.1 Contextualização

O Direito Humanitário Internacional é o ramo do Direito que disciplina o direito de guerra (*jus ad bellum*) e o direito na guerra (*jus in bello*). Teve início quando Abraham Lincoln encarregou Franz Lieber de elaborar o código humanitário para a conduta dos exércitos do Norte, depois de constatar os horrores da Guerra de Secessão, entre 1861 e 1865, nos Estados Unidos, o que inspirou escolas de Direito Humanitário.

No *jus ad bellum*, em respeito à Carta das Nações Unidas, todos os Estados têm o dever de abster-se de recorrer à ameaça ou ao emprego da força contra a soberania, a integridade territorial ou a independência política de outro Estado (Brasil, 1993a).

Entretanto, se a guerra for inevitável, será compulsório o respeito ao *jus in bello* (direito na guerra) para reafirmar e desenvolver a proteção às vítimas dos conflitos armados (Brasil, 1993a).

Para César Amorim Krieger (2004, p. 257), "os Estados têm o direito de fazer a guerra com estritas condições, entendendo-se ser o *jus ad bellum* a legalidade do uso da força, e o *jus in bello*, as normas que dizem respeito às operações bélicas".

Carol Proner e Gisele Ricobom (2008, p. 94) lembram que "O cenário de crescente violência e de uso indiscriminado da força frusta as expectativas de regulação pós Segunda-Guerra quando o *jus ad bellum* foi substituído pelo *jus contra bellum* significando a proibição da guerra pelo direito internacional".

A Convenção da Segunda Conferência da Paz de Haia (Países Baixos), em 1907, aperfeiçoou as normas do direito de guerra com algumas regras de conduta em operações militares e restringiu os instrumentos de violência contra os inimigos (Brasil, 1914).

As Convenções de Genebra (Suíça) – que surgiram entre 1864 e 1949, com a adição de mais três protocolos adicionais em 1977 e 2005 – são um conjunto cronológico de tratados que criam e colacionam as normas relativas ao Direito Humanitário Internacional. As convenções foram motivadas pelas iniciativas e esforços do suíço Henry Dunant (1828-1910), testemunha na Batalha de Solferino, um conflito no âmbito da guerra de independência italiana que dizimou quarenta mil soldados em apenas um dia de batalha. O sofrimento dos feridos e a carência de atendimento médico sensibilizaram Dunant, que passou a se dedicar ao socorro e ao tratamento dos feridos, mobilizando a população para o auxílio sem discriminação. Ao retornar à cidade natal, Genebra, escreveu o livro *A Memory of Solferino* (Lembrança de Solferino), que publicou com recursos próprios em 1862 e encaminhou para as autoridades civis e militares mais importantes da Europa (Dunant, 2016). Dunant acabou por fazer emergir um movimento voluntário de assistência humanitária e incentivou o desenvolvimento de tratados internacionais para a proteção de médicos neutros e hospitais de campo. Por fim, suas iniciativas resultaram na fundação da Cruz Vermelha Internacional. Henry Dunant, juntamente com o pacifista Frédéric Passy, recebeu o primeiro Prêmio Nobel da Paz, em 1901.

O Direito de Genebra é o que atualmente tutela os conflitos internacionais. A primeira foi a Convenção para Melhoria da Sorte dos Feridos e Enfermos dos Exércitos em Campanha, assinada em 22 de agosto de 1864 na Conferência Diplomática de Genebra, realizada entre 8 e 22 de agosto de 1864*. A segunda foi a Convenção para Melhoria da Sorte dos Feridos, Enfermos e Náufragos das Forças Armadas no Mar, assinada em 27 de julho de 1929 na Conferência Diplomática de 1º a 27 de julho de 1929**. A terceira foi a Convenção Relativa ao Tratamento dos Prisioneiros de Guerra, assinada em 27 de julho de 1929 na Conferência Diplomática de 1º a 27 de julho de 1929***. A quarta foi a Convenção Relativa à Proteção dos Civis em Tempo de Guerra, assinada em 12 de agosto de 1949 na Conferência Diplomática de 21 de abril a 12 de agosto de 1949. Nesta última conferência (1949), foram revisadas as três primeiras e elaborada a Quarta Convenção de Direito Humanitário, oportunidade em que a missão brasileira consolidou a adesão a todos os quatro tratados, cuja ratificação se consolidou em 1957 (Brasil, 1956b, 1957).

Numa segunda etapa do Direito de Genebra, foram editados mais três protocolos adicionais adotados pela Conferência Diplomática sobre a Reafirmação e o Desenvolvimento do

---

* O Brasil aderiu a essa convenção em 30 de abril de 1906. A data da realização dessa conferência foi obtida dos registros da Cruz Vermelha Internacional. A convenção foi revisada em 1906, 1929 e 1949. No decreto de ratificação consta a data da última revisão (Brasil, 1910).

** O Brasil aderiu a esse tratado em 23 de março de 1932. A data da realização dessa conferência foi obtida dos registros da Cruz Vermelha Internacional. A convenção foi revisada em 1906, 1929 e 1949. No decreto n. 2.380/1910 (ratificação) consta a data da última revisão (Brasil, 1910).

*** Na página oficial da Cruz Vermelha Internacional consta que o Brasil aderiu a essa convenção em 30 de abril de 1906, anteriormente ao referido decreto (Brasil, 1910).

Direito Internacional Humanitário Aplicável aos Conflitos Armados, de 8 de junho de 1977. O primeiro foi o Protocolo Adicional Relativo à Proteção das Vítimas dos Conflitos Armados sem Caráter Internacional, e o segundo foi o Protocolo Adicional Relativo à Proteção das Vítimas dos Conflitos Armados Não Internacionais, ambos de 12 de agosto de 1949. A missão brasileira consolidou a adesão aos quatro tratados, cuja ratificação se consolidou na adesão aos protocolos em 1993 (Brasil, 1992a, 1993a). O terceiro foi o Protocolo Adicional Relativo à Adoção de Emblema Distintivo Adicional do Quadro Vermelho, aprovado em Genebra, em 8 de dezembro de 2005, e assinado pelo Brasil em 14 de março de 2006 (Brasil, 2009a, 2010b).

As quatro convenções de Genebra apresentam algumas disposições que lhes são comuns. A primeira é o fato de que se aplicarão a qualquer conflito armado entre os Estados-partes, mesmo que não seja reconhecido o estado de guerra. A segunda se estende para os casos de ocupação total e parcial de território das altas partes, mesmo sem a resistência militar. A terceira é que, em caso de conflitos que envolvam Potências não signatárias das convenções, as Potências signatárias ficarão obrigadas ao cumprimento dos tratados desde que haja reciprocidade de tratamento (Brasil, 1956b; Brasil, 1957, Estatutos Anexos, art. 2°). A quarta disposição impõe que, no conflito armado sem caráter internacional no território de uma das partes, os signatários em luta deverão, em qualquer circunstância, tratar com humanidade e sem qualquer discriminação os cidadãos não participantes das hostilidades, inclusive aqueles que depuserem as armas ou estiverem fora de combate. Nesse caso, ficam proibidos os atentados à vida e à integridade corporal; a detenção de reféns; os atentados à dignidade das pessoas;

as condenações e as execuções sem o devido processo legal e a ampla defesa. A quinta é que os feridos e enfermos serão recolhidos e tratados e deverá ser franqueado o auxílio pelo Comitê Internacional da Cruz Vermelha ou outros organismos humanitários neutros. A sexta é que, em luta, as partes deverão esforçar-se para pôr em vigor em acordos especiais as demais disposições das convenções. A sétima é que a aplicação dessas disposições não terá efeito sobre o estatuto jurídico das partes em conflito (Brasil, 1956b; Brasil, 1957, art. 3º).

Em Genebra, também foi assinada, em 10 de outubro de 1980, a Convenção sobre Proibições ou Restrições ao Emprego de Certas Armas Convencionais, que Podem ser Consideradas Excessivamente Lesivas ou Geradoras de Efeitos Indiscriminados, igualmente ratificada pelo Brasil (Brasil, 1995a, 1998a).

Com relação aos bens patrimoniais, o Brasil aderiu à Convenção para a Proteção de Bens Culturais em Caso de Conflito Armado, celebrado em Haia, Países Baixos, em 1954 (Brasil, 1956a, 1958a), e ao Segundo Protocolo, assinado em 26 de março de 1999 (Brasil, 2005a, 2006a).

O Direito de Nova Iorque é marcado pela edição da Resolução 2.444 (XXIII), da Organização das Nações Unidas (ONU), que trata da proteção dos direitos humanos no período em que ocorrem conflitos armados. O Brasil assinou e ratificou o Protocolo Facultativo à Convenção sobre os Direitos da Criança Relativo ao Envolvimento de Crianças em Conflitos Armados, adotado em Nova Iorque, em 25 de maio de 2000 (Brasil, 2003a, 2004c).

Por fim, o Estado brasileiro aderiu ao Estatuto de Roma do Tribunal Penal Internacional, aprovado em 17 de julho de 1998 e assinado em 7 de fevereiro de 2000 (Brasil, 2002a, 2002c). Para tornar a decisão mais efetiva e para resolver as antinomias com o direito interno, incluiu por emenda na Constituição que "o Brasil se submete à jurisdição de Tribunal Penal Internacional a cuja criação tenha manifestado adesão" (Brasil, 1988, art. 5º, § 4º; Brasil, 2004a, art. 1º).

6.2 Proteção das vítimas da guerra em terra e no mar

A proteção das vítimas de guerra está garantida pelas Convenções de Genebra para Melhoria da Sorte dos Feridos e Enfermos, de 1864 e 1929. Na primeira, a proteção é ligada às atividades dos exércitos em terra (Primeira Convenção – Exército); na segunda, às ações bélicas no mar (Segunda Convenção – Marinha).

A Primeira Convenção (terra) traz a proteção irrenunciável aos feridos e enfermos, bem como aos membros do pessoal sanitário e religioso (Brasil, 1956b; Brasil, 1957, Primeira Convenção, art. 7º). Nessa categoria se enquadram:
» os militares das forças armadas das partes em conflito;
» os membros das milícias e dos corpos de voluntários que integrem essas forças armadas ou outras milícias;
» os integrantes dos movimentos de resistência organizados pelas partes que atuam no exterior ou no interior de seu território, mesmo que ocupado*;

---

* É necessário que essas milícias ou corpos de voluntários, inclusive os movimentos de resistência organizados, preencham as seguintes condições: "a) ter no comando uma pessoa responsável pelos seus subordinados; b) ter um emblema distintivo fixo e reconhecível a distância; c) portar armas ostensivamente; d) conformar-se em suas operações às leis e costumes de guerra" (Brasil, 1956b; Brasil, 1957, Primeira Convenção, art. 13, 2).

» os membros das forças armadas regulares que prestem obediência ao governo ou autoridade não reconhecidos pela Potência detentora;
» os acompanhantes civis e autorizados das forças armadas, como as tripulações de navios e aviões militares ou civis;
» os correspondentes de guerra, os fornecedores, os prestadores de serviço e os encarregados do bem-estar dos militares;
» a população de território de não ocupado que espontaneamente pegue em armas para combater as tropas invasoras, desde que o porte seja ostensivo e que se respeitem as leis e costumes de guerra (Brasil, 1956b; Brasil, 1957, Primeira Convenção, art. 13).

Os feridos e enfermos que caiam em poder do adversário serão tratados também como prisioneiros de guerra, sendo-lhes aplicáveis as regras pertinentes, principalmente a Convenção Relativa ao Tratamento dos Prisioneiros de Guerra, de 27 de julho de 1929 (Brasil, 1956b; Brasil, 1957, Primeira Convenção, art. 14).

As Potências ficarão responsáveis por atendimento, assistência e tratamento dos beneficiários, bem como pelos mortos que forem recolhidos em seu território, mesmo que seja uma parte neutra no conflito (Brasil, 1956b; Brasil, 1957, Primeira Convenção, art. 4º). As Potências adversárias ficarão encarregadas pelas pessoas protegidas da nacionalidade do inimigo até o repatriamento definitivo (Brasil, 1956b; Brasil, 1957, Primeira Convenção, art. 5º). As partes em conflito poderão concertar outros acordos especiais, desde que não prejudiquem a situação nem restrinjam a proteção dos destinatários da Convenção (Brasil, 1956b; Brasil, 1957, Primeira Convenção, art. 6º).

Nos costumes do Direito Internacional, as partes em guerra normalmente, em comum acordo ou individualmente, elegem um terceiro Estado – a Potência protetora – para tutelar as relações entre os Estados em conflito. Essa Potência poderá ter a função arbitral entre as partes ou representativa de cada parte. A Convenção será aplicada com o concurso e o controle pelas Potências protetoras encarregadas de salvaguardar os interesses das partes em conflito. Para isso, poderão designar delegados entre seus nacionais ou de outras Potências neutras, além de seu pessoal diplomático ou consular. Os delegados convidados deverão ser submetidos à aceitação e aprovação das Potências que exercerão a missão. As partes protegidas terão o dever de facilitar, na mais larga medida possível, a tarefa dos representantes ou delegados das Potências protetoras. Estes deverão respeitar os estritos limites da missão, principalmente quanto às necessidades de segurança do Estado protegido, e apenas em imperiosas exigências militares, a título excepcional e temporário, poderão exceder as atividades da missão (Brasil, 1956b; Brasil, 1957, Primeira Convenção, art. 8º).

As partes em conflito poderão, a qualquer momento, confiar as missões de uma Potência protetora a um organismo internacional, desde que a entidade ofereça as garantias de imparcialidade e eficácia. A Potência protetora que não puder assegurar total ou parcialmente a proteção deverá solicitar ajuda ao Comitê Internacional da Cruz Vermelha ou de outro organismo humanitário* (Brasil, 1956b; Brasil, 1957, Primeira Convenção, art. 10, primeira e segunda partes).

Segundo a Primeira Convenção,

Qualquer Potência neutra ou qualquer organismo convidado pela Potência interessada ou que se ofereça para os fins acima mencionados, deverá em suas atividades manter-se consciente de sua responsabilidade perante a Parte em luta da qual dependam das pessoas protegidas pela presente Convenção, e deverá dar garantias suficientes de capacidade para assumir as funções em apreço e exercê-las com imparcialidade. (Brasil, 1956b; Brasil, 1957, art. 8º, terceira parte)

É vedada a derrogação de disposições mediante acordo particular entre Potências sem a participação da protetora, em virtude de acontecimentos militares ou no caso de ocupação do todo ou de uma parte importante de seu território. Sempre que se fizer menção à Potência protetora, deverá ser designado o organismo que a substitui (Brasil, 1956b; Brasil, 1957, Primeira Convenção, art. 10, parte final).

Os militares e os civis que forem feridos ou ficarem enfermos deverão ser protegidos, receber todo o respeito e ser tratados com dignidade humana em qualquer circunstância, tanto pela parte em que lutam quanto pela que os tiver em seu poder. Não poderão receber qualquer discriminação baseada em sexo**, gênero, raça, nacionalidade, religião, opiniões políticas ou

---

* A Convenção jamais poderá representar obstáculo às atividades do Comitê Internacional da Cruz Vermelha ou de outros organismos humanitários imparciais para que possam, mediante o consentimento das partes em conflito, atender as vítimas do conflito (Brasil, 1956b; Brasil, 1957, Primeira Convenção, art. 9º).
** Primeira Convenção: "Artigo 12. [...] As mulheres serão tratadas com todas as atenções devidas ao seu sexo" (Brasil, 1956b; Brasil, 1957).

qualquer outro critério. Se a parte em conflito for obrigada a abandonar os feridos ou enfermos ao seu adversário, terá de deixar uma parte de seu pessoal e de seu material sanitário para assistência, conforme o permitam as exigências militares (Brasil, 1956b; Brasil, 1957, Primeira Convenção, art. 12).

É garantido o direito à vida e à integridade, em particular a proteção contra homicídios, extermínios, torturas ou experiências biológicas. Os militares e os civis que forem feridos ou ficarem enfermos não poderão ser premeditadamente abandonados sem assistência médica nem expostos a riscos de contágio ou de infecção. A prioridade entre pacientes na ordem dos cuidados somente se justificará por diagnósticos de urgência médica.

As partes em luta, a qualquer tempo e no primeiro reencontro, deverão tomar todas as medidas para recolher as vítimas às unidades de saúde, proporcionar-lhes os cuidados necessários e protegê-las contra o saque de seus pertences e os maus-tratos. Também deverão efetuar a busca aos mortos e impedir o despojo dos cadáveres. Deverão ser acordados armistícios, tréguas ou entendimentos para que sejam possíveis o recolhimento, o transporte e a troca dos feridos abandonados no campo de batalha ou zona sitiada, bem como o trânsito de pessoal sanitário e religioso e do material sanitário (Brasil, 1956b; Brasil, 1957, Primeira Convenção, art. 15).

As partes deverão imediatamente registrar todos os dados e elementos necessários à identificação dos feridos, enfermos e mortos da parte adversária em seu poder*. Tais dados deverão ser comunicados ao escritório ou departamento de informações ou sociedades de auxílio respeitantes aos prisioneiros de guerra**. As partes em conflito também ficarão responsáveis pelos assentos de óbitos e pelas listas autenticadas de falecimentos. Os conflitantes envidarão esforços para inumação ou incineração dos mortos e exame médico legal a fim de constatar a causa da morte e estabelecer a identidade, deixando a metade da placa dupla de identidade com o cadáver. Os corpos poderão ser cremados por necessidade de higiene ou por preceitos religiosos. Os mortos serão sepultados decentemente e, quando possível, no rito de sua religião, com os túmulos agrupados pela nacionalidade e marcados de maneira a serem facilmente encontrados (Brasil, 1956b; Brasil, 1957, Primeira Convenção, art. 17).

É permitido que a autoridade militar ocupante e retomante do território, oferecendo proteção e as facilidades necessárias,

---

* Primeira Convenção: "Artigo 16. [...] Essas informações deverão, se possível, incluir o seguinte: a) indicação da Potência de que dependem; b) designação ou número de matrícula; c) nome de família; d) prenome ou prenomes; e) data do nascimento; f) qualquer outra informação que figure na ficha ou placa de identidade; g) data e lugar da captura ou do falecimento; h) informações relativas aos ferimentos a doença ou a *causa mortis*" (Brasil, 1956b; Brasil, 1957).

** Terceira Convenção: "Artigo 122. Desde o início de um conflito, e em todos os casos de ocupação, cada uma das partes no conflito constituirá um Departamento oficial de informações acerca dos prisioneiros de guerra que se encontrem em seu poder; as Potências neutras ou não beligerantes que tenham recebido no seu território pessoas pertencentes a uma das categorias visadas no artigo 4 atuarão da mesma maneira a respeito destas pessoas. A Potência interessada providenciará que o Departamento de informações disponha de locais, do material e do pessoal necessários para que possa funcionar eficazmente. Poderá empregar no citado Departamento prisioneiros de guerra, desde que respeite as condições estipuladas na seção da presente Convenção respeitante ao trabalho dos prisioneiros de guerra" (Brasil, 1956b; Brasil, 1957).

faça uma apelação à caridade da população local para que recolham, atendam e tratem com benevolência as vítimas do conflito armado. "A população civil deve respeitar esses feridos e enfermos, especialmente abstendo-se de exercer contra os mesmos qualquer ato de violência", e nenhum voluntário civil poderá ser condenado ou incomodado por ter prestado assistência às vítimas (Brasil, 1956b; Brasil, 1957, Primeira Convenção, art. 18).

As partes em conflito poderão concluir acordos para o reconhecimento das zonas e localidades sanitárias, no início ou durante um conflito (Brasil, 1956b; Brasil, 1957, Primeira Convenção, art. 23). As unidades fixas e móveis de assistência à saúde e socorro às vítimas, mesmo em poder da parte adversária, deverão ser respeitadas e protegidas e não poderão ser objeto de ataques, independentemente de qualquer justificativa. As autoridades deverão garantir a instalação desses postos sanitários em lugar seguro contra ataques eventuais contra objetivos militares (Brasil, 1956b; Brasil, 1957, Primeira Convenção, art. 19). Essa proteção apenas será cessada se essas unidades forem dissimuladas para o cometimento de atos nocivos contra inimigos após uma intimação que estabeleça um prazo razoável para a cessação da utilização indevida (Brasil, 1956b; Brasil, 1957, Primeira Convenção, art. 21). Não se caracterizam como casos de cessação da proteção sanitária:

» a utilização de pessoal armado para a segurança do pessoal sanitário ou dos enfermos e feridos;
» a guarda por piquetes, sentinelas ou escoltas para cobrir a falta de enfermeiros armados;
» o armazenamento provisório e pendente de entrega às autoridades de armas portáteis e munições recolhidas nos internados;

» a presença de pessoal e material do serviço veterinário que não integrem o quadro do estabelecimento; e
» o emprego de civis, enfermos e feridos na atividade humanitária das unidades e estabelecimentos sanitários (Brasil, 1956b; Brasil, 1957, Primeira Convenção, art. 22).

Para fins de proteção das convenções, serão consideradas como pessoal sanitário as pessoas que têm a função exclusiva de procura, recolhimento, transporte e tratamento de enfermos e feridos ou prevenção de moléstias, bem como aqueles lotados na administração das unidades e estabelecimentos sanitários e os capelães adidos (Brasil, 1956b; Brasil, 1957, Primeira Convenção, art. 24). Também serão protegidos os integrantes das Sociedades Nacionais da Cruz Vermelha e os das demais organização de socorros voluntários reconhecidas e autorizadas por seus governos, empregadas nas mesmas funções que as do pessoal mencionado anteriormente, desde que estejam submetidas às leis e aos regulamentos militares (Brasil, 1956b; Brasil, 1957, Primeira Convenção, art. 26). Uma entidade de socorro reconhecida de um país neutro poderá apenas atuar com seu pessoal e suas unidades sanitárias em favor de uma das partes, se houver o consentimento prévio do próprio governo e a autorização da parte interessada, que assumirá o controle dessa atividade; esse concurso não será considerado como ingerência no conflito (Brasil, 1956b; Brasil, 1957, Primeira Convenção, art. 27).

Artigo 25

Os militares instruídos especialmente para serem, em caso de necessidade, empregados como enfermeiros ou padioleiros auxiliares, na procura, recolhimento, transporte ou assistência a feridos e enfermos, serão igualmente respeitados e protegidos se estiverem no desempenho destas funções no momento em que entrarem em contato com o inimigo ou caírem em seu poder. (Brasil, 1956b; Brasil, 1957, Primeira Convenção)

O pessoal sanitário somente poderá ficar retido em poder da parte adversária na medida em que o exigirem o estado sanitário, as necessidades espirituais e o número de prisioneiros de guerra. Embora não sejam considerados prisioneiros de guerra, serão beneficiados, no mínimo, pela Convenção de Genebra Relativa ao Tratamento dos Prisioneiros de Guerra. Serão enquadrados nas leis e nos regulamentos da autoridade sanitária da Potência detentora e continuarão a exercer suas funções médicas ou espirituais em benefício dos prisioneiros de guerra, conforme sua consciência profissional. Na atuação preferencial em benefício das forças armadas a que pertencem, terão assegurada a visita periódica aos prisioneiros de guerra que se encontrem em hospitais ou destacamentos situados dentro e fora do campo, devendo a autoridade detentora disponibilizar os meios de transporte. O médico mais antigo no posto mais elevado será responsável perante as autoridades militares pelas atividades do pessoal sanitário retido, devendo as partes acordar a respeito da equivalência de patentes. O pessoal sanitário retido, apesar de submisso à disciplina interna, não será forçado a trabalho alheio à missão médica ou religiosa. Durante as hostilidades, as partes acordarão acerca da eventual substituição do pessoal retido (Brasil, 1956b; Brasil, 1957, Primeira Convenção, art. 28).

Os edifícios, o material e os depósitos dos estabelecimentos sanitários que tenham caído em poder do adversário ficarão submetidos às leis de guerra. Em regra, não serão desviados de seu emprego enquanto forem necessários para o atendimento das vítimas e, se houver necessidade urgente de utilização para outros fins militares, será preciso que a autoridade responsável providencie, antecipadamente, as medidas necessárias e um novo local para garantir o bem-estar dos feridos e enfermos em tratamento. Continuarão a ser reservados para os feridos e enfermos e não poderão ser intencionalmente destruídos nem o material nem os depósitos (Brasil, 1956b; Brasil, 1957, Primeira Convenção, art. 33). Os bens móveis e imóveis das sociedades de socorro serão considerados propriedades privadas e somente será reconhecido o direito de requisição em caso de necessidade urgente e desde que tenha sido assegurada a continuidade de tratamento dos feridos e enfermos (Brasil, 1956b; Brasil, 1957, Primeira Convenção, art. 34).

Pela Convenção, "os transportes de feridos e enfermos ou de material sanitário serão respeitados e protegidos do mesmo modo que os corpos sanitários móveis" (Brasil, 1956b; Brasil, 1957, Primeira Convenção, art. 35). As aeronaves sanitárias não serão objeto de ataque e deverão ser respeitadas durante os voos em altitudes, horários e rotas ajustados entre os beligerantes. Deverão obrigatoriamente ostentar o emblema distintivo previsto na Convenção ou entre os beligerantes ao lado das cores nacionais, nas superfícies inferior, superior e laterais. O sobrevoo do território inimigo ou ocupado será vedado se não houver acordo entre os beligerantes. As aeronaves sanitárias deverão obedecer a eventual intimação para aterrissar, quando então seus ocupantes poderão prosseguir após eventual inspeção. Os feridos e enfermos, bem como a tripulação da aeronave, serão tratados como prisioneiros de guerra em caso de aterrissagem fortuita em território inimigo ou ocupado, e o pessoal sanitário será tratado de acordo com a Convenção (Brasil, 1956b; Brasil, 1957, Primeira Convenção, art. 36). Os feridos e enfermos desembarcados em território neutro com o consentimento de autoridade local deverão ficar retidos pelo Estado neutro se houver exigência do Direito Internacional, e os gastos de hospitalização e internamento ficarão a cargo da Potência de origem (Brasil, 1956b; Brasil, 1957, Primeira Convenção, art. 37).

Com relação aos emblemas de proteção, em homenagem à Suíça, será utilizado "o sinal heráldico da cruz vermelha sobre fundo branco formado, formado por inversões das cores federais, será mantido como emblema e sinal distintivo do serviço sanitário dos exércitos" (Brasil, 1956b; Brasil, 1957, Primeira Convenção, art. 38). Nos países que já empregam como sinal distintivo o crescente vermelho ou o leão e o sol vermelho sobre fundo branco, essa sinalização continuará sendo admitida (Brasil, 1956b; Brasil, 1957, Primeira Convenção, art. 38).

O Terceiro Protocolo Adicional às Convenções de Genebra (Protocolo III), de 8 de dezembro de 2005, acrescentou um novo emblema:

> *Artigo 2º – Sinais distintivos*
>
> *1. O presente Protocolo reconhece emblema distintivo adicional aos emblemas distintivos das Convenções de Genebra, para os mesmos fins. Os emblemas distintivos têm o mesmo status.*
>
> *2. Esse sinal distintivo adicional, composto de quadro vermelho, tendo a forma de quadrado apoiado sobre a ponta, sobre fundo branco, corresponde à ilustração contida no Anexo ao presente Protocolo. Neste Protocolo, esse sinal será referido como "emblema do terceiro Protocolo".*
> (Brasil, 2009a, 2010b)

O emblema, sob o controle da autoridade militar competente, figurará nas bandeiras, nas braçadeiras e em todo o material empregado pelo serviço sanitário (Brasil, 1956b; Brasil, 1957, Primeira Convenção, art. 39). O pessoal utilizará no uniforme a placa dupla de identidade, portará uma cédula de identidade especial com o emblema distintivo resistente à umidade, em dimensões que permitam guardá-la no bolso. Essa carteira será redigida na língua da nacionalidade conterá os nomes e sobrenomes, a data de nascimento, a patente e o número de matrícula do interessado, a fotografia, a assinatura e/ou impressão digital, o selo de autenticidade e a ressalva de que "o portador tem direito à proteção prevista na Convenção" (Brasil, 1956b; Brasil, 1957, Primeira Convenção, art. 40).

Os estados signatários da Convenção se comprometem a tipificar na legislação interna as sanções penais a serem aplicadas às pessoas que "cometam, ou deem ordem de cometer, qualquer das infrações graves à presente Convenção" (Brasil, 1956b; Brasil, 1957, Primeira Convenção, art. 49). A Convenção sugere a tipificação de delitos cometidos contra pessoas e bens protegidos como "homicídio intencional, tortura e tratamento desumanos, inclusive as experiências biológicas, o fato de causar intencionalmente grandes sofrimentos ou atentar gravemente contra a integridade física ou a saúde, a destruição e a apropriação de bens, não justificadas por necessidades militares e excetuadas em grande escala de maneira ilícita e arbitrária" (Brasil, 1956b; Brasil, 1957, Primeira Convenção, art. 50).

O Brasil cumpriu a Convenção pelo Código Penal Militar tipificando os crimes contra a pessoa em tempo de guerra na parte especial (Brasil, 1969a, Livro I, Título III, arts. 400 a 408) e com algumas regras na parte geral (arts. 10, 15, 20 e 62, parágrafo único, e arts. 88, I, e 96), assim como pela assinatura do Estatuto de Roma (Brasil, 2002a, 2002c) e pela assunção constitucional da competência do Tribunal Penal

Internacional (Brasil, 1988, art. 5º, § 4º*). Os Estados-partes têm o dever de citar, processar e julgar os acusados nos tribunais internos, independentemente da nacionalidade, ou entregar as referidas pessoas para que sejam julgadas pela parte interessada na ação, desde que tenham apresentado provas indiciárias suficientes de materialidade e autoria (Brasil, 1956b; Brasil, 1957, Primeira Convenção, art. 49). O Brasil exerce esse compromisso fixando a competência da Justiça Militar pelo Código de Processo Penal Militar (Brasil, 1969b, art. 1º). O Brasil se compromete a entregar pessoas ao Tribunal Penal Internacional de acordo com o Estatuto do Tribunal Penal Internacional (Brasil, 2002a, 2002c**).

A Segunda Convenção trata da melhoria da sorte dos feridos, enfermos e náufragos das Forças Armadas no nar. Foi assinada em 27 de julho de 1929, na Conferência Diplomática realizada entre 1º e 27 de julho de 1929***. Doravante serão abordadas as disciplinas específicas para as vítimas das atividades bélicas marítimas e náufragos. O termo *naufrágio* é aplicável a quaisquer circunstâncias em que o afundamento

---

* "O Brasil se submete à jurisdição de Tribunal Penal Internacional a cuja criação tenha manifestado adesão" (Incluído pela Emenda Constitucional n. 45, de 2004).

** "Artigo 89. Entrega de Pessoas ao Tribunal 1. O Tribunal poderá dirigir um pedido de detenção e entrega de uma pessoa, instruído com os documentos comprovativos referidos no artigo 91, a qualquer Estado em cujo território essa pessoa se possa encontrar, e solicitar a cooperação desse Estado na detenção e entrega da pessoa em causa. Os Estados Partes darão satisfação aos pedidos de detenção e de entrega em conformidade com o presente Capítulo e com os procedimentos previstos nos respectivos direitos internos" (Brasil, 2002a, 2002c).

*** O Brasil aderiu a esse tratado em 23 de março de 1932. A data da realização dessa conferência foi obtida dos registros da Cruz Vermelha Internacional. A Convenção foi revisada em 1906, 1929 e 1949. No decreto de ratificação consta a data da última revisão (Brasil, 1956b; Brasil, 1957, Segunda Convenção).

tenha ocorrido, inclusive a amaragem forçada ou a queda no mar (Brasil, 1956b; Brasil, 1957, Segunda Convenção, art. 12, primeira parte).

A primeira categoria de náufragos, feridos e doentes no mar protegidos são os membros das forças armadas e os membros das milícias e dos corpos de voluntários vinculados.

A segunda é composta por integrantes de corpos de voluntários e de movimentos de resistência das partes que atuem fora de seu território, mesmo que ocupado, desde que:

» tenham um comandado identificado;
» ostentem um sinal distintivo fixo e suscetível de ser reconhecido a distância;
» transportem à vista as armas; e
» cumpram as leis e os costumes de guerra.

A terceira é formada por "membros das forças armadas regulares que se mantenham fiéis a um governo ou a uma autoridade não reconhecida pela Potência detentora" (Brasil, 1956b; Brasil, 1957, Segunda Convenção).

A quarta é constituída por acompanhantes autorizados não integrantes das forças armadas, como a tripulação militar, correspondentes de guerra, fornecedores e encarregados de trabalho ou de serviços.

A quinta é formada pelas tripulações da marinha mercante e da aviação civil, inclusive os comandantes, pilotos e praticantes que não estejam beneficiados por tratamento mais favorável em virtude de outras disposições do Direito Internacional.

Por fim, a sexta é integrada pela população de um território não ocupado que, "quando da aproximação do inimigo, pegue espontaneamente em armas para combater as tropas invasoras sem ter tido tempo de se organizar em forças armadas regulares, desde que traga as armas à vista e respeite as leis e costumes da guerra" (Brasil, 1956b; Brasil, 1957, Segunda Convenção, art. 13).

Se o estado de saúde dos feridos e doentes embarcados permitir que haja transferência e que a embarcação disponha de instalações para um tratamento conveniente, o comando de navio militar de uma parte beligerante poderá reclamar a entrega dos feridos, doentes ou náufragos a bordo de navios-hospitais militares, de sociedades de socorro ou particulares, bem como de navios mercantes e de recreio e outras embarcações de qualquer nacionalidade (Brasil, 1956b; Brasil, 1957, Segunda Convenção, art. 14). No caso de um navio de guerra neutro ou de uma aeronave militar neutra, deverão ser tomadas providências para impedir que os socorridos retornem às operações de guerra (Brasil, 1956b; Brasil, 1957, Segunda Convenção; Brasil 2005a, art. 15). Os náufragos e atendidos desembarcados num porto neutro com o consentimento local deverão ser atendidos pela Potência neutra de forma que não possam retomar as ações bélicas, devendo as despesas de hospitalização e de internamento ser indenizadas pela Potência da qual dependem (Brasil, 1956b; Brasil, 1957, Segunda Convenção, art. 16 e 17).

Os beligerantes, imediatamente após cada combate, recolherão os náufragos, os feridos e os doentes, buscarão protegê-los contra a pilhagem e os maus-tratos e assegurarão os cuidados necessários, bem como impedirão que os mortos sejam despojados (Brasil, 1956b; Brasil, 1957, Segunda Convenção, art. 18).

A Segunda Convenção prevê ainda:

Artigo 20

As Partes no conflito providenciarão para que o lançamento ao mar dos mortos, efetuado, tanto quanto as circunstâncias o permitam, individualmente, seja precedido de um exame cuidadoso, e se possível médico, do corpo, a fim de constatar a morte, estabelecer a identidade e permitir relatá-la. Se estiver em uso a placa de identidade dupla, metade dessa placa ficará com o cadáver. (Brasil, 1956b, 1957)

Os Estados beligerantes poderão apelar para os comandantes de navios mercantes, de recreio ou outras embarcações neutras, para que recebam a bordo os náufragos, enfermos e feridos, bem como os mortos. As embarcações que tiverem acatado o apelo e as que espontaneamente tiverem recolhido as vítimas gozarão de proteção especial e facilidades para a execução de sua missão assistencial. Essas embarcações não poderão ser capturadas, desde que mantenham a neutralidade no conflito (Brasil, 1956b; Brasil, 1957, Segunda Convenção, art. 21).

Os navios-hospitais militares, construídos ou adaptados no intuito único de prestar assistência e de transportar os náufragos, feridos e doentes, em nenhuma circunstância poderão ser atacados ou aprisionados. Receberão proteção e respeito, desde que os beligerantes comuniquem entre si os nomes de registro, a tonelagem bruta registrada, o comprimento da popa à proa e o número de mastros e de chaminés dez dias antes de sua utilização (Brasil, 1956b; Brasil, 1957, Segunda Convenção, art. 22). Os navios-hospitais utilizados por sociedades nacionais da Cruz Vermelha, por outras oficialmente reconhecidas ou por particulares gozarão da mesma proteção se estiverem atuando com a mesma finalidade e desde que estejam documentados por autoridade competente e declarem que foram fiscalizados durante o respectivo armamento e à sua partida (Brasil, 1956b; Brasil, 1957, Segunda Convenção, art. 24). Em caso de combate a bordo de navios de guerra, as enfermarias serão preservadas, respeitadas e poupadas; elas e seu material ficarão sujeitos às leis da guerra e não poderão ser desviados de sua utilização enquanto forem necessários, embora o comandante tenha a faculdade de dispor dessas enfermarias em caso de estado de necessidade, depois dos cuidados às vítimas em tratamento (Brasil, 1956b; Brasil, 1957, Segunda Convenção, art. 28). O navio-hospital nas mãos do inimigo será autorizado a sair do porto (Brasil, 1956b; Brasil, 1957, Segunda Convenção, art. 29), agirão por sua conta e risco, não poderão ter objetivos militares e não deverão dificultar os movimentos dos combatentes.

Artigo 43

[...]

Todos os navios-hospitais far-se-ão reconhecer içando a bandeira nacional e, além disso, se pertencerem a um Estado neutro, a bandeira da Parte no conflito sob a direção da qual se colocaram. Deverá estar içada no mastro grande, o mais elevada possível, uma bandeira branca com cruz vermelha. (Brasil, 1956b; Brasil, 1957, Segunda Convenção)

Assim, é possível notar que o navios-hospitais gozam de grande proteção pela Convenção, desde que não sejam utilizados com fins bélicos.

6.3 Proteção de civis em território próprio ou ocupado

A proteção de civis em tempo de guerra é garantida pela Quarta Convenção (Brasil, 1956b; Brasil, 1957), cujas disposições específicas serão tratadas nesta seção, haja vista que as disposições comuns já foram abordadas na seção anterior.

As partes convenentes poderão, tanto em tempo de paz quanto de guerra, estabelecer zonas e localidades sanitárias e de segurança no próprio território e nos territórios ocupados. Essa área será destinada à proteção dos feridos, enfermos, idosos, dos menores de 15 anos, das grávidas e das mães de crianças menores de 7 anos. "As Potências protetoras e a Comissão Internacional da Cruz Vermelha são convidadas a prestar os seus bons ofícios para facilitar o estabelecimento e o reconhecimento destas zonas e localidades sanitárias e de segurança." (Brasil, 1956b; Brasil, 1957, Quarta Convenção, art. 14). As classes protegidas poderão ser combatentes ou não combatentes, bem como "civis que não participam nas hostilidades e que não se dediquem a qualquer trabalho de natureza militar durante a sua permanência nestas zonas" (Brasil, 1956b; Brasil, 1957, Quarta Convenção, art. 15). As partes em conflito deverão acordar acerca da evacuação dos feridos, doentes, enfermos, idosos, crianças e parturientes para uma zona sitiada ou cercada, bem como sobre a circulação do pessoal e materiais sanitários e litúrgicos de todos os cultos (Brasil, 1956b; Brasil, 1957, Quarta Convenção, art. 17). As remessas de socorro serão isentas de tributação, e a Potência ocupante deverá facilitar a imediata distribuição, exceto se o recebimento for necessário no interesse da economia do território (Brasil, 1956b; Brasil, 1957, Quarta Convenção, art. 61, segunda parte).

Os hospitais civis não serão alvo de ataques e serão sempre protegidos e respeitados pelos beligerantes, recomendando-se que estejam instalados em locais afastados dos objetivos militares. Essas unidades deverão ostentar os emblemas distintivos de sua finalidade previstos nas Convenções (Brasil, 1956b; Brasil, 1957, Quarta Convenção, art. 18).

Todos os que se encontrem em território da parte no conflito ou ocupado têm o direito de comunicação com os membros de sua família, onde quer que estejam. Isso deverá ser efetivado pelo envio e recebimento de notícias estritamente familiares, de forma rápida e sem demora injustificada. Havendo dificuldades, as partes no conflito poderão recorrer a um intermediário neutro, como a agência central ou mesmo as sociedades nacionais da Cruz Vermelha (do Crescente Vermelho, do Leão e Sol Vermelhos). As partes poderão restringir mas não suprimir a correspondência familiar, como no caso de impor "o emprego de fórmulas-modelo contendo vinte e cinco palavras livremente escolhidas e limitar o envio a uma só por mês" (Brasil, 1956b; Brasil, 1957, Quarta Convenção, art. 25). Cada beligerante tem o dever de investigar o paradeiro de membros dispersos das famílias durante a guerra para retomarem o contato e se reunirem ou favorecer o trabalho dos organismos que se dedicam a essa missão (Brasil, 1956b; Brasil, 1957, Quarta Convenção, art. 26).

Os protegidos têm direito ao respeito à sua honra, aos direitos de família, às convicções e práticas religiosas e aos seus hábitos e costumes, sem desfavorecimento por motivação de raça, religião, opinião política ou outras formas de discriminação. Deverão serão tratados com humanidade e protegidos principalmente contra atos de violência, intimidação, constrangimento e de curiosidade pública. Em especial, as mulheres serão protegidas contra ataques à sua honra e contra violação sexual, prostituição forçada ou todas as formas de atentado ao pudor. Caberá às partes em conflito tomar as medidas de fiscalização ou de segurança que sejam necessárias à salvaguarda dos direitos durante o período de conflito (Brasil, 1956b; Brasil, 1957, Quarta Convenção, art. 27). As pessoas protegidas não poderão sofrer coação física ou moral para a obtenção de informações pessoais ou de terceiros (Brasil, 1956b; Brasil, 1957, Quarta Convenção, art. 31). As partes em conflitos ficarão proibidas da prática de medidas que possam causar sofrimentos físicos ou o extermínio das pessoas protegidas em seu poder, bem como de atos de violência de toda espécie por agentes civis ou militares, como o homicídio, a tortura, os castigos corporais, as mutilações e as experiências médicas ou científicas que não forem necessárias para o tratamento médico (Brasil, 1956b; Brasil, 1957, Quarta Convenção, art. 32). Ninguém poderá ser punido por infração que não cometeu pessoalmente, sendo vedadas também as penas coletivas, as medidas de intimidação, terrorismo, represália e pilhagem (Brasil, 1956b; Brasil, 1957, Quarta Convenção, art. 33). Por fim, "é proibida a tomada de reféns" (Brasil, 1956b; Brasil, 1957, Quarta Convenção, art. 34). Aqueles que se encontrem detidos preventivamente ou cumprindo pena restritiva de liberdade, da mesma forma, serão tratados com humanidade durante o encarceramento e poderão pedir para abandonar o território tão logo conquistem o direito à liberdade (Brasil, 1956b; Brasil, 1957, Quarta Convenção, art. 37).

As pessoas protegidas terão o direito de abandonar o território durante o conflito, exceto se sua saída for contrária aos interesses nacionais, que deverão ser averiguados em procedimentos fixados em regulamento. Para isso, estarão autorizadas a se munirem de fundos e de artigos domésticos e objetos de uso pessoal (Brasil, 1956b; Brasil, 1957, Quarta Convenção, art. 35). As saídas serão realizadas em condições razoáveis de segurança, higiene, salubridade e alimentação. As despesas realizadas a partir da saída do território ficarão sob a responsabilidade do Estado de destino ou do país neutro (Brasil, 1956b; Brasil, 1957, Quarta Convenção, art. 36).

Os protegidos poderão ser obrigados ao trabalho somente nas mesmas condições que os súditos do território em que se encontrarem (Brasil, 1956b; Brasil, 1957, Quarta Convenção, art. 40). A Potência ocupante só poderá obrigar ao trabalho os protegidos maiores de 18 anos e exclusivamente para os serviços de utilidade pública, alimentação, habitação, vestuário, nos transportes ou na saúde da população do país ocupado. Esse trabalho será executado, preferencialmente, no interior do território ocupado e no local habitual de trabalho, remunerado equitativamente e conforme as capacidades físicas e intelectuais. Os protegidos terão os mesmos direitos da legislação trabalhista em vigor no país ocupado nas disposições relativas às condições de trabalho, às medidas de proteção, a salários, jornadas, equipamentos de proteção individual, instrução inicial e reparações por acidentes de trabalho e doenças profissionais (Brasil, 1956b; Brasil, 1957, Quarta Convenção, art. 51). "Nenhum contrato, acordo ou regulamento poderá atingir o direito de qualquer trabalhador, voluntário ou não, onde quer que se encontre, de se dirigir aos representantes da Potência protetora para pedir a sua intervenção" (Brasil, 1956b; Brasil, 1957, Quarta Convenção, art. 52).

A Potência ocupante não poderá obrigar os protegidos a servirem em suas forças armadas ou auxiliares, e será vedada toda propaganda ou campanha destinada à arregimentação de voluntários. Também não poderão ser compelidos a qualquer trabalho que os obrigue a tomar parte em operações militares ou semimilitares ou atuar na segurança das instalações onde são executados os trabalhos compulsórios (Brasil, 1956b; Brasil, 1957, Quarta Convenção, art. 51, primeira parte).

No entanto, se forem nacionais do inimigo, serão obrigados apenas à execução de serviços necessários: "a alimentação, o alojamento, o vestuário, o transporte e a saúde de seres humanos e que não estejam diretamente relacionados com a condução das operações militares" (Brasil, 1956b; Brasil, 1957, Quarta Convenção, art. 40). Em ambos os casos de trabalho obrigatório, os trabalhadores serão beneficiados com as mesmas condições de trabalho e as mesmas medidas de proteção dos nacionais, em particular quanto a salários, jornada, equipamentos, instrução prévia e reparação por acidentes de trabalho e doenças profissionais. "São proibidas todas as medidas tendentes a provocar o desemprego ou a restringir as possibilidades de trabalho dos trabalhadores de um país ocupado, com o fim de induzi-los a trabalhar para a Potência ocupante" (Brasil, 1956b; Brasil, 1957, Quarta Convenção, art. 52, segunda parte).

Os protegidos desempregados terão o direito de encontrar um trabalho remunerado e gozarão das mesmas vantagens que os súditos da Potência em cujo território se encontrarem (Brasil, 1956b; Brasil, 1957, art. 39). A parte em conflito deverá satisfazer as necessidades dos protegidos e familiares que estiverem impossibilitados de prover à sua subsistência em razão de imposição de medidas de fiscalização ou do exercício do poder de polícia. Em todas as circunstâncias, os protegidos poderão receber subsídios do país de origem, da Potência protetora ou das sociedades de beneficência (Brasil, 1956b; Brasil, 1957, Quarta Convenção, art. 39).

A obrigatoriedade de residência ou o internamento apenas poderão ser ordenados por razões de segurança da Potência em poder da qual essas pessoas estiverem (Brasil, 1956b; Brasil, 1957, Quarta Convenção, art. 41): "As pessoas protegidas não poderão ser transferidas para uma Potência que não seja parte na Convenção" ou onde possam "temer perseguições por motivo das suas opiniões políticas ou religiosas" (Brasil, 1956b; Brasil, 1957, Quarta Convenção, art. 45). A Convenção não impede a extradição de pessoas protegidas acusadas de crimes de direito comum, em virtude de tratados de extradição concluídos antes do início das hostilidades. As transferências em massa ou individuais forçadas e as deportações de protegidos do território ocupado para o da Potência ocupante ou para outro país são proibidas. Contudo, a parte ocupante poderá proceder à evacuação total ou parcial se a segurança colocar em risco a população ou por objetivos militares; a população será reconduzida aos seus lares tão logo cessem as hostilidades nessa área. Para a evacuação, deverá ser providenciado que as pessoas protegidas sejam acomodadas em instalações apropriadas e que os deslocamentos sejam efetuados em condições satisfatórias de higiene, sanidade, segurança e alimentação, com o cuidado para que os membros de uma mesma família não sejam separados. A Potência protetora deverá ser informada das transferências e evacuações. "A Potência ocupante não poderá proceder à deportação ou à transferência de uma parte da sua própria população civil para o território por ela ocupado" (Brasil, 1956b; Brasil, 1957, Quarta Convenção, art. 49)

A Potência ocupante, em cooperação com as autoridades locais, deverá garantir o funcionamento regular das escolas de ensino básico e entidades dedicadas à assistência de crianças e adolescentes. Para isso, deverá facilitar a identificação dos alunos e controlar e efetuar o registro de sua filiação. Vedam-se a mudança do estatuto pessoal e o alistamento nas formações ou organizações que estejam subordinadas. Na ausência de um parente próximo ou de um amigo que possa tomar a seu cargo os órfãos e separados de seus pais em consequência da guerra, a Potência ocupante deverá garantir-lhes, dentro do possível, a educação ministrada por pessoas da mesma nacionalidade, língua e religião (Brasil, 1956b; Brasil, 1957, Quarta Convenção, art. 50).

A Potência ocupante não poderá destruir os bens móveis e/ou imóveis individuais ou coletivos pertencentes a particulares, ao Estado, a organizações sociais ou cooperativas, exceto se forem considerados imprescindíveis para as operações militares (Brasil, 1956b; Brasil, 1957, Quarta Convenção, art. 53).

A Potência ocupante não poderá derrogar ou alterar o estatuto dos servidores ou dos magistrados do território ocupado "ou tomar contra eles sanções ou quaisquer medidas coercivas ou de diferenciação no caso de deixarem de exercer as suas funções por razões de consciência" (Brasil, 1956b; Brasil, 1957, Quarta Convenção, art. 54). Porém, terá o direito de afastar os funcionários públicos de seus lugares (Brasil, 1956b; Brasil, 1957, Quarta Convenção, art. 54).

O ordenamento penal do território ocupado continuará em vigor, exceto se ameaçar a segurança ou conflitar com as Convenções de Genebra, quando então poderá ser revogado ou suspenso pela Potência ocupante. Além da legislação criminal local, a Potência ocupante poderá submeter a população a outras disposições indispensáveis para o desempenho das obrigações assumidas pela Convenção e para garantir a administração do território e a segurança dos membros e dos bens das forças ou da administração da ocupação e da estrutura e sistema de comunicação (Brasil, 1956b; Brasil, 1957, Quarta Convenção, art. 65). No entanto, as disposições penais promulgadas pela Potência ocupante somente entrarão em vigor após publicação e ciência na própria língua da população e sem efeito retroativo (Brasil, 1956b; Brasil, 1957, Quarta Convenção, art. 65).

A lei penal não poderá prever a pena de morte para os protegidos, exceto por espionagem, atos graves de sabotagem das instalações militares ou delitos dolosos que tenham causado o falecimento de uma ou mais pessoas. Não poderá ser pronunciada sem que se considere que não se trata de súdito e que não tem o dever de fidelidade com a Potência ocupante, assim como não poderá ser aplicada a uma pessoa protegida com idade inferior a 18 anos no momento da infração (Brasil, 1956b; Brasil, 1957, Quarta Convenção, art. 68). As pessoas condenadas à morte terão o direito de pedir clemência. A pena de morte não será executada antes de seis meses, contados do recebimento da comunicação do julgamento definitivo ou da recusa da clemência pela Potência protetora (Brasil, 1956b; Brasil, 1957, Quarta Convenção, art. 75). A Potência ocupante, no processo e julgamento de infração das tipificações penais por ela promulgadas, poderá relegar os acusados aos seus órgãos judiciais militares, não políticos e regularmente constituídos, desde que todas as instâncias estejam instaladas no território ocupado (Brasil, 1956b; Brasil, 1957, Quarta Convenção, art. 66). No Brasil, a estrutura e a organização da Justiça Militar em tempo de guerra são definidas pela lei que "organiza a Justiça Militar da União e regula o funcionamento de seus serviços auxiliares" (Brasil, 1992d). A lei autoriza a criação dos conselhos da Justiça Militar e do Conselho Superior da Justiça Militar, bem como a investidura dos juízes federais da Justiça Militar da União em tempo de guerra (Brasil, 1992d, arts. 91 a 97)*.

A aplicação das disposições legais deverá harmonizar-se com os princípios gerais do Direito, especialmente o da proporcionalidade das penas, e considerar a condição de que o acusado não é um súdito da Potência ocupante (Brasil, 1956b; Brasil, 1957, Quarta Convenção, art. 67). Também deverão ser observados outros primados internacionalmente exigidos, como o do devido processo legal, com base no qual o acusado deverá ser informado, por escrito, numa língua que domine, dos pormenores da acusação (Brasil, 1956b; Brasil, 1957, Quarta Convenção, art. 71). A Potência protetora será informada da instauração e do andamento da acusação e poderá participar de cada fase do processo instaurado contra as pessoas protegidas, se a pena tipificada for a condenação à morte ou prisão superior a dois anos (Brasil, 1956b; Brasil, 1957, Quarta Convenção, arts. 71 e 74).

A pena de prisão poderá ser convertida em internamento pelo mesmo período (Brasil, 1956b; Brasil, 1957, Quarta Convenção, art. 68, segunda parte).

Segundo a Convenção,

Artigo 68

Quando uma pessoa protegida tiver cometido uma infração unicamente destinada a causar dano à Potência ocupante, mas que não constitua um atentado contra a vida ou integridade física dos membros das forças ou da administração da ocupação, nem crie um grave perigo coletivo e que não cause prejuízo importante nos bens das

---

* O Capítulo 2 desta obra descreve com detalhes o funcionamento dos órgãos da Justiça Militar brasileira em tempo de guerra.

forças ou da administração da ocupação ou nas instalações utilizadas por elas, esta pessoa fica sujeita ao internamento ou simples prisão, ficando entendido que a duração deste internamento ou desta prisão será proporcional à infração cometida. Além disso, o internamento ou a prisão será para tais infrações a única medida privativa de liberdade que poderá ser tomada a respeito das pessoas protegidas. (Brasil, 1956b; Brasil, 1957, Quarta Convenção)

Os condenados cumprirão a pena no território ocupado; serão separados conforme sua condição e receberão os cuidados médicos exigidos pelo seu estado de saúde e assistência espiritual. "As mulheres serão alojadas em locais separados e colocadas sob a vigilância imediata de mulheres", e os menores serão tratados conforme legislação específica. Os detentos terão o direito à visita dos delegados da Potência protetora e da Comissão Internacional da Cruz Vermelha e, mensalmente, a uma encomenda de socorro (Brasil, 1956b; Brasil, 1957, Quarta Convenção, art. 76). "As pessoas protegidas acusadas ou condenadas pelos tribunais no território ocupado serão entregues, no fim da ocupação, com o respectivo processo, às autoridades do território libertado." (Brasil, 1956b; Brasil, 1957, Quarta Convenção, art. 77).

A Quarta Convenção de Genebra (Brasil, 1956b; Brasil, 1957) dedica a Seção IV às regras relativas ao tratamento dos internados:

» disposições gerais (arts. 79 a 82);
» lugares de internamento (arts. 83 a 88);
» alimentação e vestuário (arts. 89 e 90);
» higiene e cuidados médicos (arts. 91 e 92);
» religião, atividades intelectuais e físicas (arts. 93 a 96);

» propriedade e recursos privados dos encarcerados (arts. 97 e 98);
» administração e disciplina (arts. 99 a 104);
» relações dos internos com o mundo exterior (arts. 105 a 116);
» sanções penais e disciplinares (arts. 117 a 126);
» transferência dos internados (arts. 127 e 128);
» falecimentos (arts. 129 a 131).

As pessoas internadas serão libertadas pela Potência detentora tão logo cessem as causas que motivaram o internamento, e as partes em conflito se empenharão, durante as hostilidades, para celebrarem acordos de libertação, repatriamento, regresso ao local do domicílio ou concessão de hospitalidade em país neutro em favor das crianças, das grávidas, das mães que estão amamentando ou com filhos de tenra idade, dos feridos e enfermos ou internados que tenham estado detidos por largo tempo (Brasil, 1956b; Brasil, 1957, Quarta Convenção, art. 132). Entretanto, os internados com processos penais pendentes por delitos que não estejam exclusivamente sujeitos a penalidades disciplinares poderão ficar detidos até a conclusão da ação e, se condenados, até o cumprimento da pena; o mesmo será aplicado aos condenados a uma pena com perda de liberdade. "Por acordo entre a Potência detentora e as Potências interessadas, deverão ser criadas comissões, depois de terminadas as hostilidades ou a ocupação do território, para procurar os internados dispersos" (Brasil, 1956b; Brasil, 1957, Quarta Convenção, art. 133).

As partes em conflito e em todos os casos de ocupação deverão organizar um departamento oficial de informações a respeito das pessoas protegidas que se encontrarem em seu poder. Deverão enviar ao departamento informações sobre as medidas tomadas contra as pessoas protegidas que estiverem reclusas, internadas ou com residência fixada há mais de duas semanas no território ocupado. Será da atribuição desse escritório o fornecimento de indicações referentes às alterações que se tenham dado com as pessoas protegidas, como transferências, liberdades, repatriamentos, evasões, hospitalizações, nascimentos e falecimentos (Brasil, 1956b; Brasil, 1957, Quarta Convenção, arts. 136 a 141).

6.4 Tratamento de prisioneiros de guerra

A Terceira Convenção versa sobre o tratamento dos prisioneiros de guerra e foi assinada em 27 de julho de 1929, na Conferência Diplomática realizada entre 1º e 27 de julho de 1929. Sua aplicação se fará com a cooperação e a fiscalização das normas por parte das Potências protetoras, que, para isso, poderão nomear delegados entre os próprios súditos ou entre súditos de outras Potências neutras, fora de seu pessoal diplomático ou consular. Será necessária a aprovação desses delegados pela Potência junto à qual exercerão sua missão (Brasil, 1956b; Brasil, 1957, Terceira Convenção, art. 8º). Quando os prisioneiros de guerra não forem beneficiados ou quando deixarem de se beneficiar das atividades de uma Potência protetora, esta deverá solicitar a um Estado neutro ou organismo internacional a assunção dessas funções. Se não for possível a proteção, a Potência detentora solicitará à Comissão Internacional da Cruz Vermelha ou a outro organismo similar que assegure as missões (Brasil, 1956b; Brasil, 1957, Terceira Convenção, art. 10). Os prisioneiros de guerra que estiverem no poder da Potência inimiga não poderão, de forma alguma, ficar nas mãos dos indivíduos ou das tropas que os capturaram. Os prisioneiros de guerra apenas poderão ser transferidos para uma Potência signatária da Convenção (Brasil, 1956b; Brasil, 1957, Terceira Convenção, art. 12).

A Convenção define como prisioneiros de guerra as pessoas em poder do inimigo que se integrem em algumas categorias. A primeira categoria são os membros das forças armadas, das milícias e dos corpos de voluntários que façam parte das forças armadas em conflito. A segunda é formada pelos membros das outras milícias e corpos de voluntários, incluindo os movimentos de resistência organizados pertencentes a uma parte no conflito que operem fora ou no interior do próprio território, desde que haja uma relação de comando e subordinação e esses membros tenham um sinal distinto fixo que se reconheça a distância, ostentem as armas à vista e respeitem as leis e usos de guerra em suas operações. A terceira categoria são os integrantes de forças armadas regulares "que obedeçam a um Governo ou a uma autoridade não reconhecida pela Potência detentora" (Brasil, 1956b; Brasil, 1957, Terceira Convenção, art. 4º). A quarta são os acompanhantes que não integram as forças armadas, como as tripulações civis das aeronaves militares, os correspondentes de guerra, os fornecedores e os membros das unidades de trabalho autorizados que portem um documento de identidade. A quinta é formada pelas tripulações, incluindo comandantes, pilotos e praticantes da marinha mercante e da aviação civil que não sejam beneficiados com um tratamento mais favorável pelo Direito Internacional. A sexta é constituída pela "população de um território não ocupado que, à aproximação do inimigo, pegue espontaneamente em armas, para combater as tropas de invasão, sem ter tido tempo de se organizar em força armada regular, desde que transporte as armas à vista e respeite as leis e costumes da guerra" (Brasil, 1956b; Brasil, 1957, Terceira Convenção, art. 4º). A sétima é integrada pelos que pertençam ou tenham pertencido às forças do país ocupado se a Potência ocupante julgar necessário proceder ao seu internamento, especialmente após "uma tentativa não coroada de êxito daquelas pessoas para se juntarem às forças armadas a que pertenciam e que continuam a combater, ou quando não obedeçam a uma imitação que lhes tenha sido feita com o fim de internamento" (Brasil, 1956b; Brasil, 1957, Terceira Convenção, art. 4º). Por fim, consideram-se as pessoas integrantes das categorias anteriores que as Potências neutras ou não integrantes do conflito tenham recebido em seu território e que tenham de internar em virtude do Direito Internacional (Brasil, 1956b; Brasil, 1957, Terceira Convenção, art. 4º). "Os prisioneiros de guerra não poderão em caso algum renunciar parcial ou totalmente aos direitos que lhes são assegurados pela presente Convenção ou, quando for o caso, pelos acordos especiais referidos no artigo precedente, se existirem" (Brasil, 1956b; Brasil, 1957, Terceira Convenção, art. 7º).

O tratamento dos prisioneiros de guerra deverá respeitar os direitos humanos, sendo considerados infração os atos ou omissões ilícitas da Potência detentora que resultem em morte ou exponham o indivíduo ao risco de contração de graves enfermidades. Ninguém poderá ser submetido a mutilação ou experiência médica ou científica não justificada e não autorizada pelo prisioneiro e por seu interesse. A proteção também será assegurada contra atos de violência, intimidação, insultos, curiosidade pública e medidas de represália (Brasil, 1956b; Brasil, 1957, Terceira Convenção, art. 13). Os prisioneiros de guerra sempre conservam a plena capacidade civil e têm direito ao respeito à sua honra (Brasil, 1956b; Brasil, 1957, Terceira Convenção, art. 14). Todos deverão ser tratados da mesma forma, sem qualquer distinção de caráter desfavorável, de raça, nacionalidade, religião, opiniões políticas ou análogas. O tratamento distintivo somente será permitido em relação à graduação e ao gênero ou em razão das limitações de saúde, idade e aptidões profissionais (Brasil, 1956b; Brasil, 1957, Terceira Convenção, art. 16). As mulheres gozam de todos os benefícios dispensados aos homens, e as peculiaridades inerentes ao seu gênero deverão ser observadas e respeitadas (Brasil, 1956b; Brasil, 1957, Terceira Convenção, art. 14). "A Potência detentora dos prisioneiros de guerra será obrigada a prover gratuitamente ao seu sustento e a dispensar-lhes os cuidados médicos de que necessite o seu estado de saúde" (Brasil, 1956b; Brasil, 1957, Terceira Convenção, art. 15).

Os prisioneiros de guerra, quando interrogados, serão obrigados a fornecer nome, apelido, pronomes, posto ou graduação, data do nascimento e número de matrícula, sob pena de sofrerem uma restrição das vantagens concedidas aos prisioneiros com o mesmo posto ou graduação. Não poderá ser aplicada nenhuma tortura física ou psicológica nem outra medida coercitiva para a obtenção de informações, e a recusa da resposta não poderá resultar em ameaça, insultos ou outras formas desagradáveis ou inconvenientes de exposição (Brasil, 1956b; Brasil, 1957, Terceira Convenção, art. 17). Os presos não poderão ser privados dos distintivos de posto ou graduação e da nacionalidade, das condecorações e dos objetos de valor pessoal ou sentimental. Deverão conservar consigo os objetos de uso e proteção pessoal, como os capacetes metálicos e as máscaras contra gases, salvo equipamentos e documentos militares.

Nunca deverão estar desacompanhados de seus documentos de identidade (Brasil, 1956b; Brasil, 1957, Terceira Convenção, art. 18).

Os presos serão evacuados para campos distantes da área de combate imediatamente após a captura e não serão expostos ao perigo enquanto aguardarem sua evacuação (Brasil, 1956b; Brasil, 1957, Terceira Convenção, art. 19). A evacuação será efetuada "sempre com humanidade e em condições semelhantes àquelas em que são efetuados os deslocamentos das forças da Potência detentora" (Brasil, 1956b; Brasil, 1957, Terceira Convenção, art. 20). Deverão ser fornecidos água potável, alimentação, suporte médico e deverão ser tomadas as precauções de segurança. A permanência em campos de trânsito deverá ser a mais rápida possível (Brasil, 1956b; Brasil, 1957, Terceira Convenção, art. 20).

Os campos de prisioneiros de guerra serão identificados pelas letras *P. G.* ou *P. W.*, com ampla visibilidade aérea, embora as Potências interessadas possam acordar outra forma de sinalização (Brasil, 1956b; Brasil, 1957, Terceira Convenção, art. 23).

Artigo 23

[...]

Os prisioneiros de guerra disporão, no mesmo grau que a população civil local, de abrigos contra os bombardeamentos aéreos e outros perigos de guerra; à exceção daqueles que participarem na proteção dos seus acampamentos contra estes perigos, poderão abrigar-se tão rapidamente quanto possível, desde que o alerta seja dado. Qualquer outra medida de proteção que seja tomada a favor da população ser-lhes-á igualmente aplicada. As Potências detentoras comunicarão reciprocamente por intermédio das Potências protetoras, todas as indicações úteis sobre a situação geográfica dos campos de prisioneiros de guerra. (Brasil, 1956b; Brasil, 1957, Terceira Convenção)

A Potência detentora poderá impor que os prisioneiros não se afastem de determinado limite do campo em que estão internados. Eles não poderão ser encarcerados, exceto para a salvaguarda de sua saúde ou para a aplicação de sanções penais e disciplinares autorizadas pela Convenção (Brasil, 1956b; Brasil, 1957, Terceira Convenção, art. 21). A Potência detentora deverá agrupar os prisioneiros de guerra em campos ou seções de campos "tendo em conta a sua nacionalidade, a sua língua e os seus costumes, sob reserva de que estes prisioneiros não sejam separados dos prisioneiros de guerra pertencentes às forças armadas em que eles serviam à data da sua captura, a não ser com a sua aquiescência" (Brasil, 1956b; Brasil, 1957, Terceira Convenção, art. 22). O internamento somente poderá ocorrer em terra firme e em local com higiene e salubridade, sendo vedado o encarceramento em penitenciárias, exceto em situações especiais justificadas pelo interesse do próprio dos prisioneiros (Brasil, 1956b; Brasil, 1957, Terceira Convenção, art. 22). O alojamento deverá ter condições similares às oferecidas às tropas da Potência detentora, estando de acordo com os hábitos e costumes dos prisioneiros. Deverá estar ao abrigo da umidade, aquecido e iluminado, com as precauções contra os riscos de incêndio. Deverão ser reservados dormitórios separados para as prisioneiras (Brasil, 1956b; Brasil, 1957, Terceira Convenção, art. 25). A Potência detentora terá de fornecer roupas e calçados em quantidade suficiente, de acordo com o clima da região. "Os uniformes dos exércitos inimigos capturados pela Potência detentora serão utilizados para vestuário dos prisioneiros de guerra, se forem próprios para o clima do país" (Brasil, 1956b; Brasil, 1957, Terceira Convenção, art. 27)

Artigo 26

A ração alimentar diária básica será suficiente, em quantidade, qualidade e variedade, para manter os prisioneiros de boa saúde e impedir uma perda de peso ou o desenvolvimento de doenças por carência de alimentação. Ter-se-á igualmente em conta o regime a que estão habituados os prisioneiros. (Brasil, 1956b; Brasil, 1957, Terceira Convenção)

As refeições serão fornecidas em refeitórios apropriados, e serão proibidas as medidas disciplinares coletivas que afetem a alimentação (Brasil, 1956b; Brasil, 1957, Terceira Convenção, art. 26). Nos campos, será obrigatória a instalação de cantinas que vendam aos prisioneiros pelo preço do comércio local alimentos, objetos de uso contínuo, produtos de higiene etc. (Brasil, 1956b; Brasil, 1957, Terceira Convenção, art. 28). Os lucros das cantinas serão destinados a um fundo especial em benefício dos próprios prisioneiros, que terão representantes na direção da cantina e na administração do fundo. Após a dissolução do campo, o saldo do fundo será doado a uma organização humanitária internacional para ser aplicado em benefício de outros prisioneiros da mesma nacionalidade (Brasil, 1956b; Brasil, 1957, Terceira Convenção, art. 28).

A Potência detentora deverá tomar as medidas de higiene necessárias para impedir as epidemias (Brasil, 1956b; Brasil, 1957, Terceira Convenção, art. 29). Os prisioneiros de guerra terão o direito de se apresentarem às autoridades médicas para serem examinados. Deverá ser criada uma enfermaria para que os presos recebam os cuidados de que possam necessitar, assim como terão um regime alimentar apropriado. Os doentes atacados de doenças contagiosas ou mentais ficarão em locais isolados. As despesas de tratamento, incluindo as que forem feitas com qualquer aparelho, como próteses dentárias e óculos, estarão a cargo da Potência detentora (Brasil, 1956b; Brasil, 1957, Terceira Convenção, art. 30). O pessoal de saúde e os capelães não serão considerados prisioneiros de guerra, beneficiando-se de todas as vantagens e da proteção da Convenção, bem como das facilidades para levar os cuidados médicos e seu auxílio espiritual aos prisioneiros de guerra (Brasil, 1956b; Brasil, 1957, Terceira Convenção, art. 33).

Deverão ser reservados locais para os cultos religiosos, e os prisioneiros se beneficiarão de total liberdade para professar sua religião, seguindo os ritos prescritos pela autoridade militar e religiosa. Quando os prisioneiros de guerra não dispuserem de assistência de um capelão retido, poderá ser nomeado, a pedido deles, um ministro pertencente à sua confissão ou semelhante ou, até mesmo, um laico qualificado, desde que aprovado pela Potência detentora e pelas autoridades religiosas da mesma confissão (Brasil, 1956b; Brasil, 1957, Terceira Convenção, art. 37).

A Potência detentora incentivará a prática de atividades intelectuais, educativas, recreativas e desportivas dos prisioneiros de guerra, disponibilizando os locais e equipamentos necessário para isso (Brasil, 1956b; Brasil, 1957, Terceira Convenção, art. 38).

Os beligerantes comunicarão reciprocamente os títulos, os postos e as graduações para assegurar a isonomia de tratamento entre os prisioneiros de graduação equivalente à dos militares da Potência detentora. As promoções dos prisioneiros de guerra serão devidamente comunicadas pela Potência a que pertencem e deverão ser respeitadas (Brasil, 1956b; Brasil, 1957,

Terceira Convenção, art. 43). "Os oficiais e equiparados prisioneiros de guerra serão tratados com as atenções devidas ao seu posto e idade" (Brasil, 1956b; Brasil, 1957, Terceira Convenção, art. 45). Os campos de prisioneiros estarão submetidos à autoridade direta de um oficial pertencente às forças regulares da Potência detentora. Os oficiais prisioneiros serão obrigados a cumprimentar apenas os oficiais de grau superior da Potência detentora, mas deverão cumprimentar o comandante do campo de qualquer posto (Brasil, 1956b; Brasil, 1957, Terceira Convenção, art. 39). "Será autorizado o uso de distintivos dos postos e da nacionalidade, assim, como das condecorações" (Brasil, 1956b; Brasil, 1957, Terceira Convenção, art. 40). O uso das armas contra os prisioneiros de guerra, principalmente nas evasões, constituir-se-á em meio extremo e sempre precedido de avisos apropriados às circunstâncias (Brasil, 1956b; Brasil, 1957, Terceira Convenção, art. 42).

Artigo 41

[...]

Os regulamentos, ordens, avisos e publicações de toda a natureza relativos à conduta dos prisioneiros de guerra ser-lhes-ão distribuídos numa língua que eles compreendam; serão afixados nas condições previstas e serão também entregues alguns exemplares ao representante dos prisioneiros. Todas as ordens e instruções dadas individualmente aos prisioneiros deverão igualmente ser dadas numa língua que eles compreendam. (Brasil, 1956b; Brasil, 1957, Terceira Convenção)

A Potência detentora poderá empregar prisioneiros válidos de acordo com sua idade, gênero, posto, graduação e aptidões físicas, para manter a saúde física e mental. Os oficiais ou equiparados não poderão ser obrigados a trabalhar, e os sargentos somente poderão ser destacados para vigilância. Os que não forem destacados para esses trabalhos poderão pedir um trabalho que lhes convenha (Brasil, 1956b; Brasil, 1957, Terceira Convenção, art. 49). Os prisioneiros, além dos trabalhos na administração, instalação ou manutenção de seu campo, somente deverão ser obrigados à execução de trabalhos na agricultura; nas indústrias produtoras, extratoras e manufatoras (exceto nas metalúrgicas, mecânicas e químicas; no serviço público e em edificações para fins militares); nos transportes e manutenção sem caráter ou fim militar; nas atividades comerciais ou artísticas; nas atividades domésticas; e em serviços públicos civis (Brasil, 1956b; Brasil, 1957, Terceira Convenção, art. 50).

Deverá ser assegurada a aplicação de leis e de regulamentos nacionais sobre a proteção do trabalho concernentes à Potência detentora (Brasil, 1956b; Brasil, 1957, Terceira Convenção, art. 51). A jornada de trabalho, incluindo os trajetos de ida e regresso, será a mesma admitida para os trabalhadores civis da Potência detentora empregados no mesmo serviço. Os trabalhadores prisioneiros terão o direito a um descanso de uma hora ao meio do dia ou, se for maior, ao tempo que beneficie os trabalhadores da Potência detentora, bem como ao repouso de vinte e quatro horas consecutivas por semana, preferencialmente no domingo e nos dias de descanso no país de origem. Todo ano também terão direito a férias remuneradas de oito dias consecutivos (Brasil, 1956b; Brasil, 1957, Terceira Convenção, art. 53). Deverão ser realizados exames médicos mensais para avaliar e controlar a aptidão dos prisioneiros para o trabalho, inclusive devendo ser considerada a natureza dos serviços. Se for diagnosticada a incapacidade, os médicos poderão recomendar que sejam dispensados do trabalho (Brasil, 1956b; Brasil, 1957, Terceira Convenção, art. 55).

A Potência detentora poderá limitar a quantia em poder dos prisioneiros de guerra. Ela entregará um adiantamento do vencimento mensal, convertido na moeda local: oito francos suíços para os prisioneiros de posto inferior a sargento; doze francos suíços para os sargentos e outros suboficiais; cinquenta francos suíços para os oficiais até o posto de capitão; cinquenta francos suíços para os comandantes ou majores, tenentes-coronéis, coronéis ou prisioneiros; e sessenta francos suíços para oficiais generais (Brasil, 1956b; Brasil, 1957, Terceira Convenção, art. 60). A Potência detentora abrirá uma conta-corrente para cada prisioneiro, na qual serão lançadas as quantias pagas e as transferências de salários e os descontos do prisioneiro, a título de adiantamento de vencimento ou salário, bem como as quantias retiradas ao prisioneiro (Brasil, 1956b; Brasil, 1957, Terceira Convenção, art. 64). "Todo o lançamento feito na conta do prisioneiro de guerra será assinado ou rubricado por ele ou pelo representante dos prisioneiros atuando em seu nome" (Brasil, 1956b; Brasil, 1957, Terceira Convenção, art. 65). Os prisioneiros terão o direito de acompanhar os extratos de suas contas, a serem recebidos da auditoria da Potência protetora em visitas ao campo. Os transferidos para outro campo levarão sua conta pessoal. Se forem transferidos para outra Potência detentora, serão acompanhados das quantias que lhes pertencerem e receberão um certificado relativo aos valores em crédito de sua conta (Brasil, 1956b; Brasil, 1957, Terceira Convenção, art. 65). "Quando terminar o cativeiro de prisioneiro de guerra, quer pela libertação, quer pelo repatriamento, a Potência detentora entregar-lhe-á uma declaração, assinada por oficial qualificado, atestando o seu saldo credor" (Brasil, 1956b; Brasil, 1957, Terceira Convenção, art. 66).

Os prisioneiros de guerra, imediatamente após sua captura ou até uma semana depois de sua chegada ao campo, deverão informar seu cativeiro e seu estado de saúde diretamente à família e à agência central dos prisioneiros de guerra por meio de um formulário-bilhete padronizado (Brasil, 1956b; Brasil, 1957, Terceira Convenção, art. 70). Serão autorizados a expedir telegramas os que estiverem há muito tempo sem notícias da família, impossibilitados de as receber ou muito longe de seus lares.

"Só poderão ser impostas novas limitações se a Potência protetora as julgar necessárias para o interesse dos próprios prisioneiros, atendendo às dificuldades que a Potência detentora encontre no recrutamento de um número suficiente de tradutores idôneos para efetuar a censura necessária" (Brasil, 1956b; Brasil, 1957, Terceira Convenção, art. 71).

Os prisioneiros de guerra poderão nomear representantes e os auxiliares que lhes forem necessários, para os quais serão dispensadas todas as facilidades materiais, inclusive de movimento para o desempenho de suas missões, como as inspeções a destacamentos de trabalho e a recepção de remessas de socorro. "Os representantes dos prisioneiros serão autorizados a visitar os lugares em que estão internados os prisioneiros de guerra e estes terão o direito de consultar livremente o seu representante" (Brasil, 1956b; Brasil, 1957, Terceira Convenção, art. 81).

Os prisioneiros de guerra estarão sujeitos a leis, regulamentos e ordens em vigor na Potência detentora, que poderá aplicar medidas e sanções judiciais ou disciplinares pelo cometimento de infração legalmente tipificada (Brasil, 1956b; Brasil, 1957,

Terceira Convenção, art. 82). As autoridades competentes deverão prescrever a maior indulgência na apreciação da pena e priorizar as medidas disciplinares às judiciais (Brasil, 1956b; Brasil, 1957, Terceira Convenção, art. 83). O processo e o julgamento deverão ser realizados prioritariamente por tribunais militares, exceto se as leis da Potência detentora fixarem a competência dos tribunais civis para o julgamento de prisioneiros de guerra. Os órgãos judiciais locais deverão oferecer as garantias de independência e imparcialidade e assegurar os direitos e meios de defesa (Brasil, 1956b; Brasil, 1957, Terceira Convenção, art. 84). As sanções disciplinares serão:

» multa até cinquenta por cento do adiantamento do vencimento ou do salário em período não superior a trinta dias;
» supressão de regalias;
» faxinas não superiores a duas horas por dia (não é permitida a aplicação para oficiais); e
» prisão (Brasil, 1956b; Brasil, 1957, Terceira Convenção, art. 89).

"Em caso algum as penas disciplinares poderão ser desumanas, brutais ou perigosas para a saúde dos prisioneiros de guerra" (Brasil, 1956b; Brasil, 1957, Terceira Convenção, art. 89).

A evasão de um prisioneiro de guerra será considerada como exitosa quando tenha se reunido às forças armadas da Potência pátria ou aliada; tenha deixado o território da Potência detentora ou aliada desta; ou tenha alcançado um navio arvorando a bandeira da Potência pátria ou aliada em águas territoriais da detentora. Os prisioneiros de guerra que forem novamente feitos prisioneiros não ficarão sujeitos a nenhum castigo pela sua evasão anterior (Brasil, 1956b; Brasil, 1957, Terceira Convenção, art. 91).

Artigo 100

Os prisioneiros de guerra assim como as Potências protetoras serão informados o mais cedo possível das infrações punidas com pena de morte na legislação da Potência detentora.

Por consequência, qualquer outra infração não poderá ser punida com a pena de morte sem o acordo da Potência de que dependem os prisioneiros.

A pena de morte não poderá ser pronunciada contra um prisioneiro sem que seja chamada a atenção do tribunal, conforme o segundo parágrafo do artigo 87, para o fato de que o acusado, não sendo um súbdito da Potência detentora, não está ligado a ela por nenhum dever de fidelidade e se encontra em seu poder em virtude de circunstâncias independentes da sua própria vontade.
(Brasil, 1956b; Brasil, 1957, Terceira Convenção)

O prisioneiro de guerra terá o direito à assistência de outros prisioneiros, à defesa por um advogado, à apresentação de testemunhas e à recursão, bem como, se necessário, aos serviços de um intérprete. Se não tiver defensor, a Potência defensora ou protetora nomeará um advogado e, para isso, contará com o prazo de, pelo menos, uma semana (Brasil, 1956b; Brasil, 1957, Terceira Convenção, art. 105). A sentença deverá conter um relatório resumido da instrução e do julgamento, destacando os elementos da acusação e da defesa e a indicação do estabelecimento onde será cumprida a pena. A sentença deverá ser comunicada imediatamente à Potência protetora (Brasil, 1956b; Brasil, 1957, Terceira Convenção, art. 107).

Na libertação e no repatriamento dos prisioneiros de guerra no fim das hostilidades, as despesas serão divididas entre a

Potência detentora e a Potência da nacionalidade. Quando forem limítrofes, a Potência da nacionalidade suportará os encargos a partir da fronteira e, se não forem limítrofes, a Potência detentora suportará o transporte até à sua fronteira ou ao ponto de embarque mais próximo da Potência pátria (Brasil, 1956b; Brasil, 1957, Terceira Convenção, art. 118).

6.5 Proteção de vítimas em conflitos não internacionais ou sem caráter internacional

Os Protocolos Adicionais Relativos à Proteção das Vítimas dos Conflitos Armados sem Caráter Internacional repetem muitas das proteções previstas nas quatro convenções de Genebra e algumas peculiaridades que vamos apresentar na sequência.

A primeira se refere aos desaparecidos. No fim das hostilidades ou mesmo antes, quando for possível, as partes em conflito deverão promover a busca daqueles cujo desaparecimento tenha sido comunicado pela Potência adversa, transmitindo todas as informações pertinentes. Cada beligerante estará obrigado a facilitar a obtenção de notícias, informando a identidade dos detidos, encarcerados ou mantidos em qualquer outra forma de cativeiro há mais de duas semanas e dos falecidos em razão das hostilidades ou da ocupação. Essas informações deverão ser constantemente notificadas por intermédio ou da Potência protetora, ou da Agência Central de Busca do Comitê Internacional da Cruz Vermelha, ou das Sociedades Nacionais da Cruz Vermelha (Crescente, Leão ou Sol Vermelhos) (Brasil, 1992a; 1993a, Protocolo I, art. 33, 1 a 3)

Artigo 33

[...]

4. As Partes em conflito se esforçarão para colocar-se de acordo sobre disposições que permitam que grupos constituídos com a finalidade de busca identifiquem e recuperem os mortos nas áreas do campo de batalha; essas disposições poderão prever, quando apropriado, que tais grupos sejam acompanhados de pessoal da Parte adversa quando no cumprimento dessas missões nas áreas por ela controladas. O pessoal de tais grupos deverá ser respeitado e protegido enquanto se dedique exclusivamente a tais missões. (Brasil, 1992a; 1993a, Protocolo I)

Os despojos dos falecidos estrangeiros por causa da ocupação ou das hostilidades deverão ser respeitados e as sepulturas conservadas, marcadas e identificadas. As Potências em conflito, em relação aos restos mortais, deverão promover acordos para:

» facilitar o acesso dos membros das famílias e dos representantes dos serviços oficiais;
» assegurar a proteção e a manutenção permanente das sepulturas;
» facilitar a repatriação dos despojos e a devolução dos objetos pessoais por solicitação do parente mais próximo ou pelo Estado de origem.

Se não houver acordo e se o país da nacionalidade dos falecidos não arcar com as despesas correspondentes à manutenção das sepulturas, a parte onde se encontram as sepulturas poderá oferecer facilidades para a devolução. Se o país de origem não aceitar, essa Potência, após a notificação do país de origem e depois de decorridos cinco anos após a data do oferecimento, aplicará a legislação local em matéria de cemitérios. Para isso, poderá exumar os restos mortais por interesse público, como em situações de necessidade sanitária ou de investigação administrativa ou judicial. Nessas condições, a exumação deverá guardar o respeito à memória do indivíduo, notificando-se ao país de origem a intenção de exumá-los e detalhes sobre a nova sepultura (Brasil, 1992a; 1993a, Protocolo I, art. 34).

Não poderão ser adotados métodos, meios, armas, projéteis ou materiais de combate que provoquem sofrimentos desnecessários, males supérfluos ou concebidos para causar danos extensos, duradouros e graves ao meio ambiente natural (Brasil, 1992a; 1993a, Protocolo I, art. 35).

Artigo 36

Novas Armas

> *Quando uma Alta Parte Contratante estude, desenvolva, adquira ou adote uma nova arma, ou novos meios ou métodos de combate, terá a obrigação de verificar se seu emprego, em certas condições ou em todas as circunstâncias, estaria proibido pelo presente Protocolo ou por qualquer outra norma de Direito Internacional aplicável a essa Alta Parte Contratante.* (Brasil, 1992a; 1993a, Protocolo I)

Não é autorizada a perfídia para matar, ferir ou capturar um adversário. A perfídia consiste na prática de atos de traição do adversário pela apelação à boa-fé, dissimulando-se o entendimento de que o traído tem direito à proteção ou está obrigado a concedê-la de acordo com as normas de Direito Internacional.

Artigo 37

[...]

1. [...] São exemplos de perfídia os seguintes atos:

a) *simular a intenção de negociar sob uma bandeira de armistício ou de rendição;*

b) *simular incapacidade por ferimentos ou enfermidades;*

c) *simular a condição de pessoa civil, não combatente; e*

d) *simular que possui condição de proteção, pelo uso de sinais, emblemas ou uniformes das Nações Unidas ou de Estados neutros ou de outros Estados que não sejam Partes em conflito.* (Brasil, 1992a; 1993a, Protocolo I, art. 37)

O Primeiro Protocolo não veda os estratagemas, que são conceituados como "os atos que têm por objeto induzir a erro um adversário ou fazer com que este cometa imprudências", que não sejam perfídios e que não infrinjam normas de Direito Internacional, como a camuflagem, os engodos, as operações simuladas e as informações falsas (Brasil, 1992a; 1993a, art. 37).

Conforme o referido protocolo, os mercenários não terão direito à proteção de combatente ou de prisioneiro de guerra. Os mercenários são definidos como os especialmente recrutados no local ou no exterior para combater em conflitos armados que, de fato, tomem parte direta nas hostilidades com desejo de obter lucro pessoal ou retribuição material consideravelmente superior à recebida pelos combatentes de funções semelhantes nas Forças Armadas. Ainda, esses milicianos não são nacionais das partes em conflito nem residentes em território controlado, tampouco se caracterizam como pessoas enviadas em missão oficial de um Estado que não é parte em conflito (Brasil, 1992a; 1993a, Protocolo I, art. 47).

As operações de guerra deverão procurar a preservação do meio ambiente natural contra danos extensos, de longa duração e graves, o que veda o emprego de métodos ou meios de combate que comprometam a saúde ou a sobrevivência da população. Também se proíbem os ataques à natureza como represália (Brasil, 1992a; 1993a, Protocolo I, art. 55).

A defesa civil é entendida como o cumprimento de tarefas humanitárias destinadas à proteção da população civil contra os perigos decorrentes de hostilidades e catástrofes, à ajuda para a recuperação das consequências imediatas e à facilitação das condições necessárias para a sua sobrevivência. Abrange:

» medidas de alarme, evacuação, abrigos, salvamento, serviços sanitários, pronto-socorro e assistência religiosa ou espiritual;
» combate a incêndios, detecção e sinalização de áreas perigosas;
» descontaminação, provisão de alojamento e abastecimento de urgência;
» ajuda para restauração e manutenção urgente da ordem e do restabelecimento de serviços essenciais;
» serviços funerários;
» preservação dos bens essenciais à sobrevivência;
» "atividades complementares necessárias para o desempenho de qualquer das tarefas mencionadas incluindo, mas não limitando, o planejamento e a organização" (Brasil, 1992a; 1993a, Protocolo I, art. 61).

Os jornalistas que atuem como correspondentes de guerra nas zonas de conflito armado ou realizem missões com civis serão protegidos, desde que se abstenham de todo ato que afete sua condição de pessoa civil. Eles têm o direito de obtenção de documento de identidade que atestará a condição de jornalista, a ser expedido pelo governo do Estado de sua nacionalidade, residência ou agência de imprensa ou órgão informativo pelo qual é empregado (Brasil, 1992a; 1993a, Protocolo I, art. 79).

O Primeiro Protocolo prevê a constituição de uma comissão internacional de investigação integrada por 15 membros de alta reputação moral e de reconhecida imparcialidade, com base em acordo entre 20 Potências signatárias. A Comissão terá competência para investigar alegações da prática de infração grave ou de violação grave às convenções ou aos protocolos e facilitar, pelos bons ofícios, a restauração de uma atitude de respeito aos tratados. A Comissão lavrará o próprio regulamento, inclusive as regras relativas à Presidência da Comissão e da Câmara. As investigações serão efetuadas por uma câmara formada por 7 membros, entre os quais 5 serão membros da Comissão não nacionais das partes em conflito em representação proporcional das regiões geográficas, nomeados pelo Presidente da Comissão após consulta aos beligerantes, e dois serão membros *ad hoc* não nacionais das Potências em conflito que estas nomearem. "A Comissão apresentará às Partes interessadas um relatório sobre as conclusos a que tenha chegado a Câmara sobre os fatos, acompanhado das recomendações que considere oportunas" (Brasil, 1992a; 1993a, Protocolo I, art. 90). A Comissão não divulgará as decisões entre as partes, a não ser que acordem acerca da publicação. Essas normas assegurarão que as funções de Presidente da Comissão sejam exercidas em todos os momentos e que, em caso de investigação, se exerçam por pessoa que não seja nacional das partes em conflito. As despesas administrativas da Comissão serão financiadas por contribuição voluntária das Potências signatárias. A parte ou as partes em conflito que requererem a investigação anteciparão os fundos que serão reembolsados pela parte denunciada em até 50% das despesas. Cada parte antecipará 50% dos fundos quando ocorrerem denúncias recíprocas (Brasil, 1992a; 1993a, Protocolo I, art. 90).

Pelo Segundo Protocolo, nenhuma disposição em tratado poderá ser invocada contra a soberania de um Estado, a responsabilidade governamental pela ordem pública ou a defesa da unidade nacional e da integridade territoriais por meios legítimos. Também será injustificável a invocação das convenções e dos protocolos para a intervenção direta ou indireta no conflito ou nos assuntos internos ou externos do Estado onde ocorrem as atividades beligerantes (Brasil, 1992a; 1993a, Protocolo II, art. 3°).

Qualquer que seja a circunstância, nenhuma pessoa poderá ser punida por ter exercido uma atividade médica conforme à deontologia, independentemente dos beneficiários dessa atividade. As pessoas que exerçam atividades médicas jamais serão compelidas a cumprir atos ou atividades contraditórias à deontologia e à ética médica nem a se absterem de executar atos exigidos por disposições legais e convencionais. As obrigações profissionais das pessoas que exercem atividades de caráter médico quanto a informações que poderiam obter com os feridos e os doentes por eles tratados deverão ser respeitadas, sem prejuízo da legislação nacional (Brasil, 1992a; 1993a, Protocolo II, art. 10).

As obras de engenharia ou instalações perigosas, como barragens, diques e usinas nucleares, não serão objeto de ataques, mesmo que constituam objetivos militares (Brasil, 1992a; 1993a, Protocolo II, art. 15). Também serão proibidos atos de hostilidade contra os monumentos históricos, as obras de arte e os lugares de culto "que constituem o patrimônio cultural ou espiritual dos povos, e utilizá-los para apoio do esforço militar" (Brasil, 1992a; 1993a, Protocolo II, art. 16). As convenções e os protocolos não afastam a aplicação das disposições da Convenção da Haia de 14 de maio de 1954.

6.6 Direito Penal Internacional

O Estado brasileiro aderiu ao Estatuto de Roma do Tribunal Penal Internacional, aprovado em 17 de julho de 1998 e assinado em 7 de fevereiro de 2000 (Brasil, 2002a, 2002c).

O Tribunal tem a natureza jurídica de direito público internacional e a capacidade judiciária necessária ao desempenho de suas funções e ao cumprimento de seus objetivos (Brasil, 2002a, art. 4º). A sede se localiza em Haia, nos Países Baixos, mas o Tribunal poderá funcionar fora do Estado anfitrião se houver necessidade (Brasil, 2002a, art. 3º). É uma instituição permanente com jurisdição complementar penal às cortes nacionais sobre os responsáveis pela prática de delitos internacionais de maior gravidade tipificados no Estatuto de Roma (Brasil, 2002a, art. 1º). Seus poderes e suas funções poderão ser exercidos no território dos Estados-partes e, por acordo bilateral, no território de Estado não signatário do Estatuto (Brasil, 2002a, art. 4º, 2). O Tribunal se relaciona com a ONU por meio de acordos ratificados pela Assembleia dos Estados-partes e concluídos pelo Presidente da instituição (Brasil, 2002a, art. 2º).

A competência será fixada *ratione temporis*, ou seja, nos Estados-partes originários, ela somente poderá ser exercida para o processo e o julgamento dos crimes cometidos após a entrada em vigor do Estatuto e, nos Estados que se tornarem partes no Estatuto, para os crimes cometidos depois de sua entrada em vigor nessas Potências (Brasil, 2002a, art. 11). Como prévia condição para o exercício da jurisdição, o Estado-parte deverá aceitar a jurisdição do Tribunal relativamente aos crimes previstos no Estatuto (Brasil, 2002a, art. 11, 1 e 2). O constituinte derivado inseriu por emenda que "o Brasil se submete à jurisdição de Tribunal Penal Internacional a cuja criação tenha manifestado adesão" (Brasil, 1988, art. 5º, § 4º; Brasil, 2004a, art. 1º). O exercício da jurisdição ocorrerá se o delito ocorrer no território do Estado que aceitou a competência do Tribunal, ou "se o crime tiver sido cometido a bordo de um navio ou de uma aeronave, o Estado de matrícula do navio ou aeronave", ou no "Estado de que seja nacional a pessoa a quem é imputado um crime" (Brasil, 2002a, art. 12, 1 e 2).

O direito aplicável à hermenêutica do Tribunal, em primeiro plano, é o próprio Estatuto de Roma e o regulamento processual aprovado internamente. Em segundo plano, equivale aos "tratados e [...] princípios e normas de direito internacional aplicáveis, incluindo os princípios estabelecidos no direito internacional dos conflitos armados" e, por fim, aos princípios gerais do direito extraído do direito interno dos distintos sistemas jurídicos (Brasil, 2002a, art. 21, 1). Nesta última interpretação, prefere-se a jurisprudência dos Estados que exerceriam a jurisdição relativamente ao crime se os próprios princípios não forem incompatíveis com o Estatuto, o Direito Internacional e as normas e costumes reconhecidos na sociedade internacional. O Tribunal ainda poderá aplicar princípios e normas de direito reiterados com base nos próprios precedentes. A exegese deverá sempre se compatibilizar com os direitos humanos, sem discriminação de gênero, idade, raça, cor, religião, opinião política ou pública, origem nacional, étnica ou social, situação econômica e financeira, nacionalidades ou qualquer outra condição (Brasil, 2002a, art. 21).

Pela *nulla poena sine lege*, as sanções penais somente poderão ser aplicadas se a conduta estiver tipificada no Estatuto de Roma (Brasil, 2002a, art. 23), apesar da imprescritibilidade dos crimes (Brasil, 2002a, art. 29). Entre os princípios expressos pelo Estatuto, o *ne bis in idem* pressupõe que nenhum réu poderá ser julgado por crimes pelos quais este já tenha sido condenado ou absolvido (Brasil, 2002a, art. 20, 1 e 2).

Artigo 20

[...]

3. O Tribunal não poderá julgar uma pessoa que já tenha sido julgada por outro tribunal, por atos também punidos pelos artigos 6º, 7º ou 8º, a menos que o processo nesse outro tribunal:

a) Tenha tido por objetivo subtrair o acusado à sua responsabilidade criminal por crimes da competência do Tribunal; ou

b) Não tenha sido conduzido de forma independente ou imparcial, em conformidade com as garantias de um processo equitativo reconhecidas pelo direito internacional, ou tenha sido conduzido de uma maneira que, no caso concreto, se revele incompatível com a intenção de submeter a pessoa à ação da justiça. (Brasil, 2002a)

Outro princípio é o *nullum crimen sine lege*, pelo qual alguém somente será considerado criminoso se sua conduta constituir um crime da competência do Tribunal. A tipicidade será objetivamente aferida e não será permitida a analogia em desfavor do réu. Havendo ambiguidade, a norma será interpretada em favor do indiciado, acusado ou condenado (Brasil, 2002a, art. 22). Pela irretroatividade *ratione personae*, ninguém poderá ser condenado por uma conduta anterior à entrada em vigor do Estatuto. Haverá a retroatividade da lei apenas se houver alteração no Estatuto mais favorável ao réu (Brasil, 2002a, art. 24). Os menores de 18 anos são inimputáveis (Brasil, 2002a, art. 26).

Artigo 27

Irrelevância da qualidade oficial

1. O presente Estatuto será aplicável de forma igual a todas as pessoas sem distinção alguma baseada na qualidade oficial. Em particular, a qualidade oficial de Chefe de Estado ou de Governo, de membro de Governo ou do Parlamento, de representante eleito ou de funcionário público, em caso algum eximirá a pessoa em causa de responsabilidade criminal nos termos do presente Estatuto, nem constituirá de per se motivo de redução da pena.

2. As imunidades ou normas de procedimento especiais decorrentes da qualidade oficial de uma pessoa; nos termos do direito interno ou do direito internacional, não deverão obstar a que o Tribunal exerça a sua jurisdição sobre essa pessoa. (Brasil, 2002a)

Pelo princípio da pessoalidade da pena, o acusado será considerado responsável e poderá ser punido se:

» cometer um crime individualmente, em conjunto ou por intermédio de outrem;
» ordenar, solicitar ou instigar a prática desse crime, de forma tentada ou consumada;
» for cúmplice ou encobridor desse crime ou colaborar para a prática; e
» contribuir para a prática ou tentativa de prática do crime por um grupo de pessoas com um objetivo comum (Brasil, 2002a, art. 25, 3, "a" a "d").

A contribuição deverá ser dolosa, com o propósito "de levar a cabo a atividade ou o objetivo criminal do grupo" (Brasil, 2002a, art. 25, 3, "d"). O genocídio consiste em incitar, direta e publicamente, sua prática (Brasil, 2002a, art. 25, 3, "e").

A responsabilidade criminal das pessoas naturais não afastará a responsabilização do Estado (Brasil, 2002a, art. 25, 4)*.

A jurisdição da Corte poderá ser provocada, primeiramente, pela denúncia por uma Potência signatária do Estatuto ao Ministério Público Internacional, em condições em que estiverem presentes indícios de materialidade e autoria da prática de um ou vários crimes tipificados pelo Estatuto (Brasil, 2002a, art. 13, "a", e art. 14, 1). A Potência denunciante, dentro do possível, deverá especificar as circunstâncias relevantes e juntar a documentação disponível (Brasil, 2002a, art. 14, 2). O segundo legitimado é o Conselho de Segurança da ONU, que poderá tomar a iniciativa de apresentar a denúncia ao Procurador sempre que houver indícios de materialidade e autoria, conforme autorização do Capítulo VII da Carta das Nações Unidas (Brasil, 2002a, art. 13, "b").

Por fim, o próprio Procurador poderá instaurar um inquérito com fundamento em informações sobre a prática de condutas da competência do Tribunal (Brasil, 2002a, art. 13, "c", e art. 15, 1). O membro do Ministério Público Internacional avaliará a consistência dos elementos e das provas recebidas, podendo recolher informações suplementares com os Estados, a ONU ou outras fontes fidedignas. Também poderá colher depoimentos escritos ou orais na sede da Corte. Se concluir que os indícios da prática da conduta são suficientes, apresentará ao Juízo de Instrução autorização para a instauração de inquérito. "As vítimas poderão apresentar representações no

---

* "Tentar cometer o crime mediante atos que contribuam substancialmente para a sua execução, ainda que não se venha a consumar devido a circunstâncias alheias à sua vontade. Porém, quem desistir da prática do crime, ou impedir de outra forma que este se consuma, não poderá ser punido em conformidade com o presente Estatuto pela tentativa, se renunciar total e voluntariamente ao propósito delituoso" (Brasil, 2002a, art. 25, 3, "f").

Juízo de Instrução, de acordo com o Regulamento Processual" (Brasil, 2002a, art. 15, 3). Se o Juízo de Instrução não receber o pedido de abertura do inquérito, essa recusa não impedirá que o Procurador formule posteriormente outro requerimento com fundamento em fatos ou provas novas. Se o membro do Ministério Público, em análise prévia, concluir pela ausência de justa causa para a instauração de inquérito, informará tal entendimento ao denunciante e arquivará a documentação, o que não impede o reexame à luz de fatos, provas ou informações novas sobre o mesmo caso (Brasil, 2002a, art. 15, 5).

As penas previstas no Estatuto de Roma são a multa, a prisão temporal até o máximo de trinta anos, a prisão perpétua, se o grau de ilicitude for elevado e se justificar pelas condições pessoais do condenado, e a "perda de produtos, bens e haveres provenientes, direta ou indiretamente, do crime, sem prejuízo dos direitos de terceiros que tenham agido de boa fé" (Brasil, 2002a, art. 77). A Assembleia dos Estados poderá deliberar pela criação de um fundo formado pelas multas arrecadadas e pelos bens perdidos, cujos valores serão destinados às vítimas de crimes e de familiares da competência do Tribunal (Brasil, 2002a, art. 79).

Uma questão polêmica, que foi obstáculo para a ratificação do Estatuto no Brasil, foi a possibilidade de condenação de uma pessoa à prisão perpétua, uma vez que a Constituição, entre os direitos fundamentais, veda as penas de caráter perpétuo (Brasil, 1988, art. 5º, XLVII, "b").

No magistério de Carol Proner e Gisele Ricobom (2008, p. 110), "trata-se de punição compatível com a expectativa da comunidade internacional em repreender a ocorrência de crimes brutais contra a humanidade".

O Tribunal poderá solicitar a detenção e a entrega de indiciado, acusado, réu ou condenado ao Estado no qual essa pessoa possa se encontrar. "Os Estados-partes darão satisfação aos pedidos de detenção e de entrega em conformidade com o presente Capítulo e com os procedimentos previstos nos respectivos direitos internos" (Brasil, 2002a, art. 89, 1).

A assinatura sem reserva do Estatuto de Roma traz um conflito em relação aos direitos fundamentais previstos na Constituição, que prevê: "nenhum brasileiro será extraditado, salvo o naturalizado, em caso de crime comum, praticado antes da naturalização, ou de comprovado envolvimento em tráfico ilícito de entorpecentes e drogas afins, na forma da lei" (Brasil, 1988, art. 5º, LI).

Para Carol Proner e Gisele Ricobom (2008, p. 106),

> As controvérsias foram superadas a partir da compreensão do Tribunal Penal Internacional como instância supranacional de natureza complementar às jurisdições penais nacionais, conforme definido no Capítulo I do Estatuto de Roma. O princípio da complementariedade desarma muitas críticas que precipitadamente foram direcionadas ao funcionamento da corte penal.

O Tribunal Penal Internacional tem competência para o processo e o julgamento dos crimes de guerra, de agressão, contra a humanidade e de genocídio (Brasil, 2002a, art. 5º).

Na capitulação dos fatos típicos classificados como crimes de guerra estão as graves violações às Convenções de Genebra, de 12 de agosto de 1949, pelo cometimento dos delitos de homicídio doloso, tortura, submissão a experiências biológicas, atos que causam sofrimento ou ofensas à integridade física ou à saúde, destruição ou apropriação injustificada de bens em larga escala, coerção de prisioneiro de guerra a servir nas forças inimigas, privação dolosa de um julgamento justo e imparcial a um prisioneiro, deportação ou transferência ilegais, restrição ilegal de liberdade e tomada de reféns. Também são tipificadas outras graves violações, como matar ou ferir combatente que tenha deposto armas, indefeso ou rendido, dirigir dolosamente ataques à população civil, a bens civis, a pessoal, instalações, material, unidades ou veículos das missões de manutenção da paz ou de assistência humanitária (Brasil, 2002a, art. 8º), assim como:

> *IV) Lançar intencionalmente um ataque, sabendo que o mesmo causará perdas acidentais de vidas humanas ou ferimentos na população civil, danos em bens de caráter civil ou prejuízos extensos, duradouros e graves no meio ambiente que se revelem claramente excessivos em relação à vantagem militar global concreta e direta que se previa.* (Brasil, 2002a, art. 8º, 2, "b")

Constituem igualmente graves violações o ataque ou bombardeio de cidades, vilarejos, habitações ou edifícios não defendidos e a utilização indevida de bandeira de trégua, da bandeira nacional, das insígnias ou do uniforme do inimigo ou das Nações Unidas ou de emblemas distintivos das Convenções de Genebra, para causar emboscadas. Destacam-se ainda os seguintes atos:

> *XIX – Utilizar balas que se expandem ou achatam facilmente no interior do corpo humano, tais como balas de revestimento duro que não cobre totalmente o interior ou possui incisões;*
>
> *XX – Utilizar armas, projéteis, materiais e métodos de combate que, pela sua própria natureza, causem ferimentos supérfluos ou sofrimentos desnecessários ou que surtam efeitos indiscriminados, em violação do direito*

> *internacional aplicável aos conflitos armados, na medida em que tais armas, projéteis, materiais e métodos de combate sejam objeto de uma proibição geral e estejam incluídos em um anexo ao presente Estatuto, em virtude de uma alteração aprovada em conformidade com o disposto nos artigos 121 e 123; [...]* (Brasil, 2002a, art. 8º, 2, "b")

Por fim, entre outros crimes estão: o cometimento de atos de violação, escravidão sexual, prostituição forçada, gravidez à força, esterilização forçada e qualquer outra forma de violência sexual (Brasil, 2002a, art. 8º2, "b", XXII).

César Amorim Krieger (2004, p. 194) observa: "A definição em relação ao crime de agressão não obteve consenso durante a Conferência de Roma de 1998, pois havia diversas posições sobre sua definição, ao mesmo tempo em que acordou ser necessária a sua inclusão no Estatuto de Roma, e uma posterior emenda contendo sua exata definição".

Entre os crimes contra a humanidade se encontram os cometidos em ataque, generalizado ou sistemático, contra a população civil, por meio de homicídio, extermínio, escravidão, deportação ou transferência forçada de população, prisão ou outra forma de privação da liberdade, tortura, agressão ou violência sexual, perseguição de um grupo ou coletividade por motivações políticas, raciais, nacionais, étnicas, culturais, religiosas ou de gênero, desaparecimento forçado de pessoas, *apartheid* e "outros atos desumanos de caráter semelhante, que causem intencionalmente grande sofrimento, ou afetem gravemente a integridade física ou a saúde física ou mental" (Brasil, 2002a, art. 7º, 1, "k").

Para César Amorim Krieger (2004, p. 123),

> *Interessante observar que, na norma penal internacional, o tipo penal de homicídio não diferencia a pessoa da vítima, por exemplo, entre um assaltante matar uma cliente de uma agência bancária ou o próprio banqueiro; já no Direito Internacional Penal a condição do agente e da vítima tem alta relevância.*

Por fim, os crimes de genocídio envolvem os atos com a intenção de destruir, no todo ou em parte, um grupo nacional, étnico, racial ou religioso, a saber: homicídio de membros do grupo; ofensas à integridade física ou mental dos membros desse grupo; sujeição dolosa a condições de vida que causem a destruição física, total ou parcial; imposição de medidas destinadas a impedir a natalidade; e transferência forçada de crianças entre grupos (Brasil, 2002a, art. 6º).

Síntese

O Brasil é não é um Estado bélico, ou seja, suas Forças Armadas são organizadas e mantidas para a defesa da soberania e do território nacionais e para a prestação de serviços públicos auxiliares. Isso ocorre porque a Constituição prevê que a República Federativa do Brasil, nas relações internacionais, será regida por:
- » princípios da independência nacional;
- » prevalência dos direitos humanos;
- » autodeterminação dos povos;

- » não intervenção;
- » igualdade entre os Estados;
- » defesa da paz;
- » solução pacífica dos conflitos;
- » repúdio ao terrorismo e ao racismo;
- » cooperação entre os povos para o progresso da humanidade; e
- » concessão de asilo político (Brasil, 1988, art. 4º).

Para cumprir os compromissos que o legislador constituinte fixou perante a comunidade e a sociedade internacional, o Brasil assinou, ratificou e internalizou, entre outros tratados internacionais, as quatro convenções e os três protocolos adicionais de Genebra, além do Estatuto de Roma do Tribunal Penal Internacional. Graças à sua importância, essa corte foi inserida ao Poder Judiciário brasileiro por emenda constitucional que prevê que "o Brasil se submete à jurisdição de Tribunal Penal Internacional a cuja criação tenha manifestado adesão" (Brasil, 1988, art. 5º, § 4º, Brasil, 2004a).

Questões para revisão

1) Qual é o emblema da Cruz Vermelha que foi inserido pelo Terceiro Protocolo Adicional às Convenções de Genebra?
   Marque a única alternativa correta:
   a. Leão vermelho.
   b. Quadro vermelho.
   c. Crescente vermelho.
   d. Sol vermelho.

2) Qual é a pena prevista no Estatuto de Roma do Tribunal Penal Internacional, mas não autorizada pela Constituição brasileira? Marque a única alternativa correta:
   a. Prisão perpétua.
   b. Pena de morte.
   c. Prisão temporária.
   d. Multa.

3) Qual das cortes internacionais de justiça a seguir integra a Constituição brasileira? Marque a única alternativa correta:
   a. Corte Interamericana de Direitos Humanos.
   b. Corte Internacional de Justiça.
   c. Corte Internacional de Direitos Humanos.
   d. Tribunal Penal Internacional.

4) Nos conflitos armados, de acordo com as convenções e os protocolos adicionais de Genebra, como são identificados os soldados mortos em combate?

5) O que são Potências protetoras?

Questões para reflexão

1) Qual é a polêmica que envolve a entrega de indiciados, réus ou condenados brasileiros do Tribunal Penal Internacional?

2) O que são mercenários? Eles têm proteção pelas convenções e pelos protocolos adicionais de Genebra?

Para saber mais

Neste capítulo, examinamos apenas as quatro convenções e os três protocolos adicionais de direito humanitário de Genebra e o Estatuto de Roma do Tribunal Penal Internacional.

É interessante o aprofundamento desses temas com a leitura integral desses tratados e, embora não estudada nesta obra, da Convenção para a Proteção de Bens Culturais em Caso de Conflito Armado, celebrado em Haia, Países Baixos, em 1954.

BRASIL. Decreto Legislativo n. 32, de 14 de agosto de 1956. **Diário Oficial da União**, 21 ago. 1956. Disponível em: <https://www2.camara.leg.br/legin/fed/decleg/1950-1959/decretolegislativo-32-14-agosto-1956-350637-publicacaooriginal-1-pl.html>. Acesso em: 6 out. 2021.

BRASIL. Decreto n. 44.851, de 11 de novembro de 1958. **Diário Oficial da União**, Poder Executivo, Rio de Janeiro, 24 nov. 1958. Disponível em: <http://www.planalto.gov.br/ccivil_03/decreto/1950-1969/D44851.htm>. Acesso em: 6 out. 2021.

considerações finais

Acreditamos que os acadêmicos de graduação e de pós-graduação, os militares das Força Armadas e os integrantes das polícias e bombeiros militares e da Brigada Militar do Rio Grande do Sul poderão, por esta obra, alcançar uma ampla e sistemática visão do Direito Militar e do Direito Humanitário.

Igualmente, será possível ter uma noção das vertentes do Direito Militar brasileiro nos ramos constitucional, administrativo estatutário e disciplinar, penal e processual penal. Para os interessados em prestar concursos públicos nas carreiras da Justiça Militar e do Ministério Público da União, dos estados e do Distrito Federal, esta obra dedicou um capítulo especial ao Direito Humanitário Internacional, que abrange as convenções e os protocolos de Genebra sobre o direito de guerra e o Estatuto de Roma do Tribunal Penal Internacional.

No entanto, como o próprio título deste livro enuncia, os conteúdos examinados constituem um panorama das matérias abordadas, servindo como um material destinado à sistematização dos conceitos do Direito Militar e do Direito Humanitário.

Por isso, é importante que o aprendizado seja aprofundado pela leitura da Constituição, das leis e das convenções internacionais citadas ao longo dos capítulos, bem como dos regulamentos específicos da carreira seguida, em que se exige o domínio desses conhecimentos.

É imprescindível também um aperfeiçoamento pela análise da jurisprudência do Supremo Tribunal Federal, do Superior Tribunal Militar, do Superior Tribunal de Justiça, dos tribunais de justiça militar (Minas Gerais, Rio Grande do Sul e São Paulo) e dos tribunais de justiça comum dos demais estados e do Distrito Federal, bem como das sentenças dos conselhos permanentes e especiais e dos juízes militares.

No campo do Direito Internacional, é importante analisar as resoluções e decisões do Tribunal Penal Internacional e de outros organismos humanitários.

Por fim, não se pode prescindir do estudo dos excelentes doutrinadores de Direito Militar e Direito Humanitário citados nas referências.

Desejamos sucesso na carreira que você pretende trilhar.

Um abraço fraterno.

ABREU, J. L. N. **Direito Administrativo Militar**. 2. ed. São Paulo: Método, 2015.

ACRE. Decreto n. 1.053, de 17 de agosto de 1999. **Diário Oficial do Estado**, 19 ago. 1999

ALAGOAS. Decreto n. 37.042, de 6 de novembro de 1996. **Diário Oficial do Estado**, 6 nov. 1996. Disponível em: <http://intranet.cbm.al.gov.br/utils/download/legislacao/regulamentos%20e%20pad/decreto_37042.pdf?_ga=2.80888215.1881184960.1642330086-1253822740.1642330086>. Acesso em: 20 dez. 2021.

ALVES-MARREIROS, A.; ROCHA, G.; FREITAS, R. **Direito Penal Militar**. São Paulo: Método, 2015.

AMAZONAS. Decreto n. 4.131, de 13 de janeiro de 1978. **Diário Oficial do Estado**, 13 jan. 1978.

ASSIS, J. C. **Código de Processo Penal Militar anotado**. 5. ed. Curitiba: Juruá, 2020.

ASSIS, J. C. **Comentários ao Código Penal Militar**. 10. ed. Curitiba: Juruá, 2018.

ASSIS, J. C. **Curso de Direito Disciplinar Militar**: da simples transgressão ao processo administrativo. 5. ed. Curitiba: Juruá, 2018.

BAHIA. Decreto n. 29.535, de 11 de março de 1983. **Diário Oficial do Estado**, 11 mar. 1983. Disponível em: <http://www.legislabahia.ba.gov.br/documentos/decreto-no-29535-de-11-de-marco-de-1983>. Acesso em: 20 dez. 2021.

BARROS, F. D. **Vedações ao uso do habeas corpus**: cinquenta hipóteses em que não é possível a interposição de habeas corpus. **Jusbrasil**, 17 ago. 2015. Disponível em: <https://franciscodirceubarros. jusbrasil.com.br/artigos/220328144/vedacoes-ao-uso-do-habeas-corpus>. Acesso em: 20 dez. 2021.

BORN, R. C. **Direito Eleitoral Militar**. 2. ed. Curitiba: Juruá, 2014,

BORN, R. C. **Direito Processual Penal Militar para concursos**. Curitiba: Iesde, 2011a.

BORN, R. C. **Objeção de consciência**: as restrições aos direitos políticos fundamentais. Curitiba: Juruá, 2014.

BORN, R. C. **Sentença no Direito Penal Militar**: teoria e prática. Curitiba: Juruá, 2011b.

BORN, R. C.; CARVALHO, A. R. **Direito Penal Militar para concursos**. Curitiba: Iesde, 2011.

BRASIL. Constituição (1988). **Diário Oficial da União**, Brasília, DF, 5 out. 1988. Disponível em: <http://www.planalto.gov.br/ccivil_03/ constituicao/constituicao.htm>. Acesso em: 6 out. 2021.

BRASIL. Constituição (1988). Emenda Constitucional n. 45, de 30 de dezembro de 2004. **Diário Oficial da União**, Poder Legislativo, Brasília, DF, 30 dez. 2004a. Disponível em: <http://www.planalto.gov.br/ccivil_03/ constituicao/Emendas/Emc/emc45.htm#art1>. Acesso em: 6 out. 2021.

BRASIL. Décima Primeira Circunscrição Militar. Segunda Auditoria. Ação Penal 7000267-54.2019.7.11.0011/DF. Juiz Frederico Magno de Melo Veras. Ajuizamento: 9 jan. 2020. Disponível em: <https://eproc1g. stm.jus.br/eproc_1g_prod/externo_controlador.php?acao=processo_ seleciona_publica&acao_origem=processo_consulta_publica&acao_ retorno=processo_consulta_publica&num_processo=70000117720207110 011&num_chave=&num_chave_documento=&hash=2af7cf5afa1c97be57e 07ce7249d5cfe>. Acesso em: 6 out. 2021.

BRASIL. Decreto de 24 de maio de 2017. **Diário Oficial da União**, Poder Executivo, Brasília, DF, 24 maio 2017a. Disponível em: <http://www. planalto.gov.br/ccivil_03/_ato2015-2018/2017/dsn/Dsn14464.htm>. Acesso em: 6 out. 2021.

BRASIL. Decreto de 25 de maio de 2017. **Diário Oficial da União**, Poder Executivo, Brasília, DF, 25 maio 2017b. Disponível em: <http://www. planalto.gov.br/ccivil_03/_ato2015-2018/2017/dsn/Dsn14465.htm>. Acesso em: 6 out. 2021.

BRASIL. Decreto Legislativo n. 1, de 17 de março de 1992. **Diário Oficial da União**, Poder Legislativo, Brasília, DF, 18 mar. 1992a. Disponível em: <https://www.lexml.gov.br/urn/urn:lex:br:federal:decreto.legislativo:1992-03-17;1>. Acesso em: 6 out. 2021.

BRASIL. Decreto Legislativo n. 104, de 24 de agosto de 1995. **Diário Oficial da União**, Poder Legislativo, Brasília, DF, 28 ago. 1995a.

BRASIL. Decreto Legislativo n. 112, de 6 de junho de 2002. **Diário Oficial da União**, Poder Legislativo, Brasília, DF, 7 jun. 2002a. Disponível em: <https://www2.camara.leg.br/legin/fed/decleg/2002/decretolegislativo-112-6-junho-2002-391904-estatuto-1-pl.html>. Acesso em: 6 out. 2021.

BRASIL. Decreto Legislativo n. 189, de 16 de julho de 2008. **Diário Oficial da União**, Poder Legislativo, Brasília, DF, 16 jul. 2008a. Disponível em: <https://www2.camara.leg.br/legin/fed/decleg/2008/decretolegislativo-189-15-julho-2008-578121-norma-pl.html>. Acesso em: 6 out. 2021.

BRASIL. Decreto Legislativo n. 207, de 19 de maio de 2004. **Diário Oficial da União**, Poder Legislativo, Brasília DF, 20 maio 2004b. Disponível em: <https://www2.camara.leg.br/legin/fed/decleg/2004/decretolegislativo-207-19-maio-2004-532340-publicacaooriginal-14350-pl.html>. Acesso em: 6 out. 2021.

BRASIL. Decreto Legislativo n. 230, de 14 de março de 2003. **Diário Oficial da União**, Poder Legislativo, Brasília DF, 30 maio 2003a. Disponível em: <https://www2.camara.leg.br/legin/fed/decleg/2003/decretolegislativo-230-29-maio-2003-496862-norma-pl.html>. Acesso em: 6 out. 2021.

BRASIL. Decreto Legislativo n. 27, de 26 de maio de 1992. **Diário Oficial da União**, Poder Legislativo, Brasília DF, 28 maio 1992b. Disponível em: <https://www2.camara.leg.br/legin/fed/decleg/1992/decretolegislativo-27-26-maio-1992-358314-publicacaooriginal-1-pl.html>. Acesso em: 6 out. 2021.

BRASIL. Decreto Legislativo n. 291, de 22 de setembro de 2011. **Diário Oficial da União**, Poder Legislativo, Brasília DF, 23 set. 2011a. Disponível em: <https://www.lexml.gov.br/urn/urn:lex:br:federal:decreto.legislativo:2011-09-22;291>. Acesso em: 6 out. 2021.

BRASIL. Decreto Legislativo n. 32, de 14 de agosto de 1956. **Diário Oficial da União**, Poder Legislativo, Rio de Janeiro, 21 ago. 1956a. Disponível em: <https://www2.camara.leg.br/legin/fed/decleg/1950-1959/decretolegislativo-32-14-agosto-1956-350637-publicacaooriginal-1-pl.html>. Acesso em: 6 out. 2021.

BRASIL. Decreto Legislativo n. 348, de 13 de março de 2009. **Diário Oficial da União**, Poder Legislativo, Brasília DF, 29 jun. 2009a. Disponível em: <https://www2.camara.leg.br/legin/fed/decleg/2009/decretolegislativo-348-26-junho-2009-589092-norma-pl.html>. Acesso em: 6 out. 2021.

BRASIL. Decreto Legislativo n. 35, de 12 de setembro de 1956. **Diário do Congresso Nacional**, Poder Legislativo, Rio de Janeiro, 13 set. 1956b. Disponível em: <http://legis.senado.leg.br/norma/589903/publicacao/15652752>. Acesso em: 6 out. 2021.

BRASIL. Decreto Legislativo n. 782, de 9 de julho de 2005. **Diário Oficial da União**, Poder Legislativo, Brasília, DF, 11 jul. 2005a. Disponível em: <https://www2.camara.leg.br/legin/fed/decleg/2005/decretolegislativo-782-8-julho-2005-537753-norma-pl.html>. Acesso em: 9 dez. 2021.

BRASIL. Decreto n. 10.719, de 4 de fevereiro de 1914. **Diário Oficial da União**, Poder executivo, Rio de Janeiro, 15 fev. 1914. Disponível em: <https://www2.camara.leg.br/legin/fed/decret/1910-1919/decreto-10719-4-fevereiro-1914-575227-publicacaooriginal-98294-pe.html>. Acesso em: 6 out. 2021.

BRASIL. Decreto n. 2.380, de 31 de dezembro de 1910. **Coleção de Leis Anuais do Brasil**, 1910. Disponível em: <http://www.planalto.gov.br/ccivil_03/decreto/historicos/dpl/DPL2380-1910.htm>. Acesso em: 12 dez. 2021.

BRASIL. Decreto n. 2.739, de 20 de agosto de 1998. **Diário Oficial da União**, Poder Executivo, Brasília, DF, 21 ago. 1998a. Disponível em: <http://www.planalto.gov.br/ccivil_03/decreto/D2739.htm>. Acesso em: 6 out. 2021.

BRASIL. Decreto n. 4.346, de 26 de agosto de 2002. **Diário Oficial da União**, Poder Executivo, Brasília, DF, 27 ago. 2002b. Disponível em: <http://www.planalto.gov.br/ccivil_03/decreto/2002/D4346.htm>. Acesso em: 6 out. 2021.

BRASIL. Decreto n. 4.388, de 25 de setembro de 2002. **Diário Oficial da União**, Poder Executivo, Brasília, DF, 26 set. 2002c. Disponível em: <http://www.planalto.gov.br/ccivil_03/decreto/2002/d4388.htm>. Acesso em: 6 out. 2021.

BRASIL. Decreto n. 42.121, de 21 de agosto de 1957. **Diário Oficial da União**, Poder Executivo, Rio de Janeiro, 9 set. 1957. Disponível em: <https://www2.camara.leg.br/legin/fed/decret/1950-1959/decreto-42121-21-agosto-1957-457253-publicacaooriginal-1-pe.html>. Acesso em: 6 out. 2021.

BRASIL. Decreto n. 44.851, de 11 de novembro de 1958. **Diário Oficial da União**, Poder Executivo, Rio de Janeiro, 24 nov. 1958a. Disponível em: <http://www.planalto.gov.br/ccivil_03/decreto/1950-1969/D44851.htm>. Acesso em: 6 out. 2021.

BRASIL. Decreto n. 5.006, de 8 de março de 2004. **Diário Oficial da União**, Poder Executivo, Brasília, DF, 9 mar. 2004c. Disponível em: <http://www.planalto.gov.br/ccivil_03/_Ato2004-2006/2004/Decreto/D5006.htm>. Acesso em: 6 out. 2021.

BRASIL. Decreto n. 5.289, de 29 de novembro de 2004. **Diário Oficial da União**, Poder Executivo, Brasília, DF, 30 nov. 2004d. Disponível em: <http://www.planalto.gov.br/ccivil_03/_Ato2004-2006/2004/Decreto/D5289.htm>. Acesso em: 6 out. 2021.

BRASIL. Decreto n. 5.760, de 24 de abril de 2006. **Diário Oficial da União**, Poder Executivo, Brasília, DF, 25 abr. 2006a. Disponível em: <http://www.planalto.gov.br/ccivil_03/_ato2004-2006/2006/decreto/d5760.htm>. Acesso em: 6 out. 2021.

BRASIL. Decreto n. 57.654, de 20 de janeiro de 1966. **Diário Oficial da União**, Poder Executivo, Brasília, DF, 31 jan.1966. Disponível em: <http://www.planalto.gov.br/ccivil_03/decreto/D57654.htm>. Acesso em: 6 out. 2021.

BRASIL. Decreto n. 6.834, de 30 de abril de 2009. **Diário Oficial da União**, Poder Executivo, Brasília, DF, 4 maio 2009b. Disponível em: <http://www.planalto.gov.br/ccivil_03/_Ato2007-2010/2009/Decreto/D6834.htm#art7>. Acesso em: 6 out. 2021.

BRASIL. Decreto n. 678, de 6 de novembro de 1992. **Diário Oficial da União**, Poder Executivo, Brasília, DF, 9 nov. 1992c. Disponível em: <http://www.planalto.gov.br/ccivil_03/decreto/D0678.htm>. Acesso em: 6 out. 2021.

BRASIL. Decreto n. 7.168, de 5 de maio de 2010. **Diário Oficial da União**, Poder Executivo, Brasília, DF, 6 maio 2010a. Disponível em: <http://www.planalto.gov.br/ccivil_03/_ato2007-2010/2010/decreto/d7168.htm>. Acesso em: 6 out. 2021.

BRASIL. Decreto n. 7.196, de 1º de junho de 2010. **Diário Oficial da União**, Poder Executivo, Brasília, DF, 2 jun. 2010b. Disponível em: <http://www.planalto.gov.br/ccivil_03/_ato2007-2010/2010/decreto/D7196.htm>. Acesso em: 6 out. 2021.

BRASIL. Decreto n. 71.500, de 5 de dezembro de 1972. **Diário Oficial da União**, Poder Executivo, Brasília, DF, 12 dez. 1972a. Disponível em: <http://www.planalto.gov.br/ccivil_03/decreto/d71500.htm>. Acesso em: 6 out. 2021.

BRASIL. Decreto n. 76.322, de 22 de setembro de 1975. **Diário Oficial da União**, Poder Executivo, Brasília, DF, 23 set. 1975. Disponível em: <http://www.planalto.gov.br/ccivil_03/decreto/1970-1979/D76322.htm>. Acesso em: 6 out. 2021.

BRASIL. Decreto n. 8.604, de 18 de dezembro de 2015. **Diário Oficial da União**, Poder Executivo, Brasília, DF, 21 dez. 2015a. Disponível em: <http://www.planalto.gov.br/ccivil_03/_ato2015-2018/2015/decreto/D8604.htm>. Acesso em: 6 out. 2021.

BRASIL. Decreto n. 849, de 25 de junho de 1993. **Diário Oficial da União**, Poder Executivo, Brasília, DF, 28 jun. 1993a. Disponível em: <http://www.planalto.gov.br/ccivil_03/decreto/1990-1994/D0849.htm>. Acesso em: 6 out. 2021.

BRASIL. Decreto n. 88.545, de 26 de julho de 1983. **Diário Oficial da União**, Poder Executivo, Brasília, DF, 27 jul. 1983a. Disponível em: <http://www.planalto.gov.br/ccivil_03/Atos/decretos/1983/D88545.html>. Acesso em: 6 out. 2021.

BRASIL. Decreto n. 9.847, de 25 de junho de 2019. **Diário Oficial da União**, Poder Executivo, Brasília, DF, 25 jun. 2019a. Disponível em: <http://www.planalto.gov.br/ccivil_03/_Ato2019-2022/2019/Decreto/D9847.htm#art60>. Acesso em: 6 out. 2021.

BRASIL. Decreto-Lei n. 1.001, de 21 de outubro de 1969. **Diário Oficial da União**, Poder Executivo, Brasília, DF, 21 out. 1969a. Disponível em: <http://www.planalto.gov.br/ccivil_03/decreto-lei/del1001.htm>. Acesso em: 6 out. 2021.

BRASIL. Decreto-Lei n. 1.002, de 21 de outubro de 1969. **Diário Oficial da União**, Poder Executivo, Brasília, DF, 21 out. 1969b. Disponível em: <http://www.planalto.gov.br/ccivil_03/decreto-lei/Del1002.htm>. Acesso em: 6 out. 2021.

BRASIL. Decreto-Lei n. 2.848, de 7 de dezembro de 1940. **Diário Oficial da União**, Poder Executivo, Rio de Janeiro, 31 dez. 1940. Disponível em: <http://www.planalto.gov.br/ccivil_03/decreto-lei/del2848compilado.htm>. Acesso em: 8 dez. 2021.

BRASIL. Decreto-Lei n. 200, de 25 de fevereiro de 1967. **Diário Oficial da União**, Poder Executivo, Brasília, DF, 27 fev. 1967a. Disponível em: <http://www.planalto.gov.br/ccivil_03/decreto-lei/del0200.htm>. Acesso em: 6 out. 2021.

BRASIL. Decreto-Lei n. 3.038, de 10 de fevereiro de 1941. **Diário Oficial da União**, Poder Executivo, Rio de Janeiro, 12 fev. 1941a. Disponível em: <https://www2.camara.leg.br/legin/fed/declei/1940-1949/decreto-lei-3038-10-fevereiro-1941-413341-publicacaooriginal-1-pe.html>. Acesso em: 6 out. 2021.

BRASIL. Decreto-Lei n. 3.689, de 3 de outubro de 1941. **Diário Oficial da União**, Poder Executivo, Rio de Janeiro, 13 out. 1941b. Disponível em: <http://www.planalto.gov.br/ccivil_03/decreto-lei/del3689.htm>. Acesso em: 6 out. 2021.

BRASIL. Decreto-Lei n. 4.865, de 23 de outubro de 1942. **Diário Oficial da União**, Poder Executivo, Rio de Janeiro, 26 out. 1942. Disponível em: <https://www2.camara.leg.br/legin/fed/declei/1940-1949/decreto-lei-4865-23-outubro-1942-415019-norma-pe.html>. Acesso em: 6 out. 2021.

BRASIL. Decreto-Lei n. 667, de 2 de julho de 1969. **Diário Oficial da União**, Poder Executivo, Brasília, DF, 3 jul. 1969c. Disponível em: <http://www.planalto.gov.br/ccivil_03/Decreto-Lei/Del0667.htm>. Acesso em: 6 out. 2021.

BRASIL. Lei Complementar n. 35, de 14 de março de 1979. **Diário Oficial da União**, Poder Legislativo, Brasília, DF, 14 mar. 1979. Disponível em: <http://www.planalto.gov.br/ccivil_03/leis/lcp/lcp35.htm>. Acesso em: 6 out. 2021.

BRASIL. Lei Complementar n. 64, de 18 de maio de 1990. **Diário Oficial da União**, Poder Legislativo, Brasília, DF, 21 ago. 1990a. Disponível em: <http://www.planalto.gov.br/ccivil_03/leis/lcp/lcp64.htm>. Acesso em: 6 out. 2021.

BRASIL. Lei Complementar n. 75, de 20 de maio de 1993. **Diário Oficial da União**, Poder Legislativo, Brasília, DF, 21 maio 1993b. Disponível em: <http://www.planalto.gov.br/ccivil_03/leis/lcp/lcp75.htm>. Acesso em: 6 out. 2021.

BRASIL. Lei Complementar n. 80, de 12 de janeiro de 1994. **Diário Oficial da União**, Poder Legislativo, Brasília, DF, 13 jan. 1994a. Disponível em: <http://www.planalto.gov.br/ccivil_03/leis/lcp/Lcp80.htm>. Acesso em: 6 out. 2021.

BRASIL. Lei Complementar n. 97, de 9 de junho de 1999. **Diário Oficial da União**, Poder Legislativo, Brasília, DF, 10 jun. 1999a. Disponível em: <http://www.planalto.gov.br/ccivil_03/leis/lcp/lcp97.htm>. Acesso em: 6 out. 2021.

BRASIL. Lei n. 1.079, de 10 de abril de 1950. **Diário Oficial da União**, Poder Legislativo, Rio de Janeiro, 12 abr. 1950. Disponível em: <http://www.planalto.gov.br/ccivil_03/leis/l1079.htm>. Acesso em: 6 out. 2021.

BRASIL. Lei n. 2.180, de 5 de fevereiro de 1954. **Diário Oficial da União**, Poder Legislativo, Rio de Janeiro, 8 fev. 1954. Disponível em: <http://www.planalto.gov.br/ccivil_03/LEIS/L2180compilado.htm>. Acesso em: 6 out. 2021.

BRASIL. Lei n. 2.953, de 17 de novembro de 1956. **Diário Oficial da União**, Poder Legislativo, Rio de Janeiro, 20 nov. 1956c. Disponível em: <http://www.planalto.gov.br/ccivil_03/leis/1950-1969/L2953.htm>. Acesso em: 6 out. 2021.

BRASIL. Lei n. 3.071, de 1º de janeiro de 1916. **Diário Oficial da União**, Poder Legislativo, Rio de Janeiro, 5 jan. 1916. Disponível em: <http://www.planalto.gov.br/ccivil_03/leis/L3071.htm>. Acesso em: 6 out. 2021.

BRASIL. Lei n. 3.373, de 12 de março de 1958. **Diário Oficial da União**, Poder Legislativo, Rio de Janeiro, 17 mar. 1958b. Disponível em: <http://www.planalto.gov.br/ccivil_03/leis/1950-1969/L3373.htm>. Acesso em: 6 out. 2021.

BRASIL. Lei n. 4.375, de 17 de agosto de 1964. **Diário Oficial da União**, Poder Legislativo, Brasília, DF, 3 set. 1964. Disponível em: <http://www.planalto.gov.br/ccivil_03/LEIS/L4375.htm>. Acesso em: 6 out. 2021.

BRASIL. Lei n. 5.292, de 8 de junho de 1967. **Diário Oficial da União**, Poder Executivo, Brasília, DF, 12 jun. 1967b. Disponível em: <http://www.planalto.gov.br/ccivil_03/LEIS/1950-1969/L5292.htm>. Acesso em: 6 out. 2021.

BRASIL. Lei n. 5.836, de 5 de dezembro de 1972. **Diário Oficial da União**, Poder Legislativo, Brasília, DF, 6 dez. 1972b. Disponível em: <http://www.planalto.gov.br/ccivil_03/leis/1970-1979/L5836.htm>. Acesso em: 6 out. 2021.

BRASIL. Lei n. 6.880, de 9 de dezembro de 1980. **Diário Oficial da União**, Poder Executivo, Brasília, DF, 11 dez. 1980a. Disponível em: <http://www.planalto.gov.br/ccivil_03/LEIS/L6880.htm>. Acesso em: 6 out. 2021.

BRASIL. Lei n. 6.923, de 29 de junho de 1981. **Diário Oficial da União**, Poder Executivo, Brasília, DF, 30 jun. 1981. Disponível em: <http://www.planalto.gov.br/ccivil_03/LEIS/L6923.htm>. Acesso em: 6 out. 2021.

BRASIL. Lei n. 7.170, de 14 de dezembro de 1983. **Diário Oficial da União**, Poder Legislativo, Brasília, DF, 15 dez. 1983b. Disponível em: <http://www.planalto.gov.br/ccivil_03/leis/l7170.htm>. Acesso em: 6 out. 2021.

BRASIL. Lei n. 7.210, de 11 de julho de 1984. **Diário Oficial da União**, Poder Executivo, Brasília, DF, 13 jul. 1984a. Disponível em: <http://www.planalto.gov.br/ccivil_03/leis/l7210.htm>. Acesso em: 6 out. 2021.

BRASIL. Lei n. 7.289, de 18 de dezembro de 1984. **Diário Oficial da União**, Poder Legislativo, Brasília, DF, 19 dez. 1984b. Disponível em: <http://www.planalto.gov.br/ccivil_03/LEIS/L7289.htm>. Acesso em: 6 out. 2021.

BRASIL. Lei n. 7.565, de 19 de dezembro de 1986. **Diário Oficial da União**, Poder Executivo, Brasília, DF, 20 dez. 1986. Disponível em: <http://www.planalto.gov.br/ccivil_03/Leis/L7565compilado.htm>. Acesso em: 6 out. 2021.

BRASIL. Lei n. 7.960, de 21 de dezembro de 1989. **Diário Oficial da União**, Poder Executivo, Brasília, DF, 22 dez 1989a. Acesso em: <http://www.planalto.gov.br/ccivil_03/leis/L7960.htm>. Acesso em: 6 out. 2021.

BRASIL. Lei n. 8.069, de 13 de julho de 1990. **Diário Oficial da União**, Poder Legislativo, Brasília, DF, 16 jul. 1990b. Disponível em: <http://www.planalto.gov.br/ccivil_03/leis/l8069.htm>. Acesso em: 6 out. 2021.

BRASIL. Lei n. 8.072, de 25 de julho de 1990. **Diário Oficial da União**, Poder Legislativo, Brasília, DF, 26 jul. 1990c. Disponível em: <http://www.planalto.gov.br/ccivil_03/leis/l8072.htm>. Acesso em: 6 out. 2021.

BRASIL. Lei n. 8.239, de 4 de outubro de 1991. **Diário Oficial da União**, Poder Legislativo, Brasília, DF, 7 out. 1991a. Disponível em: <http://www.planalto.gov.br/ccivil_03/LEIS/L8239.htm>. Acesso em: 6 out. 2021.

BRASIL. Lei n. 8.457, de 4 de setembro de 1992. **Diário Oficial da União**, Poder Judiciário, Brasília, DF, 8 set. 1992d. Disponível em: <http://www.planalto.gov.br/ccivil_03/LEIS/L8457.htm>. Acesso em: 6 out. 2021.

BRASIL. Lei n. 8.625, de 12 de fevereiro de 1993. **Diário Oficial da União**, Poder Executivo, Brasília, DF, 15 fev. 1993c. Disponível em: <http://www.planalto.gov.br/ccivil_03/Leis/L8625.htm>. Acesso em: 6 out. 2021.

BRASIL. Lei n. 9.099, de 26 de setembro de 1995. **Diário Oficial da União**, Poder Legislativo, Brasília, DF, 27 set. 1995b. Disponível em: <http://www.planalto.gov.br/ccivil_03/leis/l9099.htm>. Acesso em: 6 out. 2021.

BRASIL. Lei n. 9.432, de 8 de janeiro de 1997. **Diário Oficial da União**, Poder Executivo, Brasília, DF, 9 jan. 1997a. Disponível em: <http://www.planalto.gov.br/ccivil_03/LEIS/L9432.htm>. Acesso em: 6 out. 2021.

BRASIL. Lei n. 9.839, de 27 de setembro de 1999. **Diário Oficial da União**, Poder Legislativo, Brasília, DF, 28 set. 1999b. Disponível em: <http://www.planalto.gov.br/ccivil_03/leis/L9839.htm>. Acesso em: 6 out. 2021.

BRASIL. Lei n. 10.259, de 12 de julho de 2001. **Diário Oficial da União**, Poder Executivo, Brasília, DF, 13 jul. 2001a. Disponível em: <http://www.planalto.gov.br/ccivil_03/leis/leis_2001/l10259.htm>. Acesso em: 6 out. 2021.

BRASIL. Lei n. 10.406, de 10 de janeiro de 2002. **Diário Oficial da União**, Poder Legislativo, Brasília, DF, 11 jan. 2002d. Disponível em: <http://www.planalto.gov.br/ccivil_03/leis/2002/l10406.htm>. Acesso em: 6 out. 2021.

BRASIL. Lei n. 10.826, de 22 de dezembro de 2003. **Diário Oficial da União**, Poder Legislativo, Brasília, DF, 23 dez. 2003b. Disponível em: <http://www.planalto.gov.br/ccivil_03/leis/2003/l10.826.htm>. Acesso em: 6 out. 2021.

BRASIL. Lei n. 11.182, de 27 de setembro de 2005. **Diário Oficial da União**, Poder Legislativo, Brasília, DF, 28 set. 2005b. Disponível em: <http://www.planalto.gov.br/ccivil_03/_Ato2004-2006/2005/Lei/L11182.htm>. Acesso em: 6 out. 2021.

BRASIL. Lei n. 11.343, de 23 de agosto de 2006. **Diário Oficial da União**, Poder Legislativo, Brasília, DF, 24 ago. 2006b. Disponível em: <http://www.planalto.gov.br/ccivil_03/_ato2004-2006/2006/lei/l11343.htm>. Acesso em: 6 out. 2021.

BRASIL. Lei n. 11.697, de 13 de junho de 2008. **Diário Oficial da União**, Poder Judiciário, Brasília, DF, 16 jun. 2008b. Disponível em: <http://www.planalto.gov.br/ccivil_03/_Ato2007-2010/2008/Lei/L11697.htm>. Acesso em: 6 out. 2021.

BRASIL. Lei n. 12.086, de 6 de novembro de 2009. **Diário Oficial da União**, Poder Executivo, Brasília, DF, 9 nov. 2009c. Disponível em: <http://www.planalto.gov.br/ccivil_03/_Ato2007-2010/2009/Lei/L12086.htm>. Acesso em: 6 out. 2021.

BRASIL. Lei n. 13.774, de 19 de dezembro de 2018. **Diário Oficial da União**, Poder Judiciário, Brasília, DF, 20 dez. 2018a. Disponível em: <http://www.planalto.gov.br/ccivil_03/_Ato2015-2018/2018/Lei/L13774.htm#art1>. Acesso em: 6 out. 2021.

BRASIL. Ministério da Defesa. Parecer ConJur 121/2005. Manifestações Jurídicas **Revista Jurídica do Ministério da Defesa**, 31 mar. 2006c. Disponível em: <https://www.defesa.gov.br/arquivos/revista_juridica/RJMD5.pdf>. Acesso em: 6 out. 2021.

BRASIL. Procuradoria Geral da República. Parecer 470/PGR-RG. Procurador-geral da República Roberto Monteiro Gurgel Santos. Protocolo na arguição de descumprimento de Preceito Fundamental 181/DF, 21 set. 2009d. Disponível em: <http://redir.stf.jus.br/estfvisualizadorpub/jsp/consultarprocessoeletronico/ConsultarProcessoEletronico.jsf?seqobjetoincidente=2689877>. Acesso em: 6 out. 2021.

BRASIL. Superior Tribunal de Justiça. Recurso em Habeas Corpus 8846/SP. Sexta Turma. Relator: Ministro Hamilton Carvalhido. **Diário da Justiça da União**, 24 set. 2001b.

BRASIL. Superior Tribunal de Justiça. Recurso Especial 1995.0063788-0/RJ. Relator: Ministro Vicente Leal, Sexta Turma, julgamento em 18 abr. 2002. **Diário da Justiça**, 13 maio 2002e.

BRASIL. Superior Tribunal de Justiça. Súmula n. 172. **Diário da Justiça**, 31 out. 1996a. Disponível em: <https://ww2.stj.jus.br/docs_internet/revista/eletronica/stj-revista-sumulas-2010_12_capSumula172.pdf>. Acesso em: 6 out. 2021.

BRASIL. Superior Tribunal Militar. Apelação 0000051-69.2011.7.01.0401. Relator para o acordão: Ministro José Barroso Filho. Relator: Ministro Luis Carlos Gomes Mattos. Revisor: Ministro José Barroso Filho. **Diário da Justiça da União**, 11 jun. 2015b.

BRASIL. Superior Tribunal Militar. Apelação 119-20.2010.7.03.0103. Relator: Ministro Cleonilson Nicácio Silva. Revisor: **Diário da Justiça da União**, 10 dez. 2013a.

BRASIL. Superior Tribunal Militar. Apelação 137-28.2015.7.01.0101. Relator: Ministro Carlos Augusto de Sousa. Revisor: Ministro José Barroso Filho. **Diário da Justiça da União**, 22 mar. 2018b.

BRASIL. Superior Tribunal Militar. Apelação 158-97.2012.7.01.0201. Relator: Ministro William De Oliveira Barros. Revisor: Ministro José Barroso Filho. **Diário da Justiça da União**, 2 jul. 2018c.

BRASIL. Superior Tribunal Militar. Apelação 19-27.2012.7.02.0102. 0000019-27.2012.7.02.0102. Relatora: Ministra Maria Elizabeth Guimarães Teixeira Rocha. Revisor: Ministro Lúcio Mário de Barros Góes. **Diário da Justiça da União**, 31 out. 2014a.

BRASIL. Superior Tribunal Militar. Apelação 1983.01.043929-3. Relator: Ministro Heitor Luiz Gomes de Almeida. Revisor: Ministro Ruy de Lima Pessoa. **Diário da Justiça Eletrônico**, 17 maio 1984c.

BRASIL. Superior Tribunal Militar. Apelação 1988.01.045520-5/DF. Relator: Ministro Paulo Cesar Cataldo. **Diário da Justiça da União**, 14 jun. 1989b.

BRASIL. Superior Tribunal Militar. Apelação 1990.01.046257-0. Relator: Ministro Paulo César Cataldo. Revisor: Ministro Cherubim Rosa Filho. **Diário da Justiça da União**, 24 jun. 1991b.

BRASIL. Superior Tribunal Militar. Apelação 1991.01.046430-1. Relator: Ministro José Do Cabo Teixeira de Carvalho. Revisor: Ministro Antônio Carlos de Seixas Telles. **Diário da Justiça da União**, 25 out. 1991c.

BRASIL. Superior Tribunal Militar. Apelação 1993.01.047105-7/BA. Relator: Ministro Everaldo de Oliveira Reis. Relator: Ministro Aldo da Silva Fagundes. **Diário da Justiça da União**, 2 set. 1994b.

BRASIL. Superior Tribunal Militar. Apelação 1999.01.048304-7. Relator para o acórdão: Ministro José Enaldo Rodrigues de Siqueira. Relator: Ministro Carlos Alberto Marques Soares. Revisor: Ministro José Enaldo Rodrigues de Siqueira. **Diário da Justiça da União**, 30 mar. 2000a.

BRASIL. Superior Tribunal Militar. Apelação 2000.01.048477-9. Relator: Ministro Domingos Alfredo Silva. Revisor: Ministro Flavio Flores da Cunha Bierrenbach. **Diário da Justiça da União**, 29 ago. 2001c.

BRASIL. Superior Tribunal Militar. Apelação 2001.01.048839-1. Relator: Ministro Germano Arnoldi Pedrozo. Revisor: Ministro Carlos Alberto Marques Soares. **Diário da Justiça da União**, 18 jun. 2002f.

BRASIL. Superior Tribunal Militar. Apelação 2002.01.048992-4/SP. Relator: Ministro José Julio Pedrosa. **Diário da Justiça da União**, 10 jun. 2003c.

BRASIL. Superior Tribunal Militar. Apelação 2003.01.049333-6. Relator para o acórdão: Ministro Henrique Marini e Souza. Relator: Ministro José Coêlho Ferreira. Revisor: Ministro Henrique Marini e Souza. **Diário da Justiça da União**, 15 mar. 2004e.

BRASIL. Superior Tribunal Militar. Apelação 2003.01.049340-0/SP. Relator: Ministro Max Hoertel. **Diário da Justiça da União**, 5 nov. 2003d.

BRASIL. Superior Tribunal Militar. Apelação 2003.01.049386-9/RJ. Relator: Ministro Marcus Herndl. **Diário da Justiça da União**, 28 nov. 2003e.

BRASIL. Superior Tribunal Militar. Apelação 2003.01.049434-2/RJ. Relator: Ministro Valdesio Guilherme de Figueiredo. **Diário da Justiça da União**, 4 ago. 2004f.

BRASIL. Superior Tribunal Militar. Apelação 2003.01.049454-7/SP. Relator: Ministro Flávio de Oliveira Lencastre. **Diário da Justiça da União**, 14 maio 2004g.

BRASIL. Superior Tribunal Militar. Apelação 2004.01.049813-3, 2004. Relator: Ministro Marcos Augusto Leal de Azevedo. Revisor: Ministro Olympio Pereira da Silva Junior. **Diário da Justiça da União**, 7 dez. 2004h.

BRASIL. Superior Tribunal Militar. Apelação 21-37.2006.7.11.0011. Relator: Ministro William de Oliveira Barros. Revisor: Ministro Olympio Pereira da Silva Junior. **Diário da Justiça da União**, 9 set. 2009e.

BRASIL. Superior Tribunal Militar. Apelação 24-11.2010.7.02.0202. Relator: Ministro William de Oliveira Barros. Revisor: Ministro Olympio Pereira da Silva Junior. **Diário da Justiça da União**, 26 jun. 2012a.

BRASIL. Superior Tribunal Militar. Apelação 2-61.2006.7.10.0010. Relator: Ministro William de Oliveira Barros. Revisor: Ministro José Coêlho Ferreira. **Diário da Justiça da União**, 12 mar. 2009f.

BRASIL. Superior Tribunal Militar. Apelação 30-18.2010.7.02.0202. Relator: Ministro Artur Vidigal de Oliveira. Revisor: Ministro LuisCarlos Gomes Mattos. **Diário da Justiça da União**, 22 mar. 2013b.

BRASIL. Superior Tribunal Militar. Apelação 32-57.2006.7.01.0201. Relator: Ministro Francisco José Da Silva Fernandes. Revisor: Ministro José Coêlho Ferreira. **Diário da Justiça**, 5 jul. 2010c.

BRASIL. Superior Tribunal Militar. Apelação 40-44.2014.7.01.0301. Relator: Ministro Luis Carlos Gomes Mattos. Revisor: Ministro José Coêlho Ferreira. **Diário da Justiça da União**, 1º ago. 2017c.

BRASIL. Superior Tribunal Militar. Apelação 40-78.2013.7.11.0211. Relator: Ministro Péricles Aurélio Lima de Queiroz. Revisor: Ministro Cleonilson Nicácio Silva. **Diário da Justiça da União**, 8 mar. 2018d.

BRASIL. Superior Tribunal Militar. Apelação 52-28.2015.7.05.0005. Relator: Ministro Carlos Augusto de Sousa. Revisor: Ministro Artur Vidigal de Oliveira. **Diário da Justiça da União**, 16 maio 2017d.

BRASIL. Superior Tribunal Militar. Apelação 53-94.2015.7.12.0012/AM. Relator: Ministro Ministro Cleonilson Nicácio Silva. Revisora: Ministra Maria Elizabeth Guimarães Teixeira Rocha. **Diário da Justiça da União**, 6 dez. 2016a.

BRASIL. Superior Tribunal Militar. Apelação 67-49.2013.7.02.0102. Relator: Ministro José Barroso Filho. Revisor: Ministro Francisco Joseli Parente Camelo. **Diário da Justiça da União**, 4 fev. 2016b.

BRASIL. Superior Tribunal Militar. Apelação 7000105-98.2019.7.00.0000.
Relator: Ministro Odilson Sampaio Benzi. Revisor: Ministro Artur Vidigal
de Oliveira. **Diário da Justiça da União**, 15 ago. 2019b.

BRASIL. Superior Tribunal Militar. Apelação 7000143-13.2019.7.00.0000.
Relator: Ministro Carlos Vuyk de Aquino. Revisor: Ministro Artur Vidigal
de Oliveira. **Diário da Justiça da União**, 19 jun. 2019c.

BRASIL. Superior Tribunal Militar. Apelação 7000317-56.2018.7.00.0000.
Relator: Ministro Artur Vidigal de Oliveira. Revisor: Ministro Alvaro Luiz
Pinto. **Diário da Justiça da União**, 17 dez. 2018e.

BRASIL. Superior Tribunal Militar. Apelação 7000419-78.2018.7.00.0000.
Relator: Ministro Francisco Joseli Parente Camelo. Revisor: Ministro José
Barroso Filho. **Diário da Justiça da União**, 28 nov. 2018f.

BRASIL. Superior Tribunal Militar. Apelação 7000599-94.2018.7.00.0000.
Relator: Ministro Marco Antônio de Farias. Revisor: Ministro Maria
Elizabeth Guimarães Teixeira Rocha. **Diário da Justiça da
União**, 7 nov. 2018g.

BRASIL. Superior Tribunal Militar. Apelação 7000622-40.2018.7.00.0000.
Relator: Ministro Marco Antônio de Farias. Revisor: Ministro Artur Vidigal
de Oliveira. **Diário da Justiça da União**, 18 out. 2018h.

BRASIL. Superior Tribunal Militar. Apelação 7000930-42.2019.7.00.0000.
Relator: Ministro Carlos Vuyk de Aquino. Revisor: Ministro Artur Vidigal
de Oliveira. **Diário da Justiça da União**, 7 nov. 2019d.

BRASIL. Superior Tribunal Militar. Apelação 7000989-64.2018.7.00.0000.
Relator: Ministro Luis Carlos Gomes Mattos. Revisor: Ministro José Barroso
Filho. **Diário da Justiça da União**, 2 ago. 2019e.

BRASIL. Superior Tribunal Militar. Apelação 7001034-68.2018.7.00.0000.
Relator: Ministro José Barroso Filho. Revisor: Ministro Álvaro Luiz Pinto.
Diário da Justiça da União, 17 set. 2019f.

BRASIL. Superior Tribunal Militar. Apelação 71-28.2009.7.02.0102. Relator:
Ministro Marco Antônio de Farias. Revisor: Ministro Péricles Aurélio Lima
de Queiroz. **Diário da Justiça da União**, 6 fev. 2019g.

BRASIL. Superior Tribunal Militar. Apelação 73-77.2013.7.01.0201. Relator
para o acórdão: Ministro José Coêlho Ferreira. Relator: Ministro Cleonilson
Nicácio Silva. Revisor: Ministro José Coêlho Ferreira. **Diário da Justiça
da União**, 28 maio 2015c.

BRASIL. Superior Tribunal Militar. Apelação 77-56.2009.7.01.0201. Relator:
Ministro Fernando Sérgio Galvão. Revisor: Ministro Olympio Pereira da
Silva Junior. **Diário da Justiça da União**, 27 out. 2011b.

BRASIL. Superior Tribunal Militar. Apelação 91-02.2015.7.09.0009. Relator: Ministro Cleonilson Nicácio Silva. Revisora: Ministra Maria Elizabeth Guimarães Teixeira Rocha. **Diário da Justiça da União**, 23 ago. 2016c.

BRASIL. Superior Tribunal Militar. Apelação 95-43.2014.7.10.0010. Relator: Ministro Marcus Vinicius Oliveira dos Santos. Revisor: Ministro Péricles Aurélio Lima de Queiroz. **Diário da Justiça da União**, 3 maio 2017e.

BRASIL. Superior Tribunal Militar. Conflito de Competência 37-90.2008.7.01.0401. Relator: Ministro William de Oliveira Barros. **Diário da Justiça da União**, 10 set. 2008c.

BRASIL. Superior Tribunal Militar. Conselho de Justificação 1997.02.000165-5/DF. Relator: Ministro Sérgio Xavier Ferolla. **Diário da Justiça da União**, 15 dez. 1997b.

BRASIL. Superior Tribunal Militar. Conselho de Justificação 236-08.2013.7.00.0000. Relator: Ministro Marcus Vinicius Oliveira dos Santos. Revisor: Ministro Artur Vidigal de Oliveira. **Diário da Justiça da União**, 13 mar. 2015d.

BRASIL. Superior Tribunal Militar. Conselho de Justificação 4-98.2010.7.00.0000. Relator: Ministro José Américo dos Santos. Revisora: Ministra Maria Elizabeth Guimarães Teixeira Rocha. **Diário da Justiça da União**, 24 nov. 2014b.

BRASIL. Superior Tribunal Militar. Correição Parcial 1996.01.001507-0/RJ. Relator: Ministro Edson Alves Mey. Julgado em 4 set. 1996. **Diário da Justiça**, 27 out. 1996b.

BRASIL. Superior Tribunal Militar. Correição Parcial 1996.01.001509-9/RJ. Relator: Ministro Cherubim Rosa Filho. Julgado em 27 ago. 1996. **Diário da Justiça**, 22 out. 1996c.

BRASIL. Superior Tribunal Militar. Correição Parcial 2001.01.001778-2. Relator: Ministro José Luiz Lopes da Silva. **Diário da Justiça da União**, 14 maio 2001d.

BRASIL. Superior Tribunal Militar. Correição Parcial 2002.01.001814-4/DF. Relator: Ministro Expedito Hermes Rego Miranda. **Diário da Justiça da União**, 30 abr. 2003f.

BRASIL. Superior Tribunal Militar. Correição Parcial 2002.01.001813-6/DF. Relator: Ministro José Julio Pedrosa. **Diário da Justiça da União**, 23 jun. 2002g.

BRASIL. Superior Tribunal Militar. Correição Parcial 2002.01.001836-3/RS. Relator: Ministro Expedito Hermes Rego Miranda. **Diário da Justiça da União**, 15 out. 2002h.

BRASIL. Superior Tribunal Militar. Correição Parcial 2003.01.001848-7/ RJ. Relator: Ministro Sérgio Xavier Ferolla. **Diário da Justiça da União**, 27 mar. 2003g.

BRASIL. Superior Tribunal Militar. Desaforamento para Julgamento 7000431-92.2018.7.00.0000. Relator: Ministro José Barroso Filho. **Diário da Justiça**, 6 ago. 2018i.

BRASIL. Superior Tribunal Militar. Embargos de Declaração 0000016-72.2008.7.03.0203. Relator: Ministro Francisco José da Silva Fernandes. **Diário da Justiça da União**, 8 mar. 2010d.

BRASIL. Superior Tribunal Militar. Embargos Infringentes e de Nulidade 18-52.2006.7.02.0102. Relator: Ministro Sergio Ernesto Alves Conforto. Revisor: Ministro Carlos Alberto Marques Soares. **Diário da Justiça da União**, 17 jun. 2008d.

BRASIL. Superior Tribunal Militar. Habeas Corpus 139-37.2015.7.00.0000. Relator: Ministro Luis Carlos Gomes Mattos. **Diário da Justiça da União**, 9 set. 2015e.

BRASIL. Superior Tribunal Militar. Habeas Corpus 1991.01.032791-6/ RS. Relator: Ministro Everaldo De Oliveira Reis. **Diário da Justiça da União**, 17 dez. 1991d.

BRASIL. Superior Tribunal Militar. Habeas Corpus 1995.01.033137-9/RJ. Relator: Ministro Carlos De Almeida Baptista, **Diário da Justiça da União**, 24 out. 1995c.

BRASIL. Superior Tribunal Militar. Habeas Corpus 1997.01.033239-1/ RS. Relator: Ministro Sérgio Xavier Ferolla. **Diário da Justiça da União**, 9 jun. 1997c.

BRASIL. Superior Tribunal Militar. Habeas Corpus 2002.01.033694-0/ RS. Relator: Ministro Domingos Alfredo Silva. **Diário da Justiça da União**, 28 mar. 2002i.

BRASIL. Superior Tribunal Militar. Habeas Corpus 7000135-36.2019.7.00.0000. Relator: Ministro Carlos Augusto de Sousa. **Diário da Justiça da União**, 29 abr. 2019h.

BRASIL. Superior Tribunal Militar. Habeas Corpus 7000481-84.2019.7.00.0000. Relator: Ministro Lúcio Mário de Barros Góes. **Diário da Justiça da União**, 17 jun. 2019i.

BRASIL. Superior Tribunal Militar. Habeas Corpus 7000518-14.2019.7.00.0000. Relator: Ministro Francisco Joseli Parente Camelo. **Diário da Justiça da União**, 5 ago. 2019j.

BRASIL. Superior Tribunal Militar. Habeas Corpus 7000679-58.2018.7.00.0000. Relatora: Ministra Maria Elizabeth Guimarães Teixeira Rocha. **Diário da Justiça da União**, 11 out. 2018j.

BRASIL. Superior Tribunal Militar. Habeas Corpus 7001056-29.2018.7.00.0000. Relator: Ministro Carlos Augusto de Sousa. **Diário da Justiça da União**, 21 mar. 2019k.

BRASIL. Superior Tribunal Militar. Mandado de Segurança 7000594-38.2019.7.00.0000. Relator: Ministro Marco Antônio de Farias. **Diário da Justiça da União**, 30 out. 2019l.

BRASIL. Superior Tribunal Militar. Recurso Criminal 1988.01.005851-1/BA. Relator: Ministro Ruy de Lima Pessoa. **Diário da Justiça da União**, 3 mar. 1989c.

BRASIL. Superior Tribunal Militar. Recurso Criminal 1990.01.005954-2/RJ. Relator: Ministro Cherubim Rosa Filho. **Diário da Justiça da União**, 18 jan. 1991e.

BRASIL. Superior Tribunal Militar. Recurso Criminal 1995.01.006252-0/RJ. Relator: Ministro Cherubim Rosa Filho. **Diário da Justiça da União**, 18 abr. 1996c.

BRASIL. Superior Tribunal Militar. Recurso Criminal 2001.01.006802-9/MG, Relator: Ministro João Felippe Sampaio de Lacerda Junior. **Diário da Justiça da União**, 8 maio 2001e.

BRASIL. Superior Tribunal Militar. Recurso Criminal 2001.01.006915-0/RJ. Relator: Ministro José Julio. **Diário da Justiça da União**, 7 mar. 2002j.

BRASIL. Superior Tribunal Militar. Recurso em Sentido Estrito 0000144-54.2014.7.01.0101. Relator: Ministro José Coêlho Ferreira. **Diário da Justiça Eletrônico**, 10 ago. 2016d.

BRASIL. Superior Tribunal Militar. Recurso em Sentido Estrito 2003.01.007094-5. Relator: Ministro Antonio Carlos de Nogueira. **Diário da Justiça Eletrônico**, 4 dez. 2003h.

BRASIL. Superior Tribunal Militar. Recurso em Sentido Estrito 52-69.2002.7.01.0401. Relator: Ministro Marcos Augusto Leal de Azevedo. **Diário da Justiça Eletrônico**, 4 dez. 2003i.

BRASIL. Superior Tribunal Militar. Recurso em Sentido Estrito 7000444-57.2019.7.00.0000. Relator: Ministro Lúcio Mário de Barros Góes. **Diário da Justiça Eletrônico**, 3 jun. 2003j.

BRASIL. Superior Tribunal Militar. Recurso em Sentido Estrito 7000909-66.2019.7.00.0000. Relator: Ministro Péricles Aurélio Lima de Queiroz. **Diário da Justiça Eletrônico**, 21 nov. 2019m.

BRASIL. Superior Tribunal Militar. **Regimento interno e súmulas**. 16. ed. Brasília: Superior Tribunal Militar/Diretoria de Documentação e Gestão do Conhecimento, 2019n. Disponível em: <https://dspace.stm.jus.br/bitstream/handle/123456789/152380/Regimento%20Interno%20STM%20-%20 16%20Edi%C3%A7%C3%A3o_PDFA.pdf?sequence=1&isAllowed=y>. Acesso em: 20 dez. 2021.

BRASIL. Superior Tribunal Militar. Súmula n. 3, de 2 de maio de 1980. **Diário da Justiça**, Poder Judiciário da União, Brasília, DF, 2 maio 1980b (republicado em 24 abr. 1995).

BRASIL. Superior Tribunal Militar. Súmula n. 7, de 24 de abril de 1995. **Diário da Justiça**, Poder Judiciário da União, Brasília, DF, 24 abr. 1995d.

BRASIL. Superior Tribunal Militar. Súmula n. 11, de 27 de janeiro de 1997. **Diário da Justiça da União**, 27 jan. 1997d.

BRASIL. Superior Tribunal Militar. Súmula n. 12, de 27 de janeiro de 1997. **Diário da Justiça**, 27 jan. 1997e.

BRASIL. Supremo Tribunal Federal. Ação Direta de Inconstitucionalidade 1.045/DF. Relator: Ministro Marco Aurélio Mello. **Diário da Justiça da União Eletrônico**, 12 jun. 2009g.

BRASIL. Supremo Tribunal Federal. Arguição de Descumprimento de Preceito Fundamental 459/DF. Relator: Ministro Edson Fachin. Julgamento em 5 jun. 2017. **Diário da Justiça Eletrônico**, 9 jun. 2017f.

BRASIL. Supremo Tribunal Federal. Arguição de Descumprimento de Preceito Fundamental 181/DF. Relator: Ministro Marco Aurélio Mello. **Diário da Justiça Eletrônico**, [ajuizada em 9 jul. 2009] 22 jun. 2012b.

BRASIL. Supremo Tribunal Federal. Habeas Corpus 90.977/MG. Relatora: Ministra Carmen Lúcia. **Diário da Justiça da União**, 8 jun. 2007.

BRASIL. Supremo Tribunal Federal. Recurso Criminal 1.468/RJ. Relator: Ministro Ilmar Galvão. Relator para o acórdão: Ministro Maurício Corrêa. Tribunal Pleno. Julgamento em 23 mar. 2000. **Diário da Justiça da União**, 16 ago. 2000b.

BRASIL. Supremo Tribunal Federal. Recurso em Habeas Corpus 67.494/RJ. Segunda Turma. Relator: Ministro Aldir Passarinho. **Diário da Justiça da União**, 16 jun. 1989d.

BRASIL. Tribunal Regional Federal da Primeira Região. Recurso em Habeas Corpus 200234000359315/DF. Terceira Turma. Relator: Desembargador Federal Olindo Menezes. **Diário da Justiça da União**, 21 mar. 2003k.

BRASIL. Tribunal Regional Federal da Primeira Região. Recurso em Habeas Corpus 200234000359315/DF – 199701000338487/AM. Quarta Turma. Relator: Juiz Hilton Queiroz. **Diário da Justiça**, 25 jun. 1998b.

BRASIL. Tribunal Regional Federal da Quarta Região. Remessa Ex Officio 1994.04393118. Terceira Turma. Relatora: Desembargadora Federal Luiza Dias Cassales. **Diário da Justiça da União**, 30 set.1998c.

BRASIL. Tribunal Regional Federal da Quarta Região. Recurso Ex Officio em Habeas Corpus 2003.70000261145/PR. Sétima Turma. Relatora: Desembargadora Federal Maria de Fátima Freitas Labarrère. **Diário da Justiça da União**, 19 nov. 2003l.

CEARÁ. Lei n. 13.407, de 21 de novembro de 2003. **Diário Oficial do Estado**, Fortaleza, 2 dez. 2003. Disponível em: <https://belt.al.ce.gov.br/index.php/legislacao-do-ceara/organizacao-tematica/trabalho-administracao-e-servico-publico/itemlist/tag/INSTITUI%20O%20C%C3%93DIGO%20DISCIPLINAR%20DA%20POL%C3%8DCIA%20MILITAR%20DO%20CEAR%C3%81>. Acesso em: 6 out. 2021.

CINELLI, C. F. **Direito Internacional Humanitário**: ética e legitimidade no uso da força em conflitos armados. 2. ed. Curitiba: Juruá, 2016.

COSTA, R. Exército atribui insucessos da intervenção no Rio à falta de empenho. **Correio Braziliense**, 24 ago. 2018. Disponível em: <https://www.correiobraziliense.com.br/app/noticia/brasil/2018/08/24/interna-brasil,701696/exercito-atribui-insucessos-da-intervencao-no-rio-a-falta-de-empenho.shtml>. Acesso em: 6 out. 2021.

COSTA, R. Militar preso na Espanha com 39kg de cocaína voltaria no avião de Bolsonaro. **Correio Braziliense**, 26 jun. 2019). Disponível em: <https://www.correiobraziliense.com.br/app/noticia/brasil/2019/06/26/interna-brasil,765886/militar-preso-na-espanha-com-39kg-de-cocaina-voltaria-no-aviao-de-bols.shtml>. Acesso em: 6 out. 2021.

ICRC – International Committee of the Red Cross. **Brazil**: Historical Documents. Disponível em: <https://ihl-databases.icrc.org/applic/ihl/ihl.nsf/vwTreatiesHistoricalByCountrySelected.xsp?xp_countrySelected=BR>. Acesso em: 6 out. 2021.

DISTRITO FEDERAL. Lei Orgânica do Distrito Federal. **Diário Oficial do Distrito Federal**, suplemento especial, 9 jun. 1993. Disponível em: <http://www.seplag.df.gov.br/wp-conteudo/uploads/2017/11/LODF-1.pdf>. Acesso em: 6 out. 2021.

DUNANT, H. **Lembrança de Solferino**. Genebra: Comitê Internacional da Cruz Vermelha, 2016.

ESPÍRITO SANTO. Decreto n. 254-R, de 11 de agosto de 2000. **Diário Oficial do Estado**, 14 ago. 2000. Disponível em: <https://pm.es.gov.br/Media/PMES/Decretos/2-Regulamento%20Disciplinar%20dos%20Militares%20Estaduais%20do%20Estado%20do%20Esp%C3%ADrito%20Santo%20(RDME)%20-%20Decreto_254-R.pdf>. Acesso em: 6 out. 2021.

FERNANDES, B. G. **Curso de Direito Constitucional**. 3. ed. Rio de Janeiro: Lumen Juris, 2011.

FERROESTE. **Ferroeste comemora 29 anos de atividade**. 15 mar. 2017. Disponível em <http://www.ferroeste.pr.gov.br/Noticia/Ferroeste-comemora-29-anos-de-atividade>. Acesso em: 6 out. 2021.

GOIÁS. Decreto n. 4.717, de 7 de outubro de 1996. **Diário Oficial do Estado**, 10 out. 1996. Disponível em: <https://legisla.casacivil.go.gov.br/api/v2/pesquisa/legislacoes/62610/pdf>. Acesso em: 6 out. 2021.

GOMES, K. "Polícia militar não serve para combater crime", diz especialista. **Deutsche Welle (DW)**, 4 ago. 2014. Disponível em: <https://www.dw.com/pt-br/pol%C3%ADcia-militar-n%C3%A3o-serve-para-combater-crime-diz-especialista/a-17824918>. Acesso em: 6 out. 2021.

KARDEC, A. (1804-1869). **O livro dos espíritos**: filosofia espiritualista. Tradução de José Herculano Pires. 7. ed. São Paulo: Lake, 2003.

KRIEGER, C. A. **Direito Internacional Humanitário**: o precedente do Comitê Internacional da Cruz Vermelha e o Tribunal Penal Internacional. Curitiba: Juruá, 2004.

LOUREIRO NETO, J. S. **Direito Penal Militar**. 5. ed. São Paulo: Atlas, 2010.

LOUREIRO NETO, J. S. **Processo Penal Militar**. 6. ed. São Paulo: Atlas, 2010.

MARANHÃO. Lei n. 6.513, de 30 de novembro de 1995. **Diário Oficial do Estado**, 30 nov. 1995. Disponível em: <http://stc.ma.gov.br/legisla-documento/?id=2125>. Acesso em: 6 out. 2021.

MARQUES, M. Pilota de Temer é 1ª mulher a comandar avião presidencial; conheça trajetória. **Globo G1**, 8 mar. 2018. Disponível em: <https://g1.globo.com/df/distrito-federal/noticia/pilota-de-temer-e-1-mulher-a-comandar-aviao-presidencial-conheca-trajetoria.ghtml>. Acesso em: 6 out. 2021.

MARTÍN-ARROYO, J. Militar da comitiva de Bolsonaro preso com cocaína aceita 6 anos de prisão e multa de 2 milhões de euros. **El País**, 24 fev. 2020. Disponível em: <https://brasil.elpais.com/internacional/2020-02-24/militar-da-comitiva-de-bolsonaro-preso-na-espanha-com-cocaina-aceita-6-anos-de-prisao-e-multa-de-2-milhoes-de-euros.html>. Acesso em: 6 out. 2021.

MATO GROSSO. Decreto n. 1.329, de 21 de abril de 1978. **Diário Oficial do Estado**, 24 abr. 1978. Disponível em: <http://www.pm.mt.gov.br/documents/2459523/4959735/Decreto++1.329+-+Regulamento+Disciplinar+da+PMMT+e+CBMMT.pdf/5ed40b3f-deb3-45d1-b2e1-e38ddb607e2b>. Acesso em: 6 out. 2021.

MATO GROSSO DO SUL. Decreto n. 1.260, de 2 de outubro de 1981. **Diário Oficial do Estado**, 5 out. 1981. Disponível em: <https://www.bombeiros.ms.gov.br/decreto_n-o_1260/>. Acesso em: 6 out. 2021.

MAZZUOLI, V. O. **Tribunal Penal Internacional e o Direito Brasileiro**. 3. ed. São Paulo: Revistas dos Tribunais, 2005.

MIKALOVSKI, A.; ALVES, R. **Manual de processos administrativos disciplinares militares**. Curitiba: Juruá, 2009.

MINAS GERAIS. Constituição do Estado de Minas Gerais, de 21 de setembro de 1989. **Diário do Legislativo**, 22 set. 1989. Disponível em: <https://www.almg.gov.br/consulte/legislacao/completa/completa-nova-min.html?tipo=Con&num=1989&ano=1989>. Acesso em: 6 out. 2021.

MINAS GERAIS. Decreto n. 23.085, de 10 de outubro de 1983. **Diário do Executivo**, 12 out. 1983. Disponível em: <https://www.almg.gov.br/consulte/legislacao/completa/completa-nova-min.html?tipo=DEC&num=23085&ano=1983>. Acesso em: 6 out. 2021.

MINAS GERAIS. Lei Complementar n. 34, de 12 de setembro de 1994. **Diário do Executivo**, 13 set. 1994. Disponível em: <https://www.almg.gov.br/consulte/legislacao/completa/completa-nova-min.html?tipo=LCP&num=34&ano=1994>. Acesso em: 6 out. 2021.

MINAS GERAIS. Lei Complementar n. 59, de 18 de janeiro de 2001. **Diário do Executivo**, 19 jan. 2001. Disponível em: <https://www.almg.gov.br/consulte/legislacao/completa/completa-nova-min.html?tipo=LCP&num=59&ano=2001>. Acesso em: 6 out. 2021.

MINAS GERAIS. Lei n. 14.310, de 19 de junho de 2002. **Diário do Executivo**, 20 jun. 2002. Disponível em: <https://www.almg.gov.br/consulte/legislacao/completa/completa.html?tipo=Lei&num=14310&ano=2002>. Acesso em: 6 out. 2021.

MINAS GERAIS. Tribunal de Justiça Militar. Resolução n. 167, de 5 de maio de 2016. **Diário da Justiça Eletrônico de Minas Gerais**, 6 maio 2016. Disponível em: <http://www.tjmmg.jus.br/images/REGIMENTO_INTERNO_2016_.pdf>. Acesso em: 6 out. 2021.

NEVES, C. R. C. **Manual de Direito Processual Penal Militar**: em tempo de paz. 2. ed. São Paulo: Saraiva, 2017.

NEVES, C. R. C.; STREIFINGER, M. **Manual de Direito Penal Militar**. 4. ed. São Paulo: Saraiva, 2014.

NUCCI, G. S. **Código de Processo Penal comentado**. 3. ed. Rio de Janeiro: Forense, 2019.

NUCCI, G. S. **Código Penal Militar comentado**. 2. ed. Rio de Janeiro: Forense, 2014.

NUNES JÚNIOR, F. M. A. **Curso de Direito Constitucional**. 2. ed. São Paulo: Revista dos Tribunais, 2018.

OLYMPIO, C. **Vade mecum sínteses objetivas**: área militar. São Paulo: Rideel, 2014.

PARÁ. Lei n. 6.833, de 13 de fevereiro de 2006. Disponível em: <https://www.pm.pa.gov.br/images/PM1/Lei_6.833_1.pdf>. Acesso em: 6 maio 2020.

PARAÍBA. Decreto n. 8.962, de 11 de março de 1981. **Diário Oficial do Estado**, 26 abr. 1981. Disponível em: <http://www.pm.pb.gov.br/arquivos/legislacao/Leis_Ordinarias/1981_DISPOE_SOBRE_O_REGULAMENTO_DISCIPLINAR_DA_POLICIA_MILITAR_DA_PARAIBA.pdf>. Acesso em: 6 out. 2021.

PARANÁ. Lei n. 14.277, de 30 de dezembro de 2003. **Diário Oficial do Estado**, 30 dez. 2003. Disponível em: <http://portal.alep.pr.gov.br/modules/mod_legislativo_arquivo/mod_legislativo_arquivo.php?leiCod=26852&tipo=L&tplei=0>. Acesso em: 6 out. 2021.

PARANÁ. Decreto n. 7.339, 8 de junho de 2010. **Diário Oficial do Estado**, 8 jun. 2010a. Disponível em: <https://www.legislacao.pr.gov.br/legislacao/pesquisarAto.do?action=exibir&codAto=56657&codTipoAto=&tipoVisualizacao=compilado>. Acesso em: 6 out. 2021.

PARANÁ. Tribunal de Justiça. Apelação cível 0004126-41.2015.8.16.0004. 5ª Câmara Cível. Relator: juiz Anderson Ricardo Fogaça. Julgamento, 2 jul. 2019. **Diário de Justiça do Estado Paraná**, 10 jul. 2019.

PARANÁ. Tribunal de Justiça. Resolução n. 1, de 5 de julho de 2010. **Diário da Justiça Eletrônico do Paraná**, Poder Judiciário, Curitiba, n. 430, 15 jul. 2010b. Disponível em: <https://www.tjpr.jus.br/regimento-interno-ri?p_p_id=101_INSTANCE_sB4jWIQ0S1qA&p_p_lifecycle=0&p_p_state=normal&p_p_mode=view&p_p_col_id=column-1&p_p_col_pos=1&p_p_col_count=2&a_page_anchor=53290584>. Acesso em: 15 fev. 2022.

PERNAMBUCO. Lei n. 11.817, de 24 de julho de 2000. **Diário Oficial do Estado**, 25 jul. 2000. Disponível em: <http://legis.alepe.pe.gov.br/texto.aspx?id=1264&tipo=TEXTOATUALIZADO>. Acesso em: 6 out. 2021.

PIAUÍ. Decreto n. 3.548, de 31 de janeiro de 1980. **Diário Oficial do Estado**, 15 fev. 1980. Disponível em: <http://www.pm.pi.gov.br/download/201908/PM14_da002e8e8b.pdf>. Acesso em: 6 out. 2021.

PRONER, C.; GUERRA, S. **Direito Internacional Humanitário e a proteção internacional do indivíduo**. Porto Alegre: S. Fabris, 2008.

PRONER, C.; RICOBOM, G. O Brasil e o Direito Humanitário: atuação do Comitê Internacional da Cruz Vermelha e regulamentação do Tribunal Penal Internacional. In: PRONER, C.; GUERRA, S. **Direito Internacional Humanitário e a proteção internacional do indivíduo**. Porto Alegre: S. Fabris, 2008. p. 93-120.

RIO DE JANEIRO (Estado). Decreto n. 6.579, de 5 de março de 1983. **Diário Oficial do Estado**, 7 mar. 1983. Disponível em: <http://alerjln1.alerj.rj.gov.br/decest.nsf/532ff819a4c39de50325681f0061559e/85d7a32b4f996d5903256c230061d4c6?OpenDocument>. Acesso em: 6 out. 2021.

RIO GRANDE DO NORTE. Decreto n. 8.336, de 12 de fevereiro de 1982. **Diário Oficial do Estado**, 13 fev. 1982. Disponível em: <https://asspmbmrn.org.br/assets/arquivos/legislacao/dec-8.336-rdpm.pdf>. Acesso em: 6 maio 2020.

RIO GRANDE DO SUL. Constituição do Estado do Rio Grande do Sul, de 3 de outubro de 1989. Disponível em: <http://www2.al.rs.gov.br/dal/LinkClick.aspx?fileticket=9p-X_3esaNg%3D&tabid=3683&mid=5358>. Acesso em: 6 out. 2021.

RIO GRANDE DO SUL. Decreto n. 29.996, de 31 de dezembro de 1980. **Diário Oficial do Estado**, 7 jan. 1981. Disponível em: <http://www.al.rs.gov.br/legis/m010/M0100099.ASP?Hid_Tipo=TEXTO&Hid_TodasNormas=25752&hTexto=&Hid_IDNorma=25752#:~:text=DECRETO%20N%C2%BA%2029.996%2C%20DE%2031,do%20Rio%20Grande%20do%20Sul.&text=1%C2%BA%20%2D%20Fica%20aprovado%20o%20Regulamento,Art.>. Acesso em: 6 out. 2021.

RIO GRANDE DO SUL. Lei n. 7.356, de 1º de fevereiro de 1980. **Diário Oficial do Estado**, 1º fev. 1980. Disponível em: <http://www.al.rs.gov.br/FileRepository/repLegisComp/Lei%20n%C2%BA%207.356.pdf>. Acesso em: 6 out. 2021.

RIO GRANDE DO SUL. Lei n. 7.669, de 17 de junho de 1982. **Diário Oficial do Estado**, 21 jun. 1982. Disponível em: <http://www.al.rs.gov.br/filerepository/repLegis/arquivos/07.669.pdf>. Acesso em: 6 out. 2021.

RIO GRANDE DO SUL. Tribunal de Justiça Militar. Regimento Interno do Tribunal de Justiça Militar do Rio Grande do Sul. **Diário da Justiça do Rio Grande do Sul**, 19 nov. 2000a. Disponível em: <https://www.tjmrs.jus.br/public/files/publicacoes_geral/RI-TJM-COMPILACOES12.2015.pdf>. Acesso em: 6 out. 2021.

RIO GRANDE DO SUL. Tribunal Regional Eleitoral. Recurso Eleitoral de Registro de Candidato 15020500/São Leopoldo. Relator: Juiz Isaac Alster. Publicado em sessão, 1º set. 2000b.

ROMEIRO, J. A. **Curso de Direito Penal Militar**: parte geral. São Paulo: Saraiva, 1994.

RONDÔNIA. Decreto n. 13.255, de 12 de novembro de 2007. **Diário Oficial do Estado**, 13 nov. 2007. Disponível em: <http://www.pm.ro.gov.br/index.php/2016-02-26-13-04-45/downloads/4725-legislacoes.html>. Acesso em: 6 out. 2021.

RORAIMA. Lei n. 963, de 6 de fevereiro de 2014. **Diário Oficial do Estado**, 7 fev. 2014. Disponível em: <https://www.tjrr.jus.br/legislacao/phocadownload/leisOrdinarias/2014/Lei-Estadual-963-2014.pdf>. Acesso em: 6 out. 2021.

ROSA, P. T. R. **Aplicação da Lei Federal n. 8.072/90 na Justiça Militar**. 2003. Disponível em: <http://www.militar.com.br/legisl/artdireitomilitar/ano2003/pthadeu/aplicacaoleifederal8072.htm>. Acesso em: 2 abr. 2013.

ROSA, P. T. R. **Direito Militar Administrativo**: teoria e prática. 5. ed. Belo Horizonte: Líder, 2016.

ROTH, R. J. **Elementos de Direito Penal Militar**. São Paulo: Método, 2013.

ROTH, R. J. **Justiça Militar e as peculiaridades do juiz militar na atuação jurisdicional**. São Paulo: J. de Oliveira, 2003.

SANTA CATARINA. Decreto n. 12.112, de 16 de setembro de 1980. Disponível em: <http://server03.pge.sc.gov.br/LegislacaoEstadual/1980/012112-005-0-1980-000.htm>. Acesso em: 6 out. 2021.

SANTA CATARINA. Lei Complementar n. 339, de 8 de março de 2006. **Diário Oficial do Estado**, 8 mar. 2006. Disponível em: <http://leis.alesc.sc.gov.br/html/2006/339_2006_lei_complementar.html>. Acesso em: 6 out. 2021.

SANTA CATARINA. Tribunal Regional Eleitoral. Consulta 2.062/ Taió. Resolução 7.206. Relator: Juiz André Mello Filho. Publicado em sessão, 27 jul. 2000.

SANTA CATARINA. Tribunal Regional Eleitoral. Tipo de processo não informado 975. Relator: Juiz Andre Mello Filho. **Resenha Eleitoral**, v. 4, tomo 1, p. 101, 28 ago. 1996.

SÃO PAULO (Estado). Constituição do Estado de São Paulo, de 5 de outubro de 1989. **Diário Oficial do Estado**, 6 out. 1989. Disponível em: <https://www.al.sp.gov.br/repositorio/legislacao/constituicao/1989/compilacao-constituicao-0-05.10.1989.html>. Acesso em: 6 out. 2021.

SÃO PAULO (Estado). Lei Complementar n. 734, de 26 de novembro de 1993. **Diário Oficial do Estado**, 27 nov. 1993. Disponível em: <https://www.al.sp.gov.br/repositorio/legislacao/lei.complementar/1993/compilacao-lei.complementar-734-26.11.1993.html>. Acesso em: 6 out. 2021.

SÃO PAULO (Estado). Lei Complementar n. 893, de 9 de março de 2001. **Diário Oficial do Estado**, 10 mar. 2001. Disponível em: <https://www.al.sp.gov.br/repositorio/legislacao/lei.complementar/2001/lei.complementar-893-09.03.2001.html>. Acesso em: 6 out. 2021.

SÃO PAULO (Estado). Lei n. 5.048, de 22 de dezembro de 1958. **Diário Oficial do Estado**, 23 dez. 1958. Disponível em: <https://www.al.sp.gov.br/repositorio/legislacao/lei/1958/lei-5048-22.12.1958.html>. Acesso em: 6 out. 2021.

SÃO PAULO(Estado). Tribunal de Justiça Militar. **Regimento Interno do Tribunal de Justiça Militar de São Paulo**. 21 out. 2019. Disponível em: <http://www.tjmsp.jus.br/wp-content/uploads/2019/11/201910_ritjmsp-2.pdf>. Acesso em: 6 out. 2021.

SÃO PAULO(Estado). Tribunal Regional Eleitoral. Recurso eleitoral 13.157. Relator: Desembargador José Cardinale. Publicado em sessão, 29 ago. 2000.

SARAIVA, A. **Código Penal Militar comentado artigo por artigo**: parte geral. 3. ed. São Paulo: Método, 2014.

SCHMITZ, M. 1944: Dia D na Normandia. **Deutsche Welle (DW)**, 6 jun. 2019. Disponível em: <https://www.dw.com/pt-br/1944-dia-d-na-normandia/a-319002>. Acesso em: 6 out. 2021.

SILVA, J. A. da. **Curso de Direito Constitucional Positivo**. 15. ed. São Paulo: Malheiros, 1998.

SOUZA, M.T.C. **Direito Internacional Humanitário**. 2. ed. Curitiba: Juruá, 2007.

TOCANTINS. Decreto n. 4.994, de 14 de fevereiro de 2014. Disponível em: <https://central3.to.gov.br/arquivo/179903/>. Acesso em: 6 out. 2021.

TORAL, A. A. Guerra do Paraguai: história e polêmica – a participação dos negros escravos na Guerra do Paraguai. **Estudos Avançados**, São Paulo, v. 9, n. 24, maio/ago.1995.

UN – United Nations. Security Council. **Resolution 1542 (2004)**. Adopted by the Security Council at its 4961st meeting, on 30 April 2004. Disponível em: <https://www.securitycouncilreport.org/atf/cf/%7B65BFCF9B-6D27-4E9C-8CD3-CF6E4FF96FF9%7D/CAC%20SRES%201542.pdf>. Acesso em: 6 out. 2021.

UN – United Nations. Security Council. **Resolution 2350 (2017)**. Adopted by the Security Council at its 7924th meeting, on 13 April 2017. Disponível em: <https://undocs.org/S/RES/2350(2017)>. Acesso em: 6 out. 2021.

WESTIN, R. Brasil já teve 2 presidentes militares eleitos nas urnas. **Senado Notícias**, 5 nov. 2018. Disponível em: <https://www12.senado.leg.br/noticias/especiais/arquivo-s/brasil-ja-teve-2-presidentes-militares-eleitos-nas-urnas/brasil-ja-teve-2-presidentes-militares-eleitos-nas-urnas>. Acesso em: 6 out. 2021.

Capítulo 1

Questões para revisão

1. A alternativa "b" (I, III e V) está correta. A afirmativa I é verdadeira: o entrevistado se referiu à tarefa executada e não à graduação ocupada. A afirmativa II é falsa, haja vista que o posto máximo ocupado nas polícias militares é o de coronel. A afirmativa III é verdadeira. A afirmativa IV é falsa, pois a estabilidade das praças é atingida com dez anos. A afirmativa V é verdadeira.

2. A alternativa "a" está correta. A alternativa "b" está incorreta, haja vista que se trata de uma atribuição exclusiva do Exército. A alternativa "c" está incorreta, uma vez que é uma atribuição exclusiva da Aeronáutica. A alternativa "d" está incorreta, pois é uma atribuição exclusiva do Exército.

3. A alternativa "a" está incorreta, pois o alistamento militar, em tempo de paz, é facultativo para as mulheres e os eclesiásticos. A alternativa "b" está incorreta, pois se trata de casos de isenção do serviço militar. A alternativa "c" está correta. A alternativa "d" está incorreta, porque se trata de casos adiamento de prestação substitutiva e de adiamento da incorporação.

respostas*

---

* As fontes citadas nesta seção constam na lista final de referências.

4. Os certificados de reservista de primeira categoria são colados aos conscritos que "tenham atingido um grau de instrução que os habilite ao desempenho de função de uma das qualificações ou especializações militares de cada uma das Forças Armadas" (Brasil, 1966, art. 156). O certificado de reservista de segunda categoria é entregue para "aquele que tenha recebido, no mínimo, a instrução militar suficiente para o exercício de função geral básica de caráter militar" (Brasil, 1964, art. 35; Brasil, 1966, arts. 3º, 41 e 42).

5. O oficial é preparado, ao longo da carreira, para o exercício de funções de comando, chefia e direção. As praças auxiliam ou complementam as atividades dos oficiais no adestramento e no emprego dos meios, na instrução e na administração.

Questões para reflexão

A finalidade destas questões é estimular o debate entre os acadêmicos. Por isso, as respostas a seguir são meramente opinativas e servem apenas para oferecer um primeiro impulso às discussões.

1. Os militares em serviço ativo são proibidos de se filiarem a qualquer partido (Brasil, 1988, art. 142, V). Para concorrerem a um cargo, mesmo não filiados, devem lançar seu nome em convenção partidária e, depois de escolhidos, solicitar o afastamento do serviço ativo (exoneração com menos de dez anos ou agregação no caso de terem mais de dez anos de serviço). Com relação aos candidatos que são militares estáveis, a partir do dia seguinte da publicação da agregação no boletim, como militares inativos temporariamente, devem se filiar ao partido. Permanecerão filiados, se vencedores, até o final do mandato ou, se vencidos, até a homologação do resultado das eleições.

2. É possível a intervenção das Forças Armadas no exercício de atribuição constitucional subsidiária de manutenção da ordem pública. Para isso, é necessário que haja o reconhecimento pelo governador do estado de que o efetivo da polícia militar é insuficiente para garantir a segurança pública. É possível também nos casos de intervenção federal. Em sentido contrário, as polícias e os bombeiros militares somente poderão atuar na segurança nacional como força auxiliar em caso de guerra declarada.

Capítulo 2

Questões para revisão
1. A alternativa "d" está correta. A Justiça Militar de União tem competência apenas para o processo e o julgamento de ações penais pela prática de crimes militares.
2. A alternativa "a" está correta. Os conselhos permanentes da União julgam somente as praças das Forças Armadas e os civis; por sua vez, os conselhos permanentes dos estados e do Distrito Federal julgam apenas os policiais e bombeiros militares.
3. A alternativa "a" está incorreta, pois o Ministério Público Militar está estruturado somente na União. A alternativa "b" está correta. A alternativa "c" está incorreta, haja vista que os membros substitutos em primeiro grau do Ministério Público são denominados de *promotores militares*. A alternativa "d" está incorreta, porque as circunscrições judiciais militares são denominadas de *auditorias*.
4. Na Justiça Militar da União, a denominação correta é *juiz federal da Justiça Militar*, prevista na Lei n. 8.457/1992, apesar de na Constituição se usar a denominação de *juiz-auditor*. Na Justiça Militar dos estados e do Distrito Federal, na Constituição consta a denominação de *juiz de direito do juízo militar*.
5. As principais competências do ministro-corregedor são: proceder às correições gerais e especiais nas auditorias, nos autos findos e em andamento; apresentar ao Tribunal o plano bianual de correição; baixar provimentos para a fiscalização; instaurar procedimento administrativo disciplinar; conhecer, instruir e relatar as reclamações e as representações referentes aos magistrados de primeira instância; instruir os processos de promoção dos magistrados de primeira instância; e praticar os demais atos que lhe forem atribuídos em lei.

Questões para reflexão
A finalidade destas questões é estimular o debate entre os acadêmicos. Por isso, as respostas a seguir são meramente opinativas e servem apenas para conferir um primeiro impulso às discussões.

1. Nessa situação hipotética, a oficial da Marinha estaria incursa no art. 124 do Código Penal comum ("consentir que outrem lhe provoque aborto"). A conduta do médico e do bombeiro estaria tipificada no art. 126 ("provocar aborto com o consentimento da gestante"). No entanto, nenhuma das condutas está prevista no Código Penal Militar, ou seja, são crimes comuns, mesmo quando praticadas em estabelecimento militar. Assim, como não se trata de crime militar, a ação penal não seria da competência da Justiça Militar. Uma vez que a União não figura como ré ou autora, também não seria da competência da Justiça Federal. Por fim, visto que se trata de um crime doloso contra a vida, a competência seria do tribunal do júri.

2. No entendimento do Superior Tribunal de Justiça, a competência para a nomeação do defensor dativo não era do juiz federal da Justiça Militar ou do juiz de direito do juízo militar, mas do presidente do conselho, que era o juiz militar de maior posto. Ocorre que a Lei n. 13.774/2018 alterou o art. 16, I e II, da Lei n. 8.457/1992 para fixar os magistrados togados e vitalícios como presidentes dos conselhos permanentes e especiais da Justiça Militar. Dessa forma, foi superada a jurisprudência retrocitada, e a competência para a nomeação do defensor dativo agora é fixada ao juiz civil militar, como presidente do órgão colegiado.

Capítulo 3

Questões para revisão

1. A alternativa "c" está correta. A única assertiva incorreta é a III, porque as penas acessórias de reforma ou suspensão de exercício do posto, graduação, cargo ou função prescrevem em quatro anos e as demais são imprescritíveis (Brasil, 1969a, arts. 127 e 130).

2. A alternativa "b" está correta. O Código Penal Militar prevê os estados de necessidade justificante e exculpante. A intenção do agente, conforme a teoria causalista adotada pelo Código Penal Militar, é avaliada na culpabilidade.

3. A alternativa "a" está correta. O Código Penal Militar, no art. 55, prevê o impedimento e a reforma. As demais são penas acessórias e medidas de segurança.

4. A Convenção Americana sobre Direitos Humanos, de 1969 (Pacto de San Jose da Costa Rica), prevê:

   Artigo 4º [...]

   [...]

   2. Nos países que não houverem abolido a pena de morte, esta só poderá ser imposta pelos delitos mais graves, em cumprimento de sentença final de tribunal competente e em conformidade com a lei que estabeleça tal pena, promulgada antes de haver o delito sido cometido. Tampouco se estenderá sua aplicação a delitos aos quais não se aplique atualmente.

   3. Não se pode restabelecer a pena de morte nos Estados que a hajam abolido. (Brasil, 1992c)

5. As causas putativas ou imaginárias de antijuridicidade ocorrem quando o agente entende erroneamente que está diante de uma iminente ou atual e injusta agressão. A reação seria jurídica e legal se fosse real a legítima defesa, o estado de necessidade, o estrito cumprimento do dever legal, o exercício regular do direito ou as manobras urgentes. "A legítima defesa real é oponível contra legítima defesa putativa, e vice-versa, e a legítima defesa não é oponível contra estado de necessidade, posto que, nesta, a agressão não é injusta" (Born, 2011b, p. 101).

Questões para reflexão

A finalidade destas questões é estimular o debate entre os acadêmicos. Por isso, as respostas a seguir são meramente opinativas e servem apenas para conferir um primeiro impulso às discussões.

1. A Constituição prevê que a suspensão dos direitos políticos decorrerá, entre outras causas, da condenação criminal transitada em julgado, enquanto durarem seus efeitos (Brasil, 1988, art. 15, III). O Código

Penal Militar expressa que "durante a execução da pena privativa de liberdade ou da medida de segurança imposta em substituição, ou enquanto perdura a inabilitação para função pública, o condenado não pode votar, nem ser votado" (Brasil, 1969a, art. 106).

2. No Direito Penal Militar, em regra, a insignificância está expressa no próprio tipo penal, como no furto atenuado, em que se fixa um décimo do salário mínimo como pequeno valor (Brasil, 1969a, art. 240, § 1º).

Capítulo 4

Questões para revisão

1. A alternativa "b" está correta. O Código de Processo Penal Militar prevê a ação pública incondicionada e condicionada à requisição. A ação penal privada somente é prevista no Código de Processo Penal comum para os crimes contra a honra, disposição que não foi repetida no Código de Processo Penal Militar. A ação penal privada subsidiária da pública está prevista na Constituição, permitindo que a vítima acione diretamente o acusado se houver inércia do Ministério Público.

2. A alternativa "d" está correta. A alternativa "a" está incorreta, pois, quando um delito militar for cometido em coautoria por um militar das Forças Armadas e um adolescente estudante de colégio militar, este será julgado pelo Estatuto da Criança e do Adolescente, enquanto aquele o será pelo Código Penal Militar. Porém, a competência para o processo e o julgamento do militar é da Justiça Militar e a do adolescente é do juízo da infância e da juventude. A alternativa "b" está incorreta, porque a separação é facultativa e não obrigatória, e a competência para o julgamento dos oficiais-generais é do Superior Tribunal Militar. A alternativa "c" está incorreta, porque a competência é do Supremo Tribunal Federal.

3. A alternativa "a" está correta. Recurso de ofício ou remessa *ex officio* ocorre quando exige do Conselho ou do magistrado o envio da ação com a decisão para a ratificação ou confirmação do Superior Tribunal Militar

ou do Tribunal de Justiça Militar, independentemente de recurso pelas partes. O Código de Processo Penal Militar prevê essa exigência no art. 106, §§ 1º e 2º; no art. 154, parágrafo único; e nos arts. 654 e 696.

4. O desaforamento ocorre quando o Superior Tribunal Militar ou o Tribunal de Justiça Militar determina a mudança de uma auditoria militar (foro natural) prevista no julgamento para uma outra, preferencialmente próxima, onde não existam os motivos que determinaram tal alteração. O Código de Processo Penal Militar prevê, no art. 109, que o desaforamento do processo poderá ocorrer: "a) no interesse da ordem pública, da Justiça ou da disciplina militar; b) em benefício da segurança pessoal do acusado; c) pela impossibilidade de se constituir o Conselho de Justiça ou quando a dificuldade de constituí-lo ou mantê-lo retarde demasiadamente o curso do processo" (Brasil, 1969b).

5. O voto médio ocorre quando não é possível constituir maioria para a aplicação da pena em razão da diversidade de voto. Nesse caso, será entendido que "o juiz que tiver votado por pena maior, ou mais grave, terá virtualmente votado por pena imediatamente menor ou menos grave" (Brasil, 1969b, art. 435, parágrafo único).

Questões para reflexão
A finalidade destas questões é estimular o debate entre os acadêmicos. Por isso, as respostas a seguir são meramente opinativas e servem apenas para conferir um primeiro impulso às discussões.

1. A Constituição de 1988 proíbe as sessões secretas, mas pode ser "limitada a presença as próprias partes e a seus advogados, ou somente a estes (art. 93, IX, da Constituição)" (Brasil, 1989d).

2. A fungibilidade recursal ocorre quando o recorrente, por dúvida ou erro, interpuser um recurso por outro, se estiver de boa-fé. Nesse caso, o relator do Tribunal mandará processá-lo conforme com o rito do recurso cabível (Brasil, 1969b, art. 514).

Capítulo 5

Questões para revisão

1. A alternativa "b" está correta. As assertivas I e II estão incorretas, porque os conselhos de justificação têm a atribuição de processar os oficiais, mas a competência para o julgamento destes, em tempo de paz, é originária do Superior Tribunal Militar (Brasil, 1980a, art. 48). Os conselhos de disciplina têm a atribuição de processar as praças estáveis, mas a atribuição para o julgamento das praças, em instância final, é do Ministro da Defesa, que pode delegar a atividade julgadora para os comandantes do Exército, da Marinha e da Aeronáutica.

2. A alternativa "a" está correta. A alternativa "b" está incorreta, porque ninguém será preso senão em flagrante delito ou por ordem escrita e fundamentada de autoridade judiciária competente, salvo nos casos de transgressão militar ou crime propriamente militar. A alternativa "c" está incorreta, visto que a competência é da Justiça Federal. A alternativa "d" está incorreta, porque a competência é do juiz de direito do juízo militar.

3. A alternativa "d" está correta, uma vez que todas as afirmativas estão corretas.

4. A competência para o processo e o julgamento das demandas decorrentes da aplicação de sanções nas Forças Armadas é da Justiça Federal. Com relação às polícias e bombeiros militares, a competência é da Justiça Militar em Minas Gerais, no Rio Grande do Sul e em São Paulo. Nos demais estados e no Distrito Federal, é, em primeiro grau, dos juízes das varas militares e, em grau de recurso, dos tribunais de justiça.

5. Os estados podem editar regulamento disciplinar próprio, como é o caso do Rio de Janeiro, do Rio Grande do Sul e de São Paulo, ou adotar o Regulamento Disciplinar do Exército, como ocorre na maioria dos estados e no Distrito Federal.

Questões para reflexão
A finalidade destas questões é estimular o debate entre os acadêmicos. Por isso, as respostas a seguir são meramente opinativas e servem apenas para conferir um primeiro impulso às discussões.

1. O Tribunal Regional Federal da Primeira Região entende que o art. 51, § 3º, do Estatuto dos Militares não foi recepcionado pela Constituição, enquanto o da Quarta Região reconhece a compatibilidade com a Carta Magna. O Ministério da Defesa reconhece a inconstitucionalidade e há uma ação de arguição de preceito fundamental em trâmite no Supremo Tribunal Federal com parecer pela inconstitucionalidade pelo Procurador-Geral da República.

2. Francisco Dirceu Barros frisa que a jurisprudência considera que "o controle judicial da punição disciplinar militar na via do habeas corpus restringe-se à sua legalidade (competência, forma, devido processo legal etc.), não se estendendo ao segmento de mérito, radicado na conveniência e na oportunidade da punição" (Barros, 2015).

Capítulo 6

Questões para revisão

1. A alternativa "b" está correta. "Esse sinal distintivo adicional, composto de quadro vermelho, tendo a forma de quadrado apoiado sobre a ponta, sobre fundo branco, corresponde à ilustração contida no Anexo ao presente Protocolo. Neste Protocolo, esse sinal será referido como 'emblema do terceiro Protocolo'" (Brasil, 2009a; Brasil, 2010b, art. 2º, 2).

2. A alternativa "a" está correta. Constituição, art. 5º: "XLVII – não haverá penas: [...] b) de caráter perpétuo". O mesmo dispositivo prevê que "não haverá penas: a) de morte, salvo em caso de guerra declarada, nos termos do art. 84, XIX" (Brasil, 1988).

3. A alternativa "d" está correta. O Tribunal Penal Internacional foi inserido ao Poder Judiciário brasileiro por emenda constitucional que prevê que "o Brasil se submete à jurisdição de Tribunal Penal Internacional a cuja criação tenha manifestado adesão" (Brasil, 1988, art.5º, § 4º, Brasil, 2004a).

4. As partes em conflito também ficarão responsáveis pelos atestados de óbitos e pelas listas autenticadas de falecimentos. Para isso, recolherão e transmitirão, pelo escritório ou departamento, a metade de uma placa dupla de identidade, os testamentos ou outros documentos importantes para as famílias, dinheiro e todos os objetos que possuam valor intrínseco ou afetivo encontrados com os mortos, em volumes lacrados acompanhados de uma declaração com o inventário completo dos volumes (Brasil, 1956b; Brasil, 1957, Segunda Convenção, art. 16).

5. Nos costumes do Direito Internacional, as partes em guerra normalmente, em comum acordo ou individualmente, elegem um terceiro Estado – a Potência protetora – para tutelar as relações entre os Estados em conflito. Essa Potência poderá ter a função arbitral entre as partes ou representativa de cada parte. A Convenção será aplicada com o concurso e o controle pelas Potências protetoras encarregadas de salvaguardar os interesses das partes em conflito. Para isso, poderão designar delegados entre seus nacionais ou de outras Potências neutras, além de seu pessoal diplomático ou consular. Os delegados convidados deverão ser submetidos à aceitação e aprovação das Potências que exercerão a missão. As partes protegidas terão o dever de facilitar, na mais larga medida possível, a tarefa dos representantes ou delegados das Potências protetoras. Estes deverão respeitar os estritos limites da missão, principalmente quanto às necessidades de segurança do Estado protegido, e apenas em imperiosas exigências militares, a título excepcional e temporário, poderão exceder as atividades da missão (Brasil, 1956b; Brasil, 1957, Primeira Convenção, art. 8º).

Questões para reflexão

A finalidade destas questões é estimular o debate entre os acadêmicos. Por isso, as respostas a seguir são meramente opinativas e servem apenas para conferir um primeiro impulso às discussões.

1. Existe uma corrente doutrinária que entende que a entrega de brasileiros fere a Constituição, uma vez que prevê o art. 5º, LI: "nenhum brasileiro será extraditado, salvo o naturalizado, em caso de crime comum, praticado antes da naturalização, ou de comprovado envolvimento em tráfico

ilícito de entorpecentes e drogas afins, na forma da lei" (Brasil, 1988). O entendimento que prevalece é o de que é possível a entrega de nacionais porque o Brasil integrou o Tribunal Penal Internacional ao Poder Judiciário com a inclusão, pela Emenda Constitucional n. 45/2004, do § 4º ao art. 5º da Constituição: "O Brasil se submete à jurisdição de Tribunal Penal Internacional a cuja criação tenha manifestado adesão" (Brasil, 1988).

2. O Primeiro Protocolo define como mercenários os especialmente recrutados no local ou no exterior para combater em conflitos armados que, de fato, tomem parte direta nas hostilidades com desejo de obter lucro pessoal ou retribuição material consideravelmente superior à recebida pelos combatentes de funções semelhantes nas Forças Armadas. Esses milicianos não são nacionais das partes em conflito nem residentes em território controlado, tampouco se caracterizam como pessoas enviadas em missão oficial de um Estado que não é parte em conflito. Os mercenários não têm direito à proteção de combatente ou de prisioneiro de guerra (Brasil, 1992a; 1993a, Protocolo I, art. 47).

Rogério Carlos Born (Irati, Paraná, *1966) é especialista em Direito Eleitoral e Processual Eleitoral, Direito Militar, Direito Público, Metodologia do Ensino Superior e Maçonologia: História e Filosofia, mestre e doutorando em Direito Constitucional, na área de concentração de Direitos Fundamentais e Democracia. É bacharel em Direito, Ciência Política e Relações Internacionais e bacharelando em Jornalismo. Atua como professor de graduação e pós-graduação no Centro Universitário UniDomBosco, no Centro Universitário Internacional (Uninter) e na UniPública. É membro da Academia Brasileira de Direito Eleitoral (Abradep) e do Instituto Federalista do Brasil, membro consultor da Comissão de Direito Educacional e Políticas Públicas em Educação e ex-integrante da Comissão de Direito Internacional da Ordem dos Advogados do Brasil – Seccional do Paraná (2013-2018). Atua também como editor-chefe da *Paraná Eleitoral* – revista brasileira de Direito Eleitoral e Ciência Política, editada pela Escola Judiciária do Tribunal Regional Eleitoral do Paraná. É idealizador e coordenador do Programa Sábado do Saber® – Ciclo de Palestras e Debates Acadêmicos e do Ambiente de Pesquisas Leitores &

sobre o autor

Eleitores®. Também é coordenador e idealizador do Programa Justiça Eleitoral na Universidade" (Escola Judiciária Eleitoral do Paraná), que engloba o Grupo de Pesquisas em Direito Eleitoral e Ciência Política e o Encontro Acadêmico da Justiça Eleitoral. É ex-membro de bancas de concursos para ingresso na magistratura. É parecerista do Conselho Editorial da revista *Populus*, editada pelo Tribunal Regional Eleitoral da Bahia.

É autor das obras:
» *Ação rescisória no Direito Eleitoral no Novo Código de Processo Civil* (7ª edição);
» *Direito Eleitoral Internacional e Comunitário* (3ª edição);
» *Direito Eleitoral Militar* (2ª edição);
» *Objeção de consciência e as restrições aos direitos políticos fundamentais*;
» *Sentença no Direito Penal Militar: teoria e prática*;
» *Assédio sexual nas relações de trabalho*;
» *Direito Eleitoral para concursos*;
» *Direito Penal Militar para concursos*;
» *Direito Processual Penal Militar para concursos*;
» *Valores políticos, ideológicos, cívicos e culturais*;
» *Panorama do Direito Eleitoral e Partidário*.

É um dos autores da obra *Tratado de Direito Eleitoral*, que reúne as maiores autoridades da matéria no Brasil, a convite dos organizadores, o Ministro Luiz Fux e os advogados Luiz Fernando Casagrande Pereira e Walber de Moura Agra. Também é articulista em revistas e conferencista em congressos, seminários e eventos acadêmicos de grande relevância no Brasil, em Portugal, na Espanha e na Alemanha

No campo social, é também autor da Cartilha do Eleitor Brasileiro no Exterior, editada pela Comissão de Direito Internacional da Ordem dos Advogados do Brasil – Seccional do Paraná (OAB-PR), e das Cartilhas de Orientação Política – Eleições 2012 a 2022, editadas pela Conferência Nacional dos Bispos do Brasil (CNBB). É membro da Cadeira 3 – Patrono Dom Pedro Filipak – da Academia de Letras, Artes e Ciências do Centro-Sul do Paraná e assessor de Comunicação da Associação Musical Mafrense – Banda Padre José Maurício. Ainda como acadêmico, foi agraciado com o Prêmio Arnaldo Süssekind pelo primeiro lugar no Concurso Nacional de Monografias Jurídicas promovido pela *Revista Consulex*, de Brasília. Em 2019, recebeu o Prêmio Dom Bosco Professor Criativo, outorgado pela UniDomBosco, e, em 2003, a Moção de Reconhecimento Público, conferida pela Faculdade de Direito de Curitiba (atual UniCuritiba).

Contatos:
» Página eletrônica: <www.rogerioborn.com.br>.
» Facebook, Instagram e YouTube: rogeriocarlosborn.
» Correio eletrônico: <rcborn@uol.com.br>.

Os papéis utilizados neste livro, certificados por instituições ambientais competentes, são recicláveis, provenientes de fontes renováveis e, portanto, um meio **responsável** e natural de informação e conhecimento.

FSC
www.fsc.org
MISTO
Papel produzido
a partir de
fontes responsáveis
FSC® C103535

Impressão: Reproset
Junho/2022